석달에 끝내는 552 실생활 표현

석 달에 끝내는 552 실생활 표현

초판 3쇄 발행 2017년 5월 22일

지은이	서민아
펴낸이	신성현, 오상욱
관리	허윤정
펴낸곳	도서출판 피그북스
	(153-802) 서울시 금천구 가산디지털2로 14 1116호 (대륭테크노타운 12차)
대표전화	02-6343-0999
팩스	02-6343-0995
출판등록	2010년 7월 15일
	제 315-2010-000035호
ISBN	978-89-967562-1-7 13740

* 이 책에 게재된 내용의 일부 또는 전체를 무단으로 복제 및 발췌하는 것을 금합니다.
* 저자와의 협의에 따라 인지는 붙이지 않습니다.
* 잘못된 책은 구입하신 곳에서 교환해 드립니다.

www.iambooks.co.kr

Preface

오랜 기간 미국에서 생활하다가 돌아온 한국은 제 기억 속에 남아있던 곳과는 다르게, 이미 영어가 필수적인 곳이 되어 있었습니다. 변화된 한국에서 영어를 가르치는 동안 영어와 한국어 사이에서 어려움을 겪는 학생들을 많이 보았습니다. 이들은 때론 너무 긴장하고, 또 때론 자신감 부족으로 자신의 능력만큼 표현하지 못하기도 했습니다. 이런 학생들을 보면서 제가 가장 해주고 싶었던 말은 다른 언어를 배우고 익히는 데 조금 틀리거나 서툰 모습은 당연하다는 것입니다. 자신감을 갖고 당당하게 표현하다 보면 영어도 쉽게 말하고 표현할 수 있다는 생각으로 공부하길 먼저 당부합니다.

이 책은 일상생활에서 원어민들이 자주 쓰는 표현을 묶어 낸 것으로, 다양한 표현뿐 아니라 상황을 이해할 수 있도록 거의 대부분이 대화체 예문으로 구성되어 있습니다. 또한 비슷한 표현들을 함께 덧붙여 많은 표현에 익숙해질 수 있도록 구성했습니다. 대화에서 주어진 상황을 떠올리며 여러 번 반복해서 표현을 연습해 보세요.

영어 영화나 드라마도 많이 보고 팝송을 통해 듣기를 늘리는 것도 좋습니다. 그러면 생활에서 많이 쓰는 영어 표현에도 익숙해지고 억양(intonation)이나 악센트(accent) 등에도 보다 빨리 익숙해질 수 있습니다.

부족하지만 제가 쓴 이 책이 무사히 세상의 빛을 보게 되어 저는 지금 뿌듯합니다. 이제 여러분도 이 책을 끝까지 공부해서 영어에 대한 자신감을 얻고 뿌듯해질 수 있길 바랍니다.

서민아

Structure and Features

501. Use your noodle!
머리 좀 써라.

A: It's too difficult for me to solve.
내가 풀기에 이건 너무 어려워요.

B: You can figure❶ it out.
Just use your noodle.❷
넌 그것을 풀 수 있어. 머리를 쓰란 말이야.

Use your noodle!

more

❶ noodle은 '면, 국수'라는 의미이지만 속어로는 '머리'라는 뜻입니다. 어려운 표현이 아니니 기억해 두면 좋겠습니다.

❷ 예문에서 쓰인 figure out은 동사로 '계산하다, 판단하다'라는 의미로 쓰이지만 figure가 명사로 쓰일 땐 '몸매'라는 의미가 있어서 She has a model's figure.라고 말하면 '그녀는 모델의 몸매를 가졌다'라는 뜻이 됩니다.

---

❶ 실생활에서 자주 쓰는 552개의 표현을 상황별로 001부터 552번까지 담았습니다.

❸ 상황을 한눈에 알아볼 수 있도록 간단한 삽화를 제시했습니다. 삽화를 함께 보면 문장이나 대화에 대한 이해가 훨씬 빠르고 표현이 더 오래 기억에 남을 것입니다.

❷ 각각의 영어 표현을 어떤 상황 속에서 어떻게 쓰는지 대화를 통해 익혀 보세요. 각 표현에 나오는 대화를 보고 비슷한 상황을 떠올리며 연습하여 자신의 것으로 만들면 좋습니다.

❹ *more* 를 통해 중요한 설명과 유사한 표현 등을 익힐 수 있습니다. 각 표현에 대한 깊이 있는 이해는 물론, 표현을 더욱 확장해 나갈 수 있습니다.

석 달에 끝내는 552 실생활 표현

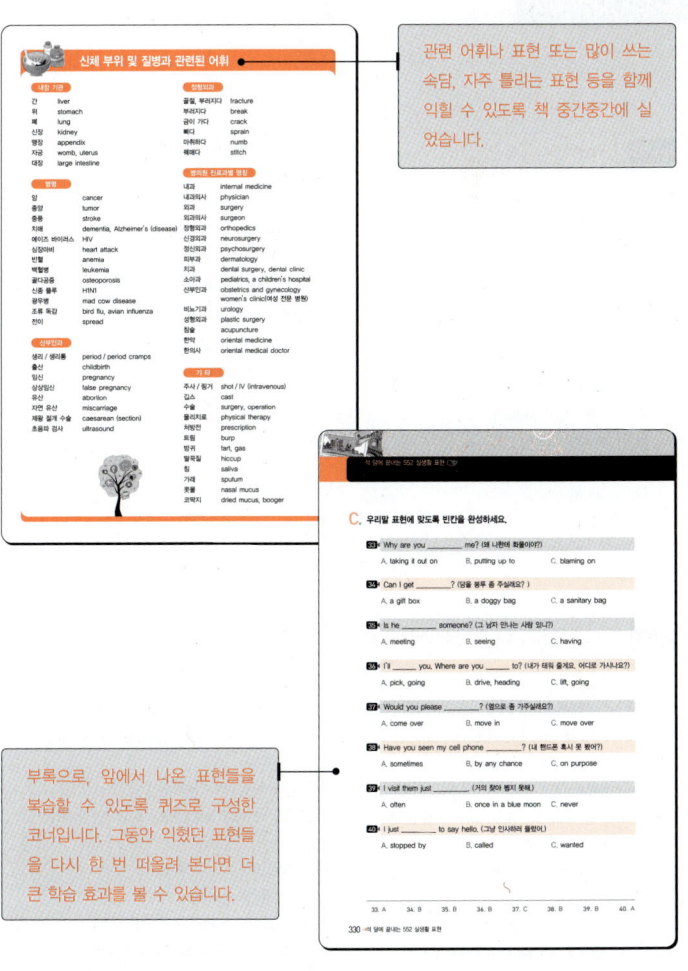

신체 부위 및 질병과 관련된 어휘

내장 기관
- 간 liver
- 위 stomach
- 폐 lung
- 신장 kidney
- 맹장 appendix
- 자궁 womb, uterus
- 대장 large intestine

병명
- 암 cancer
- 종양 tumor
- 중풍 stroke
- 치매 dementia, Alzheimer's (disease)
- 에이즈 바이러스 HIV
- 심장마비 heart attack
- 빈혈 anemia
- 백혈병 leukemia
- 골다공증 osteoporosis
- 신종 플루 H1N1
- 광우병 mad cow disease
- 조류 독감 bird flu, avian influenza
- 전이 spread

산부인과
- 생리 / 생리통 period / period cramps
- 출산 childbirth
- 임신 pregnancy
- 상상임신 false pregnancy
- 유산 abortion
- 자연 유산 miscarriage
- 제왕 절개 수술 caesarean (section)
- 초음파 검사 ultrasound

정형외과
- 골절, 부러진 곳 fracture
- 부러지다 break
- 금이 가다 crack
- 삐다 sprain
- 마비되다 numb
- 꿰매다 stitch

병원의 진료과 명칭
- 내과 internal medicine
- 내과의사 physician
- 외과 surgery
- 외과의사 surgeon
- 정형외과 orthopedics
- 신경외과 neurosurgery
- 정신과 psychosurgery
- 피부과 dermatology
- 치과 dental surgery, dental clinic
- 소아과 pediatrics, a children's hospital
- 산부인과 obstetrics and gynecology
- 여성 전문 병원 women's clinic(여성 전문 병원)
- 비뇨기과 urology
- 성형외과 plastic surgery
- 침술 acupuncture
- 한의 oriental medicine
- 한의사 oriental medical doctor

기타
- 주사 / 링거 shot / IV (intravenous)
- 깁스 cast
- 수술 surgery, operation
- 물리치료 physical therapy
- 처방전 prescription
- 트림 burp
- 방귀 fart, gas
- 딸꾹질 hiccup
- 침 saliva
- 가래 sputum
- 콧물 nasal mucus
- 코딱지 dried mucus, booger

관련 어휘나 표현 또는 많이 쓰는 속담, 자주 틀리는 표현 등을 함께 익힐 수 있도록 책 중간중간에 실었습니다.

C. 우리말 표현에 맞도록 빈칸을 완성하세요.

33. Why are you _____ me? (왜 나한테 화풀이야?)
A. taking it out on   B. putting up to   C. blaming on

34. Can I get _____? (담을 봉투 좀 주실래요?)
A. a gift box   B. a doggy bag   C. a sanitary bag

35. Is he _____ someone? (그 남자 만나는 사람 있어?)
A. meeting   B. seeing   C. having

36. I'll _____ you, Where are you _____ to? (내가 태워 줄게요. 어디로 가시나요?)
A. pick, going   B. drive, heading   C. lift, going

37. Would you please _____? (옆으로 좀 가주실래요?)
A. come over   B. move in   C. move over

38. Have you seen my cell phone _____? (내 핸드폰 혹시 못 봤어?)
A. sometimes   B. by any chance   C. on purpose

39. I visit them just _____. (거의 찾아 뵙지 못해.)
A. often   B. once in a blue moon   C. never

40. I just _____ to say hello. (그냥 인사하러 들렀어.)
A. stopped by   B. called   C. wanted

33. A   34. B   35. B   36. B   37. C   38. B   39. B   40. A

부록으로, 앞에서 나온 표현들을 복습할 수 있도록 퀴즈로 구성한 코너입니다. 그동안 익혔던 표현들을 다시 한 번 떠올려 본다면 더 큰 학습 효과를 볼 수 있습니다.

Contents

p. 18

Unit 01 Greeting 인사

001 Take good care of your health!
002 Sleep tight.
003 I'll be in touch.
004 Long time no see!
005 How can I get in touch with you?
006 What's your new year's resolution?
007 What's the weather like today?
008 What day is it today?
009 What date is it today?
010 I'm coming now.
011 I just stopped by to say hello.
012 Good luck!
013 See you again!
014 I'll look forward to it.

p. 25

Unit 02 Appointment & Meeting
약속과 모임

015 Are you free today?
016 I don't have any plans on Friday.
017 I don't have time to spare.
018 Let's take off.
019 I have an appointment with him at 3.
020 She stood me up.
021 I'll arrange my schedule to fit yours.
022 Count me in.
023 Let's break the ice!
024 Can I get your name, please?
025 Is he seeing someone?
026 Hook me up if there's a good person.
027 We have something in common.
028 I am just your age.
029 What took you so long?
030 I'll take a rain check.
031 Do you want to trade seats?
032 Sorry, this seat is taken.
033 Are you here alone?
034 How many people are in your party?
035 Do you know if he's coming or not?
036 I'm here on behalf of him.
037 How did you guys first meet?
038 He is on my list.
039 I got a crush on her.
040 I will go only if you go too.
041 I have 30 minutes to kill.
042 I'm behind schedule.
043 It will come to me.
044 It's on the tip of my tongue.
045 The name rings a bell (to me).
046 I have never seen anything like this before.
047 Where's your better half?
048 I've almost forgotten what he looks like.
049 He's my old buddy.
050 There you are!
051 Did you make it on time?
052 I got here half an hour before you.

p. 45

Unit 03 Telephone 전화

053 Is Mr. Kim there?
054 Guess who?
055 Who's calling, please?
056 This is she.
057 This is Susan (speaking).
058 Who's speaking?
059 Hold on.
060 He's not here right now.
061 Would you like to leave a message?
062 Do you want me to have him call you?
063 Can you talk now?
064 Can I call you back later?
065 Can you call me back later?
066 What are you calling for?
067 You've got the wrong number.
068 What number did you call?
069 I'm on another line.
070 The line is busy.
071 I'm sorry I've missed your call.
072 I called you, but you didn't answer.
073 Thank you for calling ABC Mart.
074 Hold my calls.
075 How may I direct your call?
076 A phone call for you.
077 I'm sorry he's out for lunch.
078 What a coincidence!
079 Have you seen my cell phone?
080 We have a bad connection.
081 I can barely hear you.
082 Speak up!
083 Text me.
084 The battery's running out.
085 The battery is dead.
086 I'd like to make a phone call to Korea.

p. 63

Unit 04 Job & School 직장과 학교

087 Let's get started!
088 Let's get the ball rolling!
089 Let's get on the ball!
090 Let's hit the books!
091 Let's call it a day!
092 Let's give her a big hand!
093 It will be easy once you get the hang of it.
094 Let me know when you make up your mind.
095 Take your time.
096 Put it off!
097 Leave it up to me.
098 Keep going.
099 Don't get yourself stressed.
100 Don't you ever take a day off?
101 I'll take care of it.
102 Are you for it or against it?
103 Are you good at it?
104 You've got somebody behind you.
105 What's your point?
106 What's your position?

Contents

107 What difference does that make?
108 What do you want to see him about?
109 When are you gonna get it done?
110 What do you do for a living?
111 Who's in charge here?
112 Why do you think he was promoted?
113 All set?
114 I'm behind in my work.
115 I'm out of a job now.
116 He runs a restaurant on the side.
117 He lives from hand to mouth.
118 He will never starve anywhere.
119 My computer is not booting up.
120 Welcome aboard.
121 I put everything into it.
122 I blew the interview.
123 He's no longer with us.
124 She's on leave now.
125 Time's up!
126 I've got 75 out of 100.
127 I made it!

p. 85

Unit 05 On the Road 길에서

128 The traffic was bumper-to-bumper.
129 Let's hit the road!
130 I'll drive you.
131 I'm on my way.
132 There's a bus every ten minutes.
133 The airplane arrived 20 minutes behind schedule.
134 How often do you go overseas?
135 Hurry up!
136 Step on it, please!
137 Could you (please) tell me how to get there?
138 I'm looking for a drugstore.
139 Would you show me the way to the subway station?
140 Could you draw a map for me?
141 Where are you located?
142 I'm lost.
143 Where is the shopping center?
144 What floor is your office on?
145 Should I turn left or right?
146 It's across the street.
147 Cross the street and turn left.
148 It's just around the corner.
149 It's about 20 miles north of the ABC hospital.
150 It's right next to the ABC hospital.
151 It's straight ahead.
152 It's past the post office.
153 It's two blocks from here.
154 It's near Central Park.
155 It's the third building on your right.
156 It's down the hallway on your right.
157 Take the elevator to the second floor.
158 Walk up the stairs to the third floor.
159 It's walking distance.

160 Would you please move over?
161 I want to get some fresh air.
162 Keep your eye on this!

Unit 06 Meals & Restaurants
식사와 식당

163 Let's grab something to eat.
164 I'd like to make a reservation for a table for 2 at 7 o'clock tomorrow night.
165 For here or to go?
166 What do you want to have for lunch?
167 I think I'll pass.
168 Take a bite!
169 Take a sip!
170 Here you go!
171 Can I get a doggie bag?
172 I've never eaten better.
173 I'll do the dishes.
174 It's on me.
175 Keep the change.
176 The meat is spoiled.
177 I'll probably pig out.
178 I overate.
179 I really stuffed myself.
180 This is a nice joint.
181 This restaurant is the pits.

p. 113

Unit 07 Party 파티

182 Let's have a drink on me.
183 Let's have a ball!
184 I feel like having a drink.
185 Let's hit the booze!
186 Let's drink all the way today!
187 Bottoms up!
188 Cheers!
189 Can we have another round?
190 On the rocks, please.
191 I feel a little tipsy.
192 Are you intoxicated?
193 Can I have some more booze?
194 Pour out some more!
195 I'm sober now.
196 Don't soak up the booze.
197 I'm off the wagon.
198 I blacked out last night.
199 He's a heavy drinker.
200 She's a poor drinker.
201 I have a hangover.
202 He was caught for a DUI last night.
203 The party was really rad.
204 He's a party pooper.
205 What's all that noise about?

Contents

p. 126

Unit 08 Shopping & Stores
쇼핑과 상점

206 Where can I buy water?
207 Which floor is the shoe store on?
208 I'm just looking around.
209 Can I try this on?
210 It looks good on you.
211 I'll take it.
212 Please show me another one.
213 Do you have anything smaller (than this)?
214 Do you have this in my size?
215 I like that one better.
216 I like this one best.
217 Let me think it over.
218 I think I'll shop around.
219 How much are these all together?
220 Is this free?
221 Can you come down on the price?
222 Give me a good deal!
223 Is this on sale now?
224 Could you wrap this up as a gift?
225 It's twenty bucks even.
226 Would you put this in a bag, please?
227 Can you exchange this?
228 Any particular reason(s)?
229 I'd like to get a refund.
230 Five times six is thirty.
231 I want 4 big ones and 5 twenties.
232 I want to get a haircut.
233 That car would cost you a fortune.
234 I can't afford it.
235 Do you think it's worth it?
236 How long could it last?
237 Are you in line?
238 Is it my turn (now)?
239 I'm a regular there.
240 How much is the estimated cost?
241 He's good at haggling.

p. 146

Unit 09 Descriptions 묘사

242 What's he like?
243 She's not only kind but also honest.
244 He is full of self-confidence.
245 I'm nothing but a chicken.
246 He is always bad-mouthing.
247 He's usually like that.
248 He is too green.
249 He is a freeloader.
250 He's all talk and no action.
251 He always boasts himself.
252 She has a double personality.
253 She's too snobby.
254 She is after your money.
255 He has money to burn.
256 I can't carry a tune.
257 Those clothes are out of style.
258 He has a big belly.
259 She's a clumsy driver.

p. 156

Unit 10 Body & Health
신체와 건강

260 She's sick in bed.
261 I feel heavy.
262 How do you feel?
263 I'm glad you're feeling better.
264 I tossed and turned all night.
265 I've been up all night.
266 Coffee keeps me up.
267 I'm feeling my age.
268 I'm starving.
269 I'm freezing.
270 I've lost my voice.
271 It hurts!
272 I'm dead tired.
273 My dad has bad sight.
274 I have a touch of the flu.
275 My whole body aches.
276 I have a runny nose and feel chilly.
277 I almost never get sick.
278 My head is killing me.
279 I've been sneezing all day.
280 He is a heavy snorer.
281 I'm allergic to peaches.
282 She is suffering from chronic constipation.
283 It might leave a scar.
284 It feels like a needle poking me.
285 Grandmother's blood pressure is too high.
286 I got a cramp in my leg.
287 He walks with a limp.
288 He sprained his ankle.
289 I tripped over something.
290 I try not to drive at night because of my poor vision at night.

p. 174

Unit 11 Clothes & Houses
의복과 주거

291 Put this on!
292 I'm wearing long johns in the winter.
293 Are you decent?
294 Your fly is open.
295 My pants are ripped.
296 You're wearing your tee shirt inside out.
297 You're soaked to the skin!
298 She was born with a silver spoon.
299 She has had three girls in a row.
300 I was born for this.
301 I take after mother (more than father).
302 He talked back to his father.
303 My room is so messy.
304 The toilet doesn't flush.
305 What's the rent?
306 We're running out of rice.
307 I have to renew my passport sooner or later.
308 I think it will take time to settle down here.
309 I visit my grandparents once in a blue moon.

Contents

310 He sent his son on an errand.

p. 184

Unit 12 Communication & Opinion 의사소통과 의견

311 How about dinner tonight?
312 How did it go last night?
313 How do you like Seoul?
314 What about me?
315 What was the book about?
316 What makes you think so?
317 Why is that?
318 Don't you think so?
319 I'm thinking of changing my car for a bigger one.
320 What do you want me to do?
321 What do you need that for?
322 What do you think of this outfit?
323 Such as what?
324 What's that supposed to mean?
325 Not now.
326 Not really.
327 Not at all!
328 No way!
329 Not yet.
330 Not always.
331 Not necessarily.
332 Listen!
333 Maybe.
334 I'm almost done.

335 So-so.
336 So far so good.
337 Sometimes.
338 No wonder!
339 Exactly!
340 You bet!
341 That cannot be!
342 Not that I know of.
343 That's what I'm talking about.
344 I mean it!
345 I don't get it.
346 I'm not familiar with medical terms.
347 I don't wanna get involved in this.
348 This isn't a joke!
349 I was going to say that.
350 That's good enough.
351 I know nothing beyond this.
352 I changed my mind.
353 I'm afraid not.
354 Talk is cheap.
355 I swear.
356 You know what?
357 I'll tell you what.

p. 209

Unit 13 Feelings 감정

358 I'm at peace.
359 What a relief!
360 You look so happy.
361 I am so glad to hear that.

362 I'm embarrassed.
363 I feel guilty.
364 I feel obligated.
365 My position is very uncomfortable.
366 I have butterflies in my stomach.
367 What a surprise!
368 How time flies!
369 It was so touching, I almost cried.
370 I can't ease my mind.
371 I have no regrets.
372 I'm so bored to death.
373 You make me sick.
374 I've seen enough.
375 Whatever! I don't care.
376 I can't stand it (any longer).
377 I have my heart in my mouth.
378 That pisses me off!
379 I can't calm down.
380 I'm out of my mind.
381 I'm going to freak.
382 It's scary!
383 It's creepy!
384 What a shock!
385 Everything shows.

p. 224

Unit 14 Compliments & Gratitude 칭찬과 감사

386 Thanks for your tip.
387 I can't thank you enough.
388 I really appreciate it.
389 Thank God!
390 Good for you!
391 You're very good at this.
392 I think you look pretty good as you are.
393 I've still got it!
394 Nobody is as good as her.
395 You're so adorable!

p. 229

Unit 15 Asking 요청

396 Could you do me a favor?
397 Can you give me a hand?
398 You don't want to do that, do you?
399 Do you mind if I use your bathroom?
400 Put yourself in my shoes.
401 Please don't lose your temper.
402 For God's sake, stop doing that.
403 We'd better keep it down for now.
404 You should keep it to yourself.
405 Give me a break.
406 Let me go!
407 Be my guest.
408 Make yourself at home.
409 It's up to you!
410 Go ahead.
411 Don't get me wrong.
412 Don't take it personally.

Contents

Unit 16 Apology & Comfort
사과와 위로

p. 238

413 I didn't mean to do that.
414 Sorry, I forgot.
415 Sorry for the trouble.
416 I was hard on you.
417 I'll make it up to you.
418 I won't disturb you.
419 I dropped the ball.
420 I'm so sorry I couldn't help you all the way.
421 I'm sorry I'm not much help.
422 Don't worry.
423 Keep your chin up!
424 Don't go to pieces.
425 There's still some hope.
426 Don't blame yourself.
427 It's not your fault.
428 You've got to stand tall.
429 Don't let it get you down!
430 Don't panic.
431 There's nothing to be sorry about.
432 You can count on me.
433 Trust me on this!
434 You've got me.
435 What are friends for?
436 You name it!
437 You don't really have to if you don't want to.
438 What's up?
439 What's eating you?
440 What's on your mind?
441 Are you OK to drive?
442 Are you hiding something?
443 Come out and say it.
444 Better than nothing.
445 It could've been worse than that.
446 I'm sorry to hear that.
447 I'll always be on your side.
448 It's just one of those things.
449 I will look into it.
450 I know how you feel.

Unit 17 Worries & Regrets
걱정과 후회

p. 258

451 I expected that something like that could happen.
452 You are dead meat!
453 What am I supposed to do?
454 I don't know what to do.
455 There's nothing I can do.
456 I shouldn't have done that.
457 You can't turn it back now.
458 I take it back.

Unit 18 Advice & Orders 충고와 명령

p. 262

459 Make it count!

460 You must bear it well in your mind.
461 Hang in there!
462 Do your best!
463 Spit it out!
464 You have to do this on your own.
465 You gotta work on that.
466 You'll get hurt if you try to know too much!
467 Chill out!
468 Get down!
469 Forget it!
470 Be nice!
471 Leave him alone!
472 Don't move!
473 Don't give up!
474 Don't be long.
475 Put it down!
476 Drop your accent!
477 Look out!

p. 272

Unit 19 Complaining 불평

478 Did you already forget?
479 Why are you always like that?
480 Don't you think you're too harsh?
481 Do I look like I am easy?
482 Isn't he a pervert?
483 Did you do it on purpose?
484 How could you do that to me?
485 How come you never called me?
486 What am I supposed to say?
487 It serves you right.
488 Why are you mad at me?
489 Why are you taking it out on me?
490 With whose permission?
491 So what?
492 Nobody can stop you.
493 You are building a castle in the air.
494 Who's to blame? I'm the one to blame.
495 His jokes are too harsh.
496 You are nobody!
497 You will see.
498 How dare you!
499 This is no help!
500 Shame on you.
501 Use your noodle!
502 Just wait! I'll pay you back!
503 Are you out of your mind?
504 I'm having a hard time with him.
505 He's a real flake.
506 I cannot pinpoint it, but somehow something smells fishy.
507 Thanks for the history lesson.
508 I don't know what you're talking about.
509 Talking to you is like talking to a wall.
510 That's what you always do.
511 You're going too far.
512 You have no respect!
513 What kind of person is this?
514 You didn't listen to me, now look at you!

Contents

515 You deserved it.
516 She doesn't know what she's talking about.
517 He drives me nuts.
518 It's none of your business.
519 It's got nothing to do with me.
520 You are the boss!
521 She really turns me off.
522 He's a pain in the neck.
523 It looks gross! / That's gross!
524 It was wrong from the beginning.
525 It's not fair!
526 It's getting on my nerves.
527 Just because I love you, (it) doesn't mean (that) I can do everything for you.
528 What a (tough) life!
529 It's not my day!
530 That is ridiculous!

p. 299

Unit 20 Anger 분노

531 Get out of here!
532 Let's drop it.
533 Let's stop playing word games.
534 Watch your language!
535 Get off me!
536 Stop acting like you're all that!
537 Sue me!
538 Shut up!
539 Stop teasing me!
540 Go away!
541 Get lost!
542 Don't give me that crap!
543 Don't do that!
544 Don't yell!
545 Don't come any closer!
546 Don't even think about it!
547 Don't talk to me like that!
548 Don't you try to lie!
549 Don't try to butter me up!
550 Don't act like you're rich!
551 Don't mess with me!
552 Stay out of this!

p. 313

부록 Quiz

석달에 끝내는 552 실생활 표현

Unit 1. Greeting

001. Take good care of your health!
몸조심해!

A: Keep your health. That's all I want from you. Please take good care of your health.❶

건강해야 돼. 내가 바라는 것은 그게 다야. 건강 조심해.

more

❶ Take good care of yourself[your health]!는 '(특별히) 건강에 유의하라, 몸조심하라'는 뜻으로 주로 헤어질 때 나눌 수 있는 인사말입니다. Be careful of your health.라고 말해도 좋습니다.

002. Sleep tight.
푹 자요.

A: Good night!
잘 자요.

B: Sleep tight,❶ sweetheart❷!
푹 자요, 여보!

more

❶ 잠자리에 들 때 보통 Good night.을 쓰지만 '푹 잘 자라'는 뜻으로 Sleep well. 또는 Sleep tight.을 사용합니다.
❷ sweetheart는 애인이나 부인, 예쁜 아기, 나보다 어린 사랑스런 여자 또는 사랑스런 애완동물을 부르는 호칭입니다.

003. I'll be in touch.
연락할게요.

A: **Are you going to call me?**
나한테 전화할 거지?

B: **Sure. I'll be in touch.**❶
그럼. 내가 연락할게.

A: **You can text me.**❷
문자해도 돼.

more

❶ I'll be in touch는 I'll call you. 또는 I will contact you.와 같은 뜻으로 be 대신에 stay를 써도 됩니다.
   ex I stay in touch with my family by telephoning them twice a week.
   (나는 일주일에 두 번씩 전화로 가족들과 연락을 취하고 있다.)

❷ 문자는 text message, 음성 메시지는 voice mail이라고 합니다.

004. Long time no see!
오랜만이야.

A: **Oh my God, long time no see**❶**!**
I've missed you so much.
어머나! 오랜만이네요! 정말 보고 싶었어요!

B: **I worked away in Japan for 4 years.**
How have you been doing?
일본에서 4년 동안 파견 근무했었어요. 어떻게 지냈어요?

A: **I've been doing good.**
You haven't changed a bit!❷
잘 지냈어요. 당신은 하나도 안 변했는데요!

B: **What are you talking about? I'm getting old.**
By the way, how's your family?
무슨 소리예요? 늙었죠. 근데, 가족들은 모두 잘 지내요?

more

❶ Long time no see!나 It's been a long time! 또는 I haven't seen you for a long time!은 오랜만에 만난 상대에게 쓸 수 있는 표현입니다.

❷ You haven't changed a bit.은 '넌 정말 그대로다.'라는 칭찬의 의미뿐 아니라 화가 났을 때 '어쩌면 하나도 변한 게 없구나!'처럼 불평의 뉘앙스로도 쓸 수 있습니다.

005. How can I get in touch with you?

새해의 결심이 뭔가요?

A: **How can I get in touch with you?**[1]
너와 어떻게 연락하지?

B: **You can write to me anytime.
I'll check my email every day.**
언제든 메일을 쓰면 돼. 매일 내가 이메일을 확인할게.

A: **Let's keep in touch.**
서로 연락하며 지내자.

more

[1] keep[get] in touch with는 '(~와) 연락을 하다'라는 뜻으로 contact로 바꿔 쓸 수 있습니다. 참고로, 상대에게 연락처로 전화번호를 알려줄 때, 번호 앞에 항상 at을 써서 You can call me at (번호).라고 말합니다.

006. What's your new year's resolution?

새해의 결심이 뭔가요?

A: **A Happy New Year to you!**
새해 복 많이 받으세요!

B: **I wish you a Happy New Year, too.
What is your new year's resolution**[1]**?**
새해 복 많이 받으세요. 새해 들어 한 결심이 뭔가요?

A: **Well, let me think. I definitely want to**[2] **lose my weight. What's yours?**
글쎄요, 생각 좀 해보고요. 확실히 저는 살을 빼고 싶어요. 당신은요?

more

[1] resolution은 '결심'이라는 뜻으로 어떤 일에 대한 굳은 결심을 말합니다.
[2] 원어민들은 흔히 want to를 [wanna]로 going to를 [gonna] 그리고 got to를 [gotta]로 씁니다.

007. What's the weather like today?
오늘 날씨가 어떻습니까?

A: **How's the weather today?❶**
오늘 날씨가 어때요?

B: **It's❷ been raining constantly.**
비가 계속 와요.

more

❶ How's the weather today?라고 써도 좋지만 성격이 어떠냐는 표현을 What's he/she like?라고 많이 쓰는 것처럼 What으로 시작하여 날씨를 묻는 표현이 더 잘 쓰입니다.

❷ 날씨뿐 아니라 시간, 요일에 대해 답할 때는 it을 사용합니다.

참고 날씨를 나타내는 어휘 및 표현
- 따뜻한: warm
- 더운: hot
- 시원한: cool
- 추운: cold
- 온화한: mild
- 습한: humid
- 쌀쌀한: chilly
- It's raining cats and dogs. / It's pouring outside. (비가 억수같이 온다.)
- It's raining outside, but it looks like a brief sprinkle.
  (밖에 비가 오는데, 잠깐 내리는 비 같다.)
- It drizzles. (비가 부슬부슬 내린다.)
- It is foggy[misty]. (안개가 끼어 있다.)
- It'd be partly cloudy and windy tomorrow.
  (내일 부분적으로 구름이 끼고 바람이 불 것이다.)

008. What day is it today?
오늘은 무슨 요일입니까?

A: **What day is it today?❶**
오늘이 무슨 요일이지?

B: **It's Thursday. Cheer up! We have only one more day left to work this week.**
목요일이야. 기운 내! 이번 주에 일할 날도 하루밖에 안 남았어.

more

❶ 월요일부터 일요일까지 모두 'day'로 단어가 끝나므로 요일을 물어볼 때는 day를 씁니다. 답할 때는 〈Today is ~〉보다는 〈It's ~ today.〉를 권장합니다.

009. What date is it today?
오늘이 며칠인가요?

A: Isn't it your 3rd wedding anniversary tomorrow?
내일이 너의 결혼 3주년 아니니?

B: Oh my God. What date❶ is it today?
맙소사. 오늘이 며칠이지?

more

❶ 날짜를 묻는 경우에는 요일을 물을 때 쓰는 표현에서 day를 date로 바꾸어 쓰면 됩니다. 참고로 '7월 4일'은 4th of July, July 4th와 같이 두 가지 방법으로 표현합니다.

010. I'm coming now.
(누가 부를 때) 지금 갑니다.

A: (the sound of the bell) I'm coming!❶
(벨 울리는 소리) 나가요!

(When the phone is ringing) I'll get it.❷
(전화벨 울리는 소리) 내가 받을게.

more

❶ 누가 부르는 소리, 벨 소리 또는 노크 소리에 답할 때 I'm coming.을 씁니다. 내가 가고 있다고 해서 I'm going.이라고 하지 않습니다.

❷ get이 '받다, 응답하다'의 뜻으로 쓰여서 전화가 울리거나 벨 소리에 문을 열어줘야 할 때 '내가 할게.'라는 뜻으로 I'll get it.을 쓸 수 있습니다. 참고로 전화에서 '누구세요?'는 Who's this?이고, 집을 찾아온 문 밖의 사람이 누구인지 물을 때는 Who is it?이라고 합니다.

011. I just stopped by to say hello.
그냥 인사하려고 들렀어.

A: **Hey, it's good to see you! How have you been doing?**
야, 만나서 반가워. 어떻게 지냈어?

B: **I've been doing good. I just dropped by to say hello.❶ How're you doing?**
잘 지내고 있지. 인사하러 잠깐 들렀어. 너는 어떻게 지내니?

more

❶ '잠시 들르다'는 stop by 혹은 drop by를 많이 씁니다. 물론 '인사하러 왔어.'라고 하면 I came to see[meet] you.라고 해도 되지만, stop[drop] by to say hello를 쓰는 것이 더 좋습니다. '잠깐 들를래?'라고 물을 때는 Can you stop by?라고 하면 되겠죠?

012. Good luck!
행운을 빌어!

A: **I have an interview today.**
나 오늘 인터뷰가 있어.

B: **Oh, what time?**
어, 언제?

A: **In about 2 hours. I'm so nervous.**
2시간 정도 남았어. 나 너무 긴장돼.

B: **Come on,❷ it's gonna be OK. You will go through with it well! Good luck❶ to you!**
기운내, 괜찮을 거야. 너는 잘 해낼 거야! 행운을 빌어!

more

❶ Good luck! 행운을 빈다, 잘 되길 바라.
Wish me luck! (상대에게) 행운을 빌어줘.
God bless you! 하나님의 축복이 있기를!

❷ come on은 상대의 주의를 끌거나 재촉 또는 격려할 때 쓸 수 있는 표현으로 상황에 따라 '이봐, 어서, 기운 내' 등의 다양한 의미를 나타냅니다.

013. See you again!
또 만나요!

A: **I'll see you next time. Take care❷ until then.**
다음에 또 봐요. 그때까지 잘 지내세요.

B: **Sure, you too. See you soon!❶**
그럼요, 당신도요. 곧 다시 만나요!

more

❶ 다시 만날 날짜를 잡고 헤어지는 경우에는 I'll see you on Saturday.라고 뒤에 날짜나 요일을 붙이면 됩니다.

❷ Take care.(잘 지내.), Take good care of yourself.(몸조심해!), Have a nice[good] day!(하루 잘 보내!) 모두 안부를 걱정하며 헤어질 때 쓰는 표현입니다. 운전을 하고 가는 사람이라면 Drive carefully! 라고 해도 좋습니다.

014. I'll look forward to it.
기대할게요.

A: **I'll invite you this weekend. You will enjoy my Korean food.**
주말에 당신을 초대하겠습니다.
나의 한국요리를 즐기게 될 거예요.

B: **That will be great! I'll look forward to it.❶**
좋지요! 기대하겠습니다.

more

❶ look forward는 expect나 wait라는 어휘보다 훨씬 정중한 기다림의 표현입니다. I'll look forward to it.은 준비하거나 계획하는 일, 연락, 또는 선물을 두고 기대하겠다는 의미를 전달할 때 사용합니다.

참고 〈look forward to 명사/동명사〉: (~ 을) 기대하다, 기다리다
- I'll look forward to your prompt answer. (당신의 신속한 답변을 기다리겠습니다.)
- I'll look forward to hearing from you. (대답을 기다릴게요.)

Unit 2. Appointment & Meeting

015. Are you free today?
오늘 시간 돼요?

A: Can you have dinner with me tonight?
Are you free tonight?❶
나랑 오늘 저녁 먹을래? 오늘밤에 시간 되니?

B: I'm sorry. I am not free tonight. Let's make it some other time.
미안해. 오늘 저녁에는 시간이 안 돼. 다음으로 하자.

more

❶ 약속을 정하기 위해서 What are you gonna do (tonight)?, Do you have any plan (tonight)? 또는 Are you free (tonight)?과 같이 질문하면 됩니다.
free는 '한가한' 또는 '공짜의'라는 뜻 외에도, sugar-free(설탕이 들어 있지 않은, 무가당의), alcohol-free(알코올이 없는), caffeine-free(카페인이 없는)와 같이 '(~이) 없는'이라는 의미로 쓰기도 합니다.

016. I don't have any plans on Friday.
금요일에는 아무런 약속이 없어요.

A: We're gonna have a celebration party this Saturday. Do you have time?
이번 토요일에 축하 파티를 할 거야. 너는 시간 되니?

B: Yeah, I don't have any plans.❶
I'll join you guys.
응, 나는 아무 일도 없어. 나도 갈게.

more

❶ '시간이 없고 바쁘다'는 I already have another plan. I have a heavy schedule. I'm so busy. 나 I'm busy as a bee.(벌처럼 바쁘다)라고 합니다.

017. I don't have time to spare.
여유 시간이 없어요.

A: A department store's having a big sale right now. Do you wanna go there with me?
백화점이 지금 대거 세일 중이래. 같이 가 볼래?

B: I wish I could, but I don't have time to spare❶ now. I have a final exam❷ until next week. Sorry.
나도 그럴 수 있으면 좋겠지만, 지금은 시간 여유가 없어. 다음 주까지 기말고사가 있거든. 미안해.

more

❶ spare는 동사로 '(남에게 시간, 돈 등을) 내주다' 혹은 '아끼다, 절약하다'의 의미로 하고자 하는 마음이 없어서가 아니라 정말 시간이 없을 때 이 표현을 쓰면 됩니다. 참고로 spare time은 '여가'라는 의미입니다.

❷ final exam은 '기말고사'이고 '중간고사'는 midterm이라고 합니다.

018. Let's take off.
우리 그만 갑시다.

A: Call her. Why isn't she showing up?
그녀에게 전화해 봐. 왜 안 나타나는 거야?

B: I did, but she isn't answering. I don't think she's coming. Let's take off!❶
했는데 안 받아. 안 올 거 같아. 그만 가자!

more

❶ 만나기로 한 사람이 나타나지 않자 화가 나서 그만 가자는 표현입니다. 비행기가 뜰 때도 take off라는 표현을 쓰는 것처럼 '그만 여기를 뜨자'라는 의미가 됩니다. 참고로 비행기가 도착했을 때에는 land를 쓰지만 사람이 도착했을 때는 land라는 단어를 쓰지 않으니 주의하세요.

019 I have an appointment with him at 3.
그와 3시에 약속이 있어요.

A: **What brings you here?**
무슨 일로 여기 오셨나요?

B: **I have an appointment❶ with your boss at 3 o'clock. I am here to❷ meet him.**
3시에 사장님과 약속이 있습니다. 그를 만나러 여기 왔습니다.

more
❶ appointment는 시간 약속을 할 때 늘 쓰는 단어입니다. 의사, 변호사와 잡은 약속이나 정비소의 예약 등에 씁니다. 비행기, 호텔, 식당을 예약하는 경우에는 reservation(예약)을 씁니다.

❷ 〈I'm here to+ⓥ〉는 '여기에 (~)하러 왔습니다.'의 뜻으로 I'm here to tell you something.(네게 할 말이 있어서 왔어.), I am here to help you.(나 여기에 너를 도우러 왔어.)와 같이 표현할 수 있습니다.

020 She stood me up.
나는 바람맞았어요.

A: **James seemed to be angry. What happened to him?**
James가 화난 것 같아. 무슨 일이지?

B: **He was really put out❷ that his girlfriend did not show up❶ for their date.**
여자 친구가 데이트에 나타나지 않아서 몹시 기분이 상했어.

more
❶ stand me up은 '날 세워두다'라는 뜻이므로 나타나지 않았다는 don't show up과 같이 '바람맞았다'는 의미입니다.

　관련어휘　・cheat on: 바람피우다　・dump: (사귀던 사람을) 버리다, 차다

❷ be put out은 '기분이 상하다'라는 숙어인데 put out은 기본적으로 '불을 끄다, 밖에 내놓다' 등의 의미로도 많이 쓰이니 함께 알아두세요.

021. I'll arrange my schedule to fit yours.
당신이 편한 시간으로 내가 맞추겠습니다.

A: When is it a convenient time for you?❶
언제가 편하십니까?

B: Well, maybe anytime in the afternoon.
글쎄요, 오후 아무 때나요.

A: OK, I will arrange my schedule to fit yours.❷ I will see you then.
그래요, 내가 시간 조정해서 맞춰볼게요. 그때 뵈어요.

more

❶ When is it a convenient time for you?는 상대방에게 먼저 시간을 정하도록 하는 배려가 담겨진 표현으로 약속을 잡을 때 자주 쓰입니다.

❷ arrange는 '조절·조정하다'의 의미이고 fit은 '맞추다'라는 뜻으로 당신 스케줄에 맞추겠다는 친절한 배려가 담겨 있는 표현입니다.

022. Count me in.
나를 끼워줘.

A: Oh, really? Count me in!❶
I was bored to death!
정말? 나도 껴줘! 지루해서 죽을 뻔했어.

B: OK. Get ready! We're gonna leave in about 10 minutes. How about you?
그래. 준비해! 우리 10분쯤 있다가 나갈 거야. 너는 어떡할래?

C: Count me out. I don't feel good❷ today. I'd better go home and get some rest.
난 빠질래. 오늘은 컨디션이 안 좋아. 집에 가서 좀 쉬는 게 나을 것 같아.

more

❶ count는 '세다, 계산하다'라는 뜻으로 주로 쓰이지만, count in, count out은 '끼다', '빠지다'라는 의미입니다. 또 다른 표현으로 '의지하다'라는 의미의 count on이 있습니다.

❷ 컨디션을 말할 때는 feel good, feel well, feel bad 등으로 많이 씁니다.

023. Let's break the ice!
친하게 지내자!

A: **Hey, let's break the ice❶!**
우리 친하게 지내자!

B: **Sure, why not?
Let's get together❷ sometime!**
그럼, 안될 게 뭐야? 언제 한번 모이자!

more

❶ break the ice는 얼음같이 냉랭하고 어색한 분위기를 깨보자는 의미로 '친구하자'라는 뜻이 내포되어 있다고 생각하면 됩니다.

❷ get together는 '모이다, 뭉치다'라는 뜻입니다.

024. Can I get your name, please?
이름 좀 알려주실래요?

A: **Can I have your name, please?❶**
성함이 어떻게 되나요?

B: **I'm Mina.**
미나예요.

A: **How do you spell that?**
어떻게 쓰지요?

B: **'M' as in❷ 'Mary', 'I', 'n' as in 'Nancy' and 'a'.**
Mary할 때 M, I, Nancy할 때 N, 그리고 a입니다.

more

❶ What's your name, please?와 같은 표현입니다. What was your name again?은 한 번쯤 이름을 듣기는 했지만 기억이 나지 않을 때 쓸 수 있습니다.

❷ How do you spell it?이라고 철자를 물어볼 때 as in을 써서 〈A as in apple〉처럼 답하는 것이 가장 많이 쓰는 방법입니다.

025. Is he seeing someone?
그 남자 만나는 사람 있니?

A: **By any chance**❷, **Is he seeing someone**❶?
혹시, 저 남자 만나는 사람 있니?

B: **Not that I know of.**❷
내가 알기론 없어.

more

❶ '(~와) 만나다, 사귀다'는 see someone을 많이 씁니다.

❷ by any chance는 '혹시'라는 뜻이며, Not that I know of는 '내가 알기로는 아니야, 없어, 그렇지 않아.'의 의미로 자주 쓰는 표현이니 꼭 익혀두기 바랍니다.

026. Hook me up if there's a good person.
좋은 사람 있으면 소개해 줘.

A: Hey, it's been a long time! How have you been? Are you married?
야, 오랜만이다! 어떻게 지냈니? 결혼은 했어?

B: Wow, long time no see! How are you? Is that your kid? She looks just like you I don't even have a girlfriend.
Hook me up❶ **if there's a good person.**
와, 이게 얼마 만에 보는 거야! 어떻게 지내? 네 아이야? 너랑 똑같이 생겼네!
난 여자 친구도 없는데. 좋은 사람 있으면 소개해 줘.

A: Sure, I will.
알았어, 그렇게.

more

❶ '소개하다'는 보통 introduce를 사용하지만 친구들 사이에서 편하게 '소개팅' 정도를 말할 때는 hook up을 사용합니다. '그녀를 소개시켜 줄게'라는 표현은 I'll hook you up with her.이라고 합니다.

관련어휘
• blind date: 소개팅, 선
• matchmaker: 중매인
※ meeting (X)
※ couple manager (X)

027. We have something in common.
우린 뭔가 통하는 게 있어.

A: I don't think he's that good-looking. What is so good about him?❷
그렇게 잘생긴 거 같지 않은데, 그가 뭐가 좋아?

B: Well, you shouldn't judge people by the way they look. He and I have something in common.❶
글쎄, 사람들을 외모로 판단하면 안 돼.
그와 나는 뭔가 통하는 게 있어.

A: I hardly ever❸ talk to him.
I think we just don't have anything in common.
나 그와는 거의 얘기 안 해. 우리는 공통점이 하나도 없는 것 같아.

more

❶ have something in common은 '뭔가 통하는 점이 있다'라는 의미로 남녀 사이뿐 아니라 친구 사이나 가족 간에도 쓸 수 있습니다.
❷ What's good about him?은 약간 비꼬는 투로 묻는 '대체 걔가 뭐가 좋은 거니?'라는 뜻입니다.
❸ hardly ever를 문장에 쓰면 '거의 (~) 안 한다'는 뜻이 됩니다.

---

028. I am just your age.
나는 너와 동갑이야.

A: Do you know how old he is?
그가 몇 살인지 아세요?

B: Yes, I know. He is just your age.❶
그럼. 너와 동갑이란다.

more

❶ • just your age: 동갑 • about your age: 또래
  관련표현 • I am about your age. (난 네 또래야.)
   • He looks old for his age. (그는 그의 나이에 비해 늙어 보인다.)
   • You don't look your age. (너는 너의 나이로 안 보인다.-젊어 보인다.)
   • I'm turning 00 next month. (나는 다음 달에 00살이 된다.)

029. What took you so long?
왜 이렇게 오래 걸렸어요?

A: **What took you so long?❶**
The food is getting cold❷.
왜 이렇게 오래 걸렸어? 음식 다 식잖아.

B: **Sorry, there was a long line❸**
in the bathroom.
미안, 화장실에 줄이 길었어.

more

❶ 표현의 take는 '시간이 걸리다'라는 의미로 쓰여 문장을 직역하면 '무엇이 그렇게 오래 걸리게 했냐'이므로 결국 '왜 그렇게 오래 걸렸어요?'라는 표현이 됩니다.
  참고 It takes ~: (시간이) ~ 걸리다.
  It took me 10 days to finish this. (이 일을 끝내는 데 10일이 걸렸어.)
  It'll take 1 hour to get ready. (준비하는 데 1시간은 걸릴 거야.)
❷ '(음식, 차 등이) 식다'는 표현은 get cold라고 하며 '다 식은 커피'는 stone-cold coffee라고 합니다.
❸ long line은 사람이 서 있는 '긴 줄'을 말합니다.

---

030. I'll take a rain check.
다음 기회로 미룰게요.

A: **Why don't you stay for dinner?**
좀 있다 저녁 드시고 가시지 그래요?

B: **Sorry. I have to go back to my office.**
I'll take a rain check.❶
미안해요. 회사에 다시 들어가 봐야 해서요. 다음으로 미룰게요.

more

❶ 'rain check'은 비가 와서 실외 경기가 중지될 때 관객들에게 주는 '다음 회의 표'입니다. 그래서 지금은 사양하지만 후일에 이 약속을 꼭 지키겠다는 표현으로 자주 쓰이는 구어입니다. When it started to rain at the baseball game, the ticket office asked us if we wanted to take a rain check for another game later on. (야구 경기 중에 비가 내리기 시작하자 매표소에서 나중에 다른 경기를 볼 수 있는 티켓을 받겠느냐고 물었다.) 문장을 통해 rain check의 의미를 보다 쉽게 이해해 보세요.

031. Do you want to trade seats?
자리 바꿀래요?

A: Would you please trade❶ seats with us?
자리 좀 바꿔주실래요?

B: Sorry, I can't. Why don't you ask someone else?
미안해요, 안 되겠는데요. 다른 분께 물어보시죠?

more

❶ trade는 '교환하다'라는 의미로 swop[swap]으로 바꾸어 써도 좋습니다.
ex I swapped my coat for his book. (나는 내 코트를 그의 책과 바꿨다.)

032. Sorry, this seat is taken.
미안해요, 이 자리는 임자가 있어요.

A: Is this seat taken?
이 자리 임자 있나요?

B: Uh huh❷, this is taken.❶
네, 이 자리는 임자가 있어요.

more

❶ '자리에 벌써 앉은 사람이 있다'를 be taken으로 표현합니다. 그냥 비어 있는 경우에는 'Oh no, please sit down.(아니요, 앉으세요.)'이라고 답하면 됩니다.
❷ uh huh는 yes와 비슷한 뜻의 슬랭입니다. '아니, 저런' 등의 뜻으로 쓰이는 'uh-uh'와는 다른 의미이므로 구분해서 사용하세요.

033. Are you here alone?
여기에 혼자 오셨어요?

A: **Are you here by yourself?**
여기 혼자 오신 건가요?

B: **No, I'm expecting my friend.**
아니요, 내 친구가 올 겁니다.

more

❶ 혼자 있는 사람에게 습관처럼 인사치레로 묻는 표현으로 파티나 술집 같은 곳에서 편하게 사용할 수 있습니다. Did you come here by yourself?(여기에 혼자 오신 건가요?)는 Are you here alone?과 같은 의미의 표현입니다.

034. How many people are in your party?
일행이 몇 명이십니까?

A: **I'd like to make a reservation at 8 o'clock tomorrow night.**
내일 밤 8시로 예약하고 싶은데요.

B: Sure. **How many people are in your party?**
네. 일행이 몇 명이십니까?

A: **It'll be 5.**
5명입니다.

more

❶ party는 목적, 임무 등을 함께 하는 '일행'을 뜻합니다. 예를 들어, a rescue party라고 하면 '구조대'가 됩니다. 위의 표현은 주로 식당 등에서 많이 쓰이며 테이블을 원할 때는 I'd like to have a table for 2.라고 말하면 됩니다.

참고 식당을 예약할 때 I'd like to make a reservation for a party of 4 at 6 o'clock tonight.(오늘 밤 6시에 네 사람의 자리를 예약하고 싶습니다.)라는 표현을 자주 사용하게 됩니다. 또한, waiting list에 이름을 올려놓고 차례가 되면 Paul, party of 4. Your table's ready.라고 호출하니 잘 기억해 두시기 바랍니다.

035. Do you know if he's coming or not?

혹시 그가 오는지 아십니까?

A: **Do you know if she's coming or not?**[1]
It's almost 7:45 now.
그녀가 오는 건지 안 오는 건지 아세요? 벌써 7시 45분이에요.

B: **She'll come.**
She said she will be a little bit late.
올 거예요. 좀 늦을 거라고 했거든요.

A: **Is he coming, or what?**
그 남자 오는 거야 마는 거야?

B: **What do you care?**
Whether he comes or not, the result will be the same.
뭘 신경 써? 오든지 말든지 결과는 같을 텐데 뭐.

A: **Do you know whether the flight number 017 from Los Angeles will arrive on time?**
LA에서 오는 017 비행기가 정시에 도착하는지 아십니까?

B: **Flight 017? That flight will be landing in 15 minutes.**
017 비행기요? 15분 후에 도착할 거예요.

more

[1] '혹시 (~)인지 아닌지'는 if[whether] ~ or not으로 I'm not sure if[whether] she's at home or not.(그녀가 집에 있을지 없을지 확실하지 않아.)처럼 쓰면 됩니다. 또한, '혹시'를 by any chance라고 하므로 위의 표현을 바꿔보면, By any chance, Is he coming?이 됩니다.

036. I'm here on behalf of him.
내가 그를 대신해서 왔습니다.

A: **He went to the court on behalf of❶ his wife.**
그는 그의 아내 대신 법정에 나왔다.

I'm calling on behalf of my friend because of her language barrier❷.
나는 내 친구의 언어 장벽 때문에 대신 전화하는 것입니다.

more

❶ on behalf of는 '(~를) 대신한, 대신해서'라는 뜻으로 주로 사람을 대신할 때 씁니다. instead of를 쓰지 않도록 주의하세요.

❷ language barrier는 '언어 장벽'이라는 의미로 다른 나라 언어에 익숙하지 않아 불편을 겪는 사람에게 쓸 수 있는 표현입니다.

037. How did you guys first meet?
어떻게 처음 만났나요?

A: **How did you guys first meet?❶**
어떻게 처음 만났어요?

B: **We're old friends.**
우린 오랜 친구예요.

A: **So, you guys used to be friends, and it turned into a serious relationship, huh?**
그러니까 친구였다가 진지한 관계가 된 거군요, 그죠?

more

❶ 보통 처음 보는 커플이나 오래된 부부에게 하면 관심 어린 질문으로 받아들여지니 많이 활용하면 좋습니다. you guys는 '너희들, 당신들'이라는 뜻으로 회화에서 일상적으로 많이 쓰이는 단어입니다.

038. He is on my list.
저 애는 내가 찍었어.

A: I like him. Don't you think we make a well-matched❷ couple?
나 저 남자가 좋아. 우리 잘 어울리는 한 쌍이 될 것 같지 않니?

B: Hey, don't even think about it! He's on my list.❶ He is mine.
얘, 생각도 하지 매! 그 남자는 내가 찍었어. 내 거야.

more

❶ be on my list은 내가 골라 놓은 목록에 있다는 의미로 내가 이미 마음에 두고 있다는 표현이 됩니다. 장을 보러 갈 때 사야할 목록도 list라고 합니다.

❷ well-matched는 잘 어울리는 남녀를 두고 쓰는 표현입니다.

039. I got a crush on her.
나는 그녀에게 완전히 반했다.

A: I got a crush on her❶ because of her beauty.
나는 그녀의 미모에 완전히 반했어.

B: Did you ask her out❷ on a date?
그녀에게 데이트 신청했어?

A: No, I couldn't. I was afraid that she would turn me down❸.
못했어. 거절당할까 봐 겁났어.

more

❶ crush는 '눌러 부수다, 으스러뜨리다'라는 뜻으로, I crushed a cockroach.(난 바퀴벌레를 밟아 뭉갰다.)처럼 표현할 수 있습니다. 또한 crush는 구어체에서 'got a crush(반하다)'로 많이 쓰이는데 여기서 crush는 '홀딱 반함'이라는 의미입니다. 참고로, '반하다'의 다른 표현은 be crazy about, fall in love with 등이 있습니다.

❷ go out은 일반적으로 '나가다'라는 의미지만 '데이트하다'라는 뜻으로도 많이 쓰여 He's gonna go out with her tonight.라고 말하면 '오늘밤 그는 그녀와 데이트를 나갈 거다.'라는 의미입니다. 〈ask ~ out〉은 '(~에게) 데이트 신청을 하다'라는 의미입니다.

❸ turn down은 '소리를 줄이다', '뒤집다', '거절하다'라는 의미로 자주 쓰이는 숙어이니 함께 익혀두세요.

040. I will go only if you go too.
네가 가야만 나는 갈 거야.

A: I will do this only if[1] they pay me enough.
충분한 돈을 줘야 난 이 일을 할 거야.

I can start this business only if you pay my money back.
네가 내 돈을 갚아야 난 이 사업을 시작할 수 있어.

Children are admitted only if accompanied by an adult.
아이들은 성인과 동행한 경우에 한해서 입장할 수 있습니다.

The schedule will be canceled only if it rains.
비가 오는 경우에 한해서 계획은 취소될 것이다.

more

[1] only if는 '만약 (~)한다면'이라는 뜻으로 조건을 나타내는 표현입니다. 비슷한 표현으로 〈What if ~?〉가 있는데 이는 〈What's going to happen if ~?〉의 줄임말로 '(~하면) 어떻게 되는 건가요?'라는 의미입니다.

ex
- What if I say no? (내가 싫다면 어쩔래?)
- What if we are wrong? (우리가 틀리다면 어쩔래요?)
- What if she doesn't make it on time? (그녀가 제시간에 못 가면 어떻게 되죠?)

041. I have 30 minutes to kill.
30분을 때워야 해요.

A: We've gotten here so early. We have 50 minutes to kill[1] before the movie starts.
여기 너무 일찍 도착했어. 영화 시작하기 전에 50분을 때워야 해.

B: I don't know how to kill time.
어떻게 시간을 때워야 할지 모르겠어.

more

[1] '시간을 소비하다'는 spend를 주로 쓰지만 여기에서의 의미는 시간이 남아서 '때우다, 죽이다'라는 의미이므로 kill을 씁니다.

042. I'm behind schedule.
난 예정보다 늦었어요.

A: **I'm behind schedule**[1] **again.**
나 또 늦었어.

B: **Well, then make it quick, or you're gonna miss the bus.**
그러면 서둘러, 아니면 너 버스도 놓칠 거야.

more

[1] behind schedule은 '스케줄보다 늦었다'는 의미로 I'm behind in my work.(난 일이 밀렸다.)처럼 표현할 수 있습니다. 여기서의 behind는 '뒤떨어져, 늦어'라는 의미이며 비슷한 표현으로는 I'm late. 또는 I'm running late.가 있으며 반대로 '제시간에 맞췄다.'는 I'm right on time.이라고 하면 됩니다.

043. It will come to me.
생각이 날 겁니다.

A: **You remind me of**[2] **someone.**
너 보니까 누군가가 떠오르는데.

B: **Really? Who's that?**
정말? 그게 누군데?

A: **I cannot recall his name right now, but it will come to me**[1]**.**
그의 이름이 당장 떠오르지 않지만 생각날 거야.

more

[1] 알고 있지만 당장 생각나지 않을 때 나중에 떠오를 거라고 말하게 되죠. 이럴 때 쓸 수 있는 표현입니다. 예문에 쓰인 I cannot recall right now.와 함께 쓰면 좋습니다.

[2] 숙어로 〈remind me of A〉는 'A를 생각나게 하다, 떠오르게 하다'는 의미로 누군가와 닮은 사람을 두고 쓸 수 있는 표현입니다.

044 It's on the tip of my tongue.
뭔가 생각은 나는데 혀끝에서 맴돈다.

A: I really like this song.
What is the name of this singer?
나 이 노래 정말 좋아해. 가수 이름이 뭐더라?

B: Uh... I'm not quite sure. It's on the tip of my tongue.❶ He's a new singer though❷.
어… 확실히 모르겠네. 생각이 날 것도 같은데 혀끝에서 맴돌아. 아무튼 신인이잖아.

A: I want to find out.
알아내고 싶어.

A: Do you remember him? What's his name?
너 그 남자 기억하니? 이름이 뭐더라?

B: Oh, I have his name right on the tip of my tongue. Yes! It's Tommy Hilton!
그 남자 이름이 혀끝에서 맴도는데… 맞아! Tommy Hilton이야.

> It's on the tip of my tongue.

more

❶ tip은 '끝'을 뜻하는 단어로 'the tip of the finger'라고 하면 '손가락 끝'을 말합니다. 'tip of my tongue'은 '혀끝'이 되니 'on'을 함께 써서 혀끝 위에 있지 밖으로 뱉어내지 못하는 상황에서 즉, 생각이 날 듯 말 듯 할 때 쓸 수 있는 표현입니다.

❷ 원어민들은 문장 끝에 though를 자주 쓰는데 '(~)이기도, (~)이지만'의 뜻으로 쉽게 '아무튼' 정도로 이해하면 좋습니다. 예를 들어 I missed the bus, but my brother gave me a ride though.라고 하면 '나는 버스를 놓쳤는데, 아무튼 오빠가 차를 태워줬어.'라는 의미로 문장 끝에서 '그렇지만 (~게) 되었다'는 결과를 나타낼 때 많이 씁니다.

045. The name rings a bell (to me).

그 이름 들어본 것 같아요.

A: **Don't you remember Michael Kim?**
Michael Kim이 기억나지 않아요?

B: <u>The name rings a bell to me,</u>❶ but I remember vaguely. It'll come to me.
그 이름을 들어본 거 같은데 기억이 확실하지가 않아요. 생각날 거예요.

more

❶ 이름을 들었는데 당장 떠오르지 않고 들어본 듯 할 때 쓸 수 있는 표현입니다. 반대로 들어본 적이 없는 듯 하면 The name doesn't ring a bell to me.라고 말하면 됩니다. 누군가를 만났을 때 나는 잘 기억이 나지 않으나 상대가 아는 척을 하는 경우, Do you know me?(저를 아시나요?) 보다는 Do I know you?(내가 아는 분인가요?)가 더 많이 쓰이는 것도 함께 알아두세요.

046. I have never seen anything like this before.

이런 건 예전에 본 적이 없다.

A: **Who's that?** <u>I haven't seen him before.</u>
저 사람 누구야? 전에 본 적이 없는데.

B: **He's a client.**
내 고객이야.

A: **Is this your cell phone? Wow,** <u>I have never seen anything like this before.</u>❶ **It's nice.**
이게 네 핸드폰이야? 와, 나 이런 거 처음 봐. 좋네.

more

❶ 〈have never seen ~ before〉는 '전에는 (~을) 한 번도 본 적이 없다'는 의미로 생전 처음 보거나 신기하고 낯선 현상, 물건 또는 사람을 두고 쓸 수 있습니다.

047. Where's your better half?
당신 반쪽은 어디 있어요?

A: **How come you're alone today? Where's your better half?**❶
왜 혼자예요? 당신 반쪽은 어디 있어요?

B: **He's at work now.**
그는 지금 일하는 중이에요.

more

❶ better half는 꼭 여자, 남자 친구만을 뜻하는 것이 아니라, 남편과 아내라는 뜻으로도 쓰입니다. '반쪽'이라는 뜻으로 My better half is sick in bed now.(내 아내[남편]는 지금 아파 누워 있습니다.)처럼 쓰면 됩니다.

048. I've almost forgotten what he looks like.
그가 어떻게 생겼는지 거의 잊었어.

A: **Do you see him often?**
그 애 자주 보니?

B: **Not really. I've almost forgotten what he looks like. He visits once in a blue moon**❶**. We almost never see him.**
아니 별로. 그가 어떻게 생겼는지도 거의 잊어 버렸어. 그는 아주 가끔 와. 우리는 거의 그를 못 만나.

more

❶ once in a blue moon은 '거의 (~) 하지 않는, 아주 드물게'라는 의미의 구어체 표현입니다.

049. He's my old buddy.
그는 내 오랜 친구야.

A: **Is he your brother?**
그가 당신 형인가요?

B: **No, he's my old pal.❶**
He is pretty tight with❷ me.
아뇨, 내 오랜 친구예요. 그는 나와 꽤 친하게 지내요.

more

❶ friend는 그다지 친하지 않은 경우에도 칭하는 경우도 많은 반면 buddy 또는 pal은 friend보다 훨씬 가깝고 오래된 '동료, 단짝, 동무'라는 뜻으로 쓰입니다.

❷ 친하게 지내는 친구를 표현할 때 '(~와) 친한, 관계가 친밀한'이라는 의미의 tight with를 써서 친한 사이를 나타냅니다. tight는 대개 '꼭 끼는, 단단히 맨' 등의 의미로 쓰이지만, with를 함께 써서 그만큼 가까운 친구 관계를 표현할 수 있습니다.

050. There you are!
여기 계셨군요!

A: **There you are!❶**
I've been looking for you all over!
여기 계셨군요! 사방팔방 찾아다니고 있었어요!

more

❶ 찾던 사람을 만났을 때나 기다리던 사람이 나타났을 때 쓸 수 있는 표현입니다. 반면, 비슷한 표현인 There you go는 '그렇지!'라는 뜻으로 상대의 행동을 칭찬할 때 사용합니다. 가령, 무엇인가 가르쳐 주었더니 금방 이해하고 따라하거나 또는 하기 싫다는 것을 설득해서 잘 해냈을 때 There you go!라고 말할 수 있습니다.

ex
- There you are! What took you so long? (왔구나! 왜 그렇게 오래 걸렸어?)
- There you go! You did a good job! That's my girl!
  (그렇지! 잘했네! 역시 우리 딸이야!)

051 Did you make it on time?
제때에 갔어요?

A: Did you make it on time?①
제 때에 갔니?

B: Yeah, I tried my best, but the traffic was really bad. I barely made it.
응, 최선을 다했지만 차가 너무 막히더라. 가까스로 갔어.

more

① 문장에서 쓰인 make는 '해내다, 이뤄내다'라는 뜻으로 무엇인가를 성공하거나 해냈을 때 make it을 쓸 수 있습니다. I don't think I can make it this time.(이번에는 해내지 못할 것 같아.)와 같이 사용하면 됩니다. 대화에서 make it은 '시간을 맞추다, 정각에 도착하다'라는 의미이고 on time은 '정각에, 정시에'를 뜻합니다.

052 I got here half an hour before you.
나는 너보다 30분 전에 이곳에 도착했어.

A: I'm so sorry, I'm late. When did you get① here?
정말 미안해! 내가 늦었네. 언제 도착했어?

B: I got here about half an hour② before you.
너보다 30분쯤 전에 왔지.

more

① '도착하다'라는 뜻으로 get(got)을 많이 씁니다.
② 시간 표현으로 '30분'은 half an hour, a half hour이라고 많이 쓰고 '1시간 반'은 An hour and a half 라고 표현합니다. 시간을 나타내는 다른 표현들도 함께 익혀두시기 바랍니다.

관련표현
- 3시 15분: three fifteen[quarter after 3]
- 3시 50분: three fifty[ten before 4]
- 3시 정각: 3 o'clock sharp

석 달에 끝내는 552 실생활 표현

Unit 3 | Telephone

053. Is Mr. Kim there?
김 선생과 통화할 수 있나요?

A: **Is Dorothy there?**❶
Dorothy 있어요?

B: **Hold on.**
잠깐만요.

more

❶ 누구와 통화하고 싶을 때 〈Can I speak to ~ ?〉보다 〈Is ~ there?〉이 조금 더 편한 사이에 쓰는 표현이며 〈May I speak to ~ ?〉가 가장 정중한 표현입니다.

054. Guess who?
누구게?

A: **Hello.** 여보세요.
B: **Hey, it's me.** 얘, 나야.
A: **Who is this?** 누구세요?
B: **Guess who?**❶ 내가 누굴까?

more

❶ 뒤에서 눈을 가린 채 내가 누구인지 묻거나 전화에서 상대가 내 목소리를 못 알아들을 때 장난스럽게 쓸 수 있는 표현입니다. '누구세요?'라고 물을 때는 Who's there? 또는 Who is it?으로 쓰지만 전화상에서는 Who is this?라고 합니다.

055. Who's calling, please?
전화 거신 분은 누구시죠?

A: **Can I speak to Julie, please?**
Julie와 통화할 수 있습니까?

B: **Who is this?**❶
누구시죠?

more

❶ 전화상에서는 'you'나 'I' 대신 'this'를 쓰는 것이 보통입니다. 그래서 '전화 거신 분은 누구십니까?'라는 표현은 Who are you?가 아니라 Who is this? 또는 Who's calling, please?라고 합니다. 대답을 할 때도 'I am ~'로 하지 않고 'This is ~'로 해야 합니다. 단, 밖에서 노크를 하는 상대에게 '누구세요?'라고 말할 때는 상대를 'it'으로 표현한다는 점도 기억해 두세요.

참고 · A: Hey, can you talk now? (지금 통화되니?)
　　　B: Who is this? (누구세요?)
　　 · A: (Knock! Knock!) 똑똑!
　　　B: Who is it? (누구세요?)

056. This is she.
전데요.

A: **Hello, I'm calling from ABC Bank.
May I speak to Mr. Park, please?**
여보세요, ABC 은행입니다. 박 선생님과 통화할 수 있을까요?

B: **This is he.**❶
전데요.

more

❶ 전화상에서 '전데요.'라고 하려면 여자일 경우에는 This is she.이고 남자일 경우에는 This is he.라고 합니다. 또는 This is speaking.이나 한 단어로 Speaking.이라고만 해도 상관없습니다.

057. This is Susan (speaking).
저는 Susan이라고 해요.

A: **Who's calling, please?**
전화 거신 분은 누구시죠?

B: **This is Susan (speaking).**❶
저는 Susan이에요.

more

❶ 전화상에서 상대방이 누구인지를 물을 때 '나는 (~)입니다.'라고 답하게 되는데 영어로는 'This is ~'라고 합니다. 절대로 'I am ~'라고 하지 않는다는 것을 기억하세요. 물론 이름 뒤에 speaking을 붙여도 괜찮습니다.

058. Who's speaking?
누구시죠?

A: **Is Chris there?**
Chris 있나요?

B: **He's at work. He'll be back around 9.**
사무실에 있어요. 9시쯤 올 거예요.

A: **Who's speaking?**❶
누구세요?

B: **I'm his sister.**
여동생이에요.

A: **Oh, then you must be Susie.
Hi! I've heard so much about you. This is John, Susie.**
아, 그럼 Susie겠구나? 안녕! 얘기 많이 들었어. 난 John이야, Susie.

B: **Oh, hi! I'll tell him that you called.**
아, 안녕하세요? 오빠한테 전화왔었다고 전할게요.

more

❶ 전화상에서 상대방이 누구인지 묻는 표현입니다. 물은 뒤에 대답을 듣고 나면 대화처럼 가볍게 인사를 나누는 것이 좋습니다.

059. Hold on.
잠시만 기다리세요.

A: Hello, can I speak to Victoria please?
Victoria와 통화할 수 있을까요?

B: OK, hold on.❶
네, 잠깐만요.

B: Oh, I'm sorry, she is sleeping right now. Do you want me to wake her up❷?
아, 죄송해요. 지금 자네요. 깨워 드릴까요?

A: No, I'll call back later. Thanks.
아니에요, 나중에 다시 할게요. 고마워요.

more

❶ 전화상에서만 아니라 일상에서도 기다리라는 표현으로 쓸 수 있습니다. Hold on.뿐 아니라 Hang on. 또는 Just a moment. 등이 같은 표현입니다.

❷ wake up은 '잠이 깨다'는 뜻으로 목적격을 쓸 때에는 wake her up처럼 동사와 부사 중간에 써야 합니다.

> **ex** · Can you pick me up at 5 o'clock? (나 5시에 데리러 올래?)
> · Please drop me off around the corner. (코너에서 내려주세요.)

060. He's not here right now.
그는 지금 없는데요.

A: Hello, can I speak to Jordan?
여보세요, Jordan하고 통화할 수 있습니까?

B: Jordan? Hold on. (a moment later)
Hum... Jordan's not here right now.❶
Jordan이요? 기다리세요. (잠시 후)
음… Jordan 지금 없어요.

more

❶ 전화를 건 상대가 찾는 사람이 지금 나가고 없을 때 He's not in. 혹은 He's out right now. 등으로 답하면 됩니다.

061. Would you like to leave a message?
메시지를 남기시겠어요?[메시지를 전해 드릴까요?]

A: **Do you know when she's gonna be back?**
그녀가 언제 돌아오는지 아세요?

B: **I don't know. Would you like to leave a message?**[1] **If it's an emergency, I'll give you her cell phone number.**
모르겠어요. 메시지 남기실래요? 급한 일이면 핸드폰 번호를 알려 드릴게요.

A: **No, that's OK. My name is Joe. She knows my number, so please tell her to call me back.**
아뇨, 괜찮습니다. 전 Joe입니다. 제 번호는 알고 있으니까 그녀에게 전화해 달라고 전해주세요.

more

[1] '메시지를 남기실래요?'는 Would you like to leave a message?라는 표현 외에 May[Can] I take your message?가 있습니다.

062. Do you want me to have him call you?
그에게 전화 걸라고 할까요?

A: **Oh, I think he is at his office. Do you want me to have him call you?**[1]
아, 그는 사무실에 있어요. 전화 드리라고 할까요?

B: **Nah, don't worry about it! I'll call him at the office.**
아뇨, 신경 쓰지 마세요. 제가 사무실로 그에게 전화할게요.

more

[1] have him[her] call you는 '그/그녀에게 전화 걸라고 하겠다'라는 의미입니다.

ex He's not in right now. I'll have him call you. Can I get your name and number? (지금 없는데요. 전화하라고 할게요. 이름과 번호 주실래요?)

063. Can you talk now?
지금 통화할 수 있어요?

A: **Angelina, am I interrupting you?
Can you talk now?❶**
Angelina, 내가 방해했니? 지금 통화할 수 있어?

B: **Yeah, but make it short.
I'm with my client now.**
응, 근데 간단하게 하자. 나 지금 고객과 같이 있어.

more

❶ 지금 통화가 가능한지를 묻는 표현입니다. 전화를 받는 상대가 일할 시간이거나 용무 중일 때는 전화해서 이렇게 먼저 물으면 좋습니다. Can we talk?라고 해도 같은 의미가 됩니다. 평상시 누군가에게 할 말이 있을 때에도 사용할 수 있는 표현입니다.

064. Can I call you back later?
나중에 전화 드려도 될까요?[나중에 전화드리겠습니다.]

A: **Hey, can you talk now?**
지금 통화할 수 있어요?

B: **Sorry, I'm still in a meeting.
Can I call you back later?❶**
미안, 나 아직 회의 중이에요. 나중에 내가 전화 드려도 될까요?

more

❶ 현재 전화 통화가 불편하므로 '나중에 전화 드리겠습니다.'라는 표현입니다. I'll call you back later. 혹은 I'll get back to you (as soon as I can).이라고 해도 같은 의미입니다.

참고 다음은 자동응답기 메시지에 가장 자주 나오는 표현이니 꼭 익혀두세요.
I'm sorry I cannot answer your call at this time. Leave a message after a beep, and I'll get back to you as soon as possible. Thank you.(지금은 전화를 받을 수 없습니다. '삐' 소리 후에 메시지를 남기시면 가능한 한 빨리 전화 드리겠습니다.)

065. Can you call me back later?

나중에 전화해 주실래요?

A: **Sally, what are you doing?**
Sally, 뭐해요?

B: **Harry? I'm taking a shower. Can you call❶ me back some other time❷?**
Harry예요? 나 샤워 중이에요. 나중에 다시 전화할래요?

more

❶ 관련표현 · 전화 주세요. → Please give me a call.
　　　　　　　　　　　Please call me when you get a chance.
　　　　　　　　　　　Call me. / Give me a call. (편한 사이)
　　　　　　　　　　　Call me on my cell(ular) phone.
　　　　　· 문자해. → Text me.
❷ some other time은 '다른 시간에, 다음 번에'라는 의미입니다.

066. What are you calling for?

왜 전화했어요?

A: **What are you calling for?❶**
왜 전화했어요?

B: **I'm calling to ask when you'll be getting off work.**
언제 일이 끝나는지 물어보려고 전화했어요.

A: **I'm sorry, sweetheart, but I have a deadline soon, so I need to stay late.**
미안해요, 여보, 곧 마감이라서 늦게까지 있어야 해요.

more

❶ 〈What ~ for?〉는 Why와 같은 의미로 What are you calling for?는 전화를 건 용건을 묻는 표현입니다. Why are you calling?으로 바꿔 말할 수 있습니다.

067. You've got the wrong number.
잘못 거셨어요.

A: Hello, is this Kim's residence❷?
여보세요, 김 씨 댁인가요?

B: No, you've got the wrong number.❶
아니요, 잘못 거셨네요.

more

❶ wrong number가 '틀린 번호'라는 의미이니 '잘못 걸었어.'는 You've got the wrong number.가 됩니다. 만일 내가 잘못 건 경우라면 I have the wrong number.라고 말하면 됩니다.
❷ residence는 '주택, 거주지'라는 의미입니다.

068. What number did you call?
몇 번으로 거셨죠?

A: Hello, can I speak to Jenny please?
여보세요, Jenny와 통화할 수 있나요?

B: I'm sorry, who do you wanna speak to?
죄송하지만, 누구 찾으시나요?

A: Jenny. Is she there now?
Jenny요. 지금 있나요?

B: What number did you dial?❶
I think you've got the wrong number.
몇 번으로 거셨나요? 잘못 거신 거 같은데요.

A: Oh, sorry, I have the wrong number.
아, 미안합니다. 잘못 걸었네요.

more

❶ What number did you call[dial]?은 '몇 번으로 걸었어요?'라는 의미로 상대방이 전화를 잘못 걸어온 경우에 되물어보는 표현입니다.

069. I'm on another line.
다른 전화 중이에요.

A: **Hey, can you talk now?**[1]
지금 통화할 수 있어?

B: **Sorry, I'm on another line.**[2] **I'm gonna call you back in about 10 minutes.**
미안해. 다른 전화 중이야. 10분쯤 후에 전화할게.

A: **All right, I'll talk to you later.**
그래, 나중에 통화해.

more

[1] Can you talk now?는 Can we talk now?로 써도 같은 의미입니다.

[2] line은 '줄, 선'이란 뜻이지만 전화선이나 인터넷선이라는 의미도 있습니다. on another line은 다른 선에 있다는 것이므로 다른 사람과 통화 중인 경우를 말합니다.

070. The line is busy.
전화 통화 중이에요.

A: **I tried for hours, but I couldn't get thru**[2]**. The line is busy.**[1]
몇 시간째 해보고 있는데 안 돼. 통화 중이야.

B: **Yeah, looks like she's still on the phone.**
응, 아직 통화 중인 것 같아.

more

[1] busy는 '사용 중' 혹은 '통화 중'이라고 이해하면 좋습니다.

[2] get through는 '전화 통화를 하다, 전화 연결이 되다'라는 의미로 Can you get me through with him? 이라고 하면 '그와 통화할 수 있을까요? 그와 연결해 주시겠어요?'가 되니 함께 알아두시기 바랍니다. thru는 through의 구어입니다.

071. I'm sorry I've missed your call.
미안해요, 전화를 못 받았어요.

A: **I'm sorry, David. I've missed your call.** I was driving.
미안, David. 전화를 못 받았어. 운전 중이었거든.

B: Oh, that's OK. Did you just get home?
아, 괜찮아. 이제 집에 들어간 거야?

more

❶ miss는 '그리워하다' 또는 '놓치다'의 의미이므로 missed your call은 '전화를 받지 못했다'라는 뜻이 됩니다.

072. I called you, but you didn't answer.
전화했었는데 안 받으시더군요.

A: Why didn't you call me last night? I've been waiting❷ for your call.
어젯밤에 왜 전화 안 했어? 네 전화 기다렸어.

B: **I called you, but you didn't answer❶.**
했는데 안 받던데.

A: Yeah, right. I'm so sorry, but I was sick in bed yesterday.
그래, 맞다. 정말 미안해. 어제 나 아파서 누워 있었거든.

more

❶ 전화를 받는다는 표현은 answer나 pick up을 써서 Pick up the phone! (전화 받아라!)이라고 합니다
❷ 〈have been+ⓥ-ing〉: '과거부터 지금까지 (~) 해오고 있다.'
  ex She's been looking for you.
    (그녀는 과거의 어느 시점부터 지금까지 쭉 너를 찾고 있다.)

073. Thank you for calling ABC Mart.
ABC 마트에 전화 주셔서 감사합니다.

A: **Thank you for calling Kim's Mart.❶
This is Tom. How can I help you?**
Kim's Mart에 전화 주셔서 감사합니다.
저는 Tom입니다. 어떻게 도와드릴까요?

B: **Well, actually I want to know how late the mart is open.❷**
사실 마트가 몇 시까지 하는지 궁금해서요.

A: **We are open 24 hours.**
저희는 24시간 영업합니다.

B: **Oh, OK. Thanks a lot.**
아, 그렇군요. 고맙습니다.

more

❶ 회사나 일터에서 고객에게서 전화를 받을 때는 Hello보다 회사나 직장의 이름을 말한 뒤, 받는 본인 이름을 말하는 게 보통입니다. 전화를 연결해주는 경우에는 How may I direct your call?이라고 물어도 좋습니다.

❷ How late the mart is open?은 What time the mart is closed?와 바꿔 써도 같은 의미가 됩니다.

074. Hold my calls.
전화 연결하지 마세요.

A: **Hold my calls from now on.❶
I have to prepare for the meeting.**
지금부터 전화 바꿔주지 마세요. 나 회의 준비해야 합니다.

B: **Sure, I will.**
네, 그러겠습니다.

more

❶ 이 표현에서의 hold는 '붙들어 놓다'라는 뜻으로 즉, 본인에게 연결하지 말아달라는 뜻이 됩니다. 위의 대화는 주로 상사와 비서 사이에 많이 나누는 대화이지만, 전화 통화를 원하지 않거나 불가능한 상황에서 언제나 쓸 수 있습니다.

075. How may I direct your call?

누구와 연결해 드릴까요?

A: Hello, Johnson's company.
   How can I help you?
   네, Johnson 회사입니다. 어떻게 도와드릴까요?

B: Yes, I wanna speak to one of your service managers.
   네, 매니저 한 분과 통화하고 싶은데요.

A: Sure, do you know the name or extension number❷? How may I direct your call?❶
   그럼요. 이름이나 직통번호를 아시나요? 어디로 연결해 드릴까요?

more

❶ 관련표현 • How may I direct your call? (전화를 어디로 연결해 드릴까요?)
　　　　　 • Who do you wanna speak to? (누구와 통화하고 싶으세요?)
　　　　　 • Hello, can you put me thru to sales department please?
　　　　　 (여보세요, 판매과로 좀 연결해 주시겠습니까?)
　　　　　 • May I talk to Mr. Lee at extension #123, please?
　　　　　 (직통번호 123번의 Mr. Lee를 연결해 주세요.)

❷ extension은 '내선, 구내전화'라는 뜻으로, 회사나 직장에서 extension number라고 하면 개개인이 쓰는 자신의 고유 연결 번호를 일컫습니다.

076. A phone call for you.

전화 받으세요.

A: Mr. Kim, a phone call for you.❶
   Dr. Lee is on the line.
   김 선생님, 전화 왔습니다. 이 박사님이 전화하셨어요.

more

❶ A phone call for you.는 전화를 바꿔주면서 바꿔주는 상대에게 쓸 수 있는 표현이고 Pick up the phone. 은 자리에 있으면서 받지 않는 사람에게 '전화 좀 받아라.'라는 의미입니다.

077. I'm sorry he's out for lunch.

죄송하지만 그는 식사하러 나가셨습니다.

A: **Can I talk to Mr. Park?**
박 선생님과 통화할 수 있나요?

B: **I'm sorry he's out for lunch right now.❶ Can you call back after 2?**
그는 지금 점심 드시러 나가셨습니다.
2시 이후에 다시 거시겠습니까?

more

❶ be out for lunch는 점심 식사하러 나갔다는 의미입니다. lunch나 dinner와 같이 식사 앞에는 'the'나 'a'를 쓰지 않는다는 것도 함께 기억하세요. 참고로, '점심 도시락을 싸가지고 다닌다'는 표현은 bring one's own lunch입니다.

관련표현 찾는 사람이 자리에 있지 않은 경우를 나타내는 여러 가지 표현도 함께 알아두세요.
- He's in a meeting. (회의 중이십니다.)
- He's not at his desk. (자리에 안 계시네요.)
- He has not come in yet. (아직 안 돌아오셨어요.)
- He has left for the day. (오늘은 퇴근하셨습니다.)

078. What a coincidence!

우연의 일치네!

A: **I was gonna call you!❷**
막 전화하려던 참이었는데!

B: **Really? What a coincidence❶!**
정말? 우연의 일치네!

more

❶ coincidence는 '일치'라는 뜻으로, I wasn't expecting to see her there. It was a strange coincidence.(나는 거기에서 그녀를 보게 될 줄 몰랐다. 우연치고는 이상했어.)와 같이 쓸 수 있습니다.

❷ 위의 표현을 I was about to call you.로 바꿔 써도 좋습니다. 〈be about to ⓥ〉는 '막 ~하려고 하다'라는 의미의 숙어로 〈be going to ⓥ〉와 같습니다.

079. Have you seen my cell phone?
내 핸드폰 봤니?

A: Where did it go? Oh my God, I think I lost my phone. Have you seen[1] my cell phone by any chance[2]?
어디로 간 거야? 어떡하지, 나 전화기를 잃어버린 거 같아. 혹시 내 핸드폰 봤니?

B: No, I haven't. When was the last time you used your cell?
아니, 본 적 없어. 핸드폰을 마지막으로 사용한 게 언제야?

more

[1] I haven't seen anything like this before.(이런 것은 전에 본 적이 없다.)처럼 현재완료를 사용해서 경험을 나타내는 표현입니다. 〈Have you ever p.p. ~?〉의 패턴을 이용하여 '~한 적이 있나요?'라는 표현을 다양하게 할 수 있습니다.

[2] by any chance는 '혹시'라는 뜻으로 많이 쓰이는 구어입니다
ex By any chance, are you available this afternoon?
(혹시 오늘 오후에 시간 있니?)

080. We have a bad connection.
전화 연결 상태가 안 좋아요.

A: What? Can you say that again? Hey, I think we have a bad connection[1] now. I'll call you when I get home.
뭐라고? 다시 한 번 말해 줄래? 전화 통화 상태가 안 좋아. 집에 들어가면 내가 전화할게.

more

[1] connection은 '연결, 접속, 연락' 등의 뜻으로 쓰이는 단어입니다. 전화가 잡음이 많아서 잘 안 들릴 때 쓸 수 있는 표현입니다.

081. I can barely hear you.
잘 안 들려.

A: What's that? I can barely❶ hear you.
뮈라고? 나 잘 안 들려.

B: I'm sorry my phone has a lot of static❷.
미안한데 내 핸드폰 잡음이 너무 심해.

more

❶ barely는 '겨우 (~)하는, 거의 (~)안 되는'의 뜻으로 예를 들어 She was barely able to take care of her kids.(그녀는 겨우 그녀의 아이들을 보살폈다.)나 He was too drunk so that he can barely walk.(그는 너무 취해서 거의 걷지 못했다.)와 같이 사용됩니다.

❷ static에는 '정전기'라는 의미도 있지만 위의 대화 속에서는 '잡음'이라는 뜻으로 쓰였습니다.

082. Speak up!
크게 말해줘!

A: Can you hear me now?
이제 들려?

B: Not really. Speak up!❶
별로. 크게 말해 봐!

more

❶ 안 들린다는 것이지 이해가 안 간다는 뜻은 아니므로 보통 I can't hear you. Can you speak up?이라고 함께 쓰면 좋습니다. 잘 들리지 않을 때 보통 I'm sorry?라고 되물을 수도 있습니다. '분명히[똑똑히] 말해줘.'는 'Speak clearly.'라고 한다는 것도 함께 알아두세요.

083. Text me.
문자 보내.

A: Maybe I won't be able to take your call at that time, so text me,❶ then I'll give you a call.
아마 그 시간에는 네 전화를 받기 힘들 테니 문자 보내면 내가 전화할게.

B: Okey-dokey!
그래!

more

❶ '문자'는 text message, '음성 메시지'는 voice mail이라고 하는데, '문자해라.'는 Send me a text message.나 Text me.라고 하며 후자를 더 권합니다. '음성을 남기거나 문자해줘.'는 Leave a voice mail or text message.라고 표현하면 됩니다.

참고 문자를 할 때는 다음과 같은 abbreviation(생략, 줄임말)을 많이 사용합니다.

• and → n, 'n	• second → sec
• are → r	• see you → c u
• at → @	• speak → spk
• before → b4	• thanks → thx
• for → 4	• text message → txt msg
• give me a call → Gimme a call	• to / too → 2
• I see → i c	• why → y
• kind of → kinda	• with → w/
• love → luv	• without → w/o
• OK → k	• you → u
• please → pls	• your → ur

084. The battery's running out.
배터리가 다 닳아가요.

A: **The battery is running out.**[1]
I'm at home. Can you call me on my home phone?
배터리가 다 닳았는데 나 집이야. 집으로 전화해 줄래?

B: Sure, what is your home number? I'll call you there.
그래, 집 번호가 뭐야? 내가 거기로 전화할게.

more

[1] run out은 '다 되어서 닳아가다'라는 의미로 배터리에도 사용할 수 있습니다. 완전히 충전되어 있을 때에는 The battery is full.이라고 표현하고 '충전하다'는 charge를 쓰는 것도 함께 알아두세요.

085. The battery is dead.
배터리가 나갔어요.

A: Can I use your cell phone?
나 네 휴대폰 좀 써도 될까?

B: Did you lose your phone?
네 전화기 잃어버렸니?

A: No, **the battery is dead.**[1]
아니, 배터리가 나갔어.

more

[1] dead는 '끝난, 죽은'의 의미로 배터리와 함께 쓰면 배터리가 나갔다는 뜻이 됩니다. I'm out of the battery.라고 해도 같은 의미이니 함께 알아두세요.

086. I'd like to make a phone call to Korea.
한국으로 전화하고 싶어요.

A: **I'd like to make a collect call❶ to Korea.**
한국으로 수신자 부담 전화하고 싶습니다.

B: **Country code and number, please?**
국가번호와 전화번호를 말씀해 주세요.

more

❶ make a phone call은 '전화를 걸다'이고 collect call은 '수신자 부담 전화'를 말합니다.

관련표현
- 국제 전화: overseas call
- 국가 번호: country code
- 무료 전화: toll-free number
- 착신 전환: call forwarding
- *: star key
- 전화 요금 고지서: phone bill
- 전화의 발신자 번호 확인 서비스: caller ID(Identification)
- 시외 전화: long-distance call
- 지역 번호: area code
- 전화 대기: call waiting
- 휴대폰: cell(ular) phone
- #: pound key
- (번호 안내) 교환원: directory assistance

Unit 4 | Job & School

087. Let's get started!
시작해 보자!

A: **OK, are you done talking?**
얘기 끝나셨습니까?

B: **Well, I think so.**
뭐, 그런 것 같아요.

A: **Then, let's get started❶ now!
It's almost 10❷.**
그럼, 이제 시작하죠! 거의 10시가 다 되어가요.

more

❶ '시작하다'라는 말을 할 때, 우리는 대부분 start나 begin이라는 단어를 떠올립니다. 하지만 일상적인 대화에서 네이티브들은 Let's start.보다는 Let's get started.라는 표현을 많이 씁니다. '시작'과 관련된 다양한 표현도 함께 익혀두세요.

관련표현
- Let's begin the story at the beginning. (이야기를 처음부터 시작하자.)
- We started business. (장사를 시작했다.)
- We'll start all over again. (우리는 다시 시작할 거야.)
- I take up English. (나는 영어를 배우기 시작했다.)
- I can't get the car started. (차를 출발시킬 수가 없어요.)

❷ almost 10은 '거의 10시'를 나타내며 시간을 말할 때, quarter는 1/4, 즉 '15분'을 뜻하며 half는 1/2로 '30분'을 말합니다.

관련표현
- hour after hour (몇 시간씩)
- a long hour (한 시간 이상)
- an hour and half (1시간 반)
- a quarter before 10 (9시 45분)
- a quarter to 9 (8시 45분)
- half an hour (30분)
- three quarters of an hour (45분)
- a quarter after 4 (4시 15분)
- half past 2 (2시 30분)
- 10 minutes to 7 (6시 50분)

088. Let's get the ball rolling!
(일을) 시작해 보자!

A: **It's time to start.**
시작할 시간이에요.

B: **Okeydokey❷, let's get the ball rolling.❶**
알았어요. 시작해 봅시다.

more

❶ '공을 굴리자'처럼 뭔가 '신나게 시작해 보자!'라고 생각하면 됩니다. Let's start!보다는 Let's get started!가 회화에서 더 많이 사용되며 Let's get the ball rolling!은 앞의 두 표현보다 훨씬 구어적인 표현이니 상황이나 자리를 구별해서 사용하는 것이 좋습니다. 또한, Let's get the ball rolling.은 '신나게 놀 듯 해보자'라는 어감으로 의지를 갖거나 집중해서 일하는 것과는 조금 차이가 있습니다.

❷ okeydokey는 'OK'라는 의미로 구어체에서 자주 쓰이는 표현입니다.

089. Let's get on the ball!
정신 차리고 하자!

A: **Can we have a coffee break please?**
잠깐 차 마시며 쉴 수 있을까요?

B: **I wish I could let you, but we should get this done❷ by 5. Let's get on the ball!❶**
나도 그렇게 하라고 하고 싶지만 우리 이거 5시까지 다해야 돼요. 정신 차리고 합시다!

more

❶ '빈틈 없이 하다, 정신 차리고 하자'는 의미의 표현입니다.
❷ 〈get sth done〉은 '무언가를 끝내다'라는 표현입니다.

090. Let's hit the books!
열심히 공부하자!

A: Did you get off work?
일 끝났니?

B: I'll be done in about 30 minutes.
30분 안에 끝날 거야.

A: OK, then, I'll meet you at the library. Let's hit the books❶ together for the finals.
좋아, 그럼 도서관에서 보자. 기말고사 공부 같이 하자.

more

❶ Let's study!라고 간단하게 말할 수도 있지만 이보다 훨씬 재미있는 구어체 표현입니다. 공부하는 것을 '책이나 때리자!'라고 재미있게 표현했다고 이해해 보세요.

091. Let's call it a day!
오늘은 여기까지 합시다!

A: I'm getting tired. It's already ten o'clock.
점점 피곤해져요. 벌써 10시네요.

B: We've done enough, so let's call it a day.❶
충분히 했어요, 오늘은 그만 끝냅시다!

more

❶ Let's call it a day.는 '오늘은 그만하자'라는 뜻으로 하루 일이나 업무, 수업, 미팅 등을 정리할 때 많이 쓰는 표현입니다. Shall we stop here for today?도 비슷한 의미의 표현입니다.

092. Let's give her a big hand!

그녀에게 큰 박수를 보내주세요!

A: **We should give our guest a big hand.**❶
손님에게 큰 박수를 보내주세요.

**Ladies and gentleman,
welcome Mr. Kim with a big hand!**
신사, 숙녀 여러분, 큰 박수로 Mr. Kim을 환영해 주세요.

more

❶ 표현에서 나온 big hand는 '큰 손'이 아니라 '큰 박수'라는 의미입니다. '손뼉을 치다'라는 의미의 clap이라는 단어도 give someone a big hand 대신에 사용할 수 있습니다.

093. It will be easy once you get the hang of it.

요령만 익히면 쉬울 거예요.

A: **I think I'd better give it up.
I'm so clumsy**❷.
난 그냥 포기하는 게 낫겠어. 너무나 서툴러.

B: **You're still a green hand**❷. **It'll be easy once you get the hang of**❶ **it.**
아직 초보라서 그래. 요령만 익히면 쉬울 거야.

more

❶ get the hang of는 '어떤 일의 요령을 터득하다'는 뜻의 숙어로 understand와 같은 의미입니다. '요령'이라는 뜻의 단어에는 knack, the point, know-how가 있습니다.

❷ • clumsy: 어설픈, 서투른   • a green hand: 미숙한 사람, 풋내기

094. Let me know when you make up your mind.
마음이 결정되면 알려줘.

A: **Did you make up your mind when you would quit?**
언제 그만둘지 마음 정했어요?

B: **No, I haven't decided yet.**
아니요, 아직 결정 못했어요.

A: **Well, there's no rush.❷ Let me know when you make up your mind,❶ alright?**
글쎄, 서두를 거 없으니, 마음 결정되면 알려줘요, 알겠죠?

A: **So, are you going with us or not?**
그래서 우리랑 같이 갈 거야, 말 거야?

B: **Well, I'd love to, but I don't think I can afford that trip.**
글쎄, 너무나 그러고 싶지만 그 여행을 감당할 여유가 없을 거 같아.

A: **That's too bad. We still have time, so call me when you make up your mind.**
참 안타깝다. 아직 시간 있으니까, 마음이 결정되면 전화해.

---
more

❶ decide(결심하다)와 같은 뜻으로 make up one's mind는 회화에서 많이 쓰이므로 잘 익혀두길 권합니다. Let me know when you make up your mind.는 '결정되는 대로 내게 알려줘'라는 뜻으로 실생활에서 사용빈도 수가 높은 표현입니다.

❷ There's no rush.는 '바쁠 거 없다'는 뜻으로 Take your time.과 같은 뜻입니다.

095. Take your time.

천천히 해요.

A: **What time are we supposed to be there?**
우리 몇 시까지 거기 가야 해?

B: **Don't worry. We have plenty of time.
Take your time.①**
걱정 마. 시간 넉넉해. 천천히 해.

more

① '시간이 걸리다'라는 뜻으로 take는 많이 쓰입니다. 그래서 '서두르지 말고 여유 있게 천천히 하라'는 뜻으로 Take your time. 또는 Take plenty of time.이라는 표현이 있죠. 반대로 서두르라는 표현은 Hurry up!이나 Make it quick!입니다.

관련표현
- It took 3 hours to get there. (거기 가는 데 3시간이 걸렸어.)
- Take a break. (좀 쉬었다 합시다.)
- Let's take five. / Let's take a break for 5 minutes. (5분간 쉽시다.)

096. Put it off!

(스케줄 등을) 미뤄!

A: **She hurts like hell now.
Let's put it off① until tomorrow.**
그녀는 지금 몹시 아픕니다. 내일까지 미루죠.

B: **I'm sorry to hear that.
We'll put our schedule off then.**
안됐네요. 그럼 스케줄을 뒤로 미루겠습니다.

A: **I have a doctor's appointment today, but I'm so busy.
Can I put it off?**
오늘 의사와 예약이 되어 있는데, 너무 바쁘네요. 연기할 수 있을까요?

more

① '미루다'는 뜻의 put (it) off는 delay, postpone을 써서 표현할 수도 있지만 일반적으로 구어체에서는 put off를 많이 씁니다. 반대로 '일정을 당기다'는 advance 혹은 make earlier로 표현하면 됩니다.

097. Leave it up to me.
나한테 맡겨요.

A: I'm an expert on that. Leave it to me.❶
내가 그건 전문가예요. 나에게 맡겨요.

B: Thanks a million.
정말 고마워요.

more

❶ leave는 크게 두 가지의 뜻으로 기억하면 되는데 '떠나다'라는 의미와 '남기다'라는 의미입니다. leave it (up) to me라고 하면 '나한테 맡겨라'로 '날 믿고 내게 남겨라.'라는 의미입니다.

098. Keep going.
계속해 봐.

A: I'm really sorry if I interrupted❷ you. Please keep going.❶
내가 방해했다면 정말 미안해요. 계속하시지요.

A: Do you want me to go over it one more time?
다시 한 번 반복해 드릴까요?

B: No, you don't have to. Please go on.
아니요, 그럴 필요 없습니다. 계속하세요.

more

❶ 〈keep+ⓥ-ing〉는 '계속 (~) 하다'라는 뜻으로 She keeps talking.이라고 하면 '그녀는 끊임없이 얘기한다.'라는 뜻이 됩니다. 하던 것을 '계속'하라는 뜻으로 Go on. 또는 Go ahead.를 써도 됩니다. 또한, Go ahead.는 대화 중 '계속하세요'라는 뜻으로만 쓰이는 게 아니라, '먼저 하세요', '편할 대로 하세요'의 의미로도 많이 쓰입니다.

❷ interrupt는 '방해하다'로 bother와 같은 뜻의 단어입니다.

099. Don't get yourself stressed.
스트레스 받지 말아요.

A: Please don't get yourself stressed.❶
It'll be settled❷.
스트레스 받지 말아요. 해결될 거예요.

B: I try not to, but I can't help it.
안 그러려고 하는데, 잘 안 돼요.

more

❶ '스트레스'는 자주 쓰는 외래어로 우리는 흔히 명사로 알고 있지만 '스트레스 받다'라는 동사뿐 아니라 get stressed라는 표현으로 많이 쓰인다는 것도 알아두기 바랍니다. 어떤 상황 때문에 스트레스를 받는다면 〈under stress of ~〉로 표현하면 됩니다. 예를 들어 '험한 날씨로 인한 스트레스'는 under stress of bad weather라고 표현하면 됩니다.

❷ be settled는 '해결되다'라는 뜻으로 같은 의미로는 be solved가 있습니다.

100. Don't you ever take a day off?
하루쯤 쉬는 날도 없나요?

A: Don't you ever take a day off?❶
하루쯤 쉬는 날도 없나요?

B: Do I look like I don't?
I take a day off every Sunday, and I get off at 8 every day.
그렇게 보이나요?
저는 매주 일요일에 쉬고, 매일 8시에는 퇴근합니다.

more

❶ take a day off는 '하루 일을 쉬다'라는 의미이며 get off는 '퇴근하다'라는 뜻으로 What time do you get off today?(오늘 몇 시에 퇴근하시나요?)와 같이 표현할 수 있습니다.

관련표현
- on leave[vacation]: 휴가 중
- resign: 일을 그만두다
- be[got] fired: 해고당하다

101. I'll take care of it.
내가 알아서 할게요.

A: **Just leave it to me.**
I'll take care of it myself.❶
내가 맡겨 줘요. 그건 내가 해결할게요.

B: **Oh my God!**
I don't know how to thank you!
세상에! 어떻게 고맙다고 해야 하니!

more

❶ take care of는 look after와 같은 뜻으로 '(~을) 보살피다, 돌보다'인데 사람뿐 아니라 어떤 일을 맡아 할 때, '알아서 하겠다'라는 의미로 사용할 수 있습니다. 이런 경우 take care of는 handle과 같은 의미입니다. 참고로, of를 빼고 간단하게 Take care!라고 하면 헤어지는 인사 '잘 가, 조심해서 가, 잘 지내!'라는 의미이며 Take good care of yourself!는 '건강 잘 챙겨, 건강 조심해.'라는 의미입니다.

102. Are you for it or against it?
그것에 찬성입니까, 반대입니까?

A: **Are you for it❶ or against❷ it?**
찬성이야, 반대야?

B: **I object to it.**
난 반대야.

more

❶ '찬성하다'는 의미의 단어에는 agree, consent 등이 있지만 구어적 표현으로는 be for를 자주 씁니다. go along이라고 표현해도 같은 의미가 되어 I go along with that idea.(난 그 생각에 찬성해.)라고 표현할 수도 있습니다.

❷ 전치사 for 대신에 against를 쓰면 against에 있는 '대항하다'는 의미와 합쳐져 '반대하다'는 의미가 되며 object (to)나 take the opposite side (of)로 바꿔 써도 좋습니다. 자주 쓰는 비슷한 표현인 Do you agree with me or not?(내게 찬성하는 거야 아니야?)도 함께 알아두세요.

103. Are you good at it?
이거 잘해요?

A: Hey, it's all set.❷ Check this out.
야, 다 됐다. 체크해 봐.

B: Oh, really?
Wow, you're so good at❶ this!
정말? 와, 너 정말 잘하는구나!

A: Are you good at cooking?
너 요리 잘하니?

B: No, I'm not. You'd better❸ ask someone else.
아니, 못하는데. 다른 사람에게 물어보는 게 좋을 거야.

more

❶ 〈be good at〉은 '(~을) 잘 하다'라는 의미의 자주 쓰이는 표현인데 반대로 '잘 못한다'는 〈be not good at〉이나 〈be poor at〉이라고 씁니다. at 다음에는 명사나 동명사(ⓥ-ing)가 와야 한다는 것도 함께 알아 두세요!

❷ It's all set.은 준비가 다 되었을 때 흔히 사용할 수 있는 표현입니다.

❸ 〈would better+ⓥ〉는 'ⓥ하는 게 낫다'라는 의미입니다.

104. You've got somebody behind you.
믿는 구석이 있는 거죠?

A: He's got somebody behind❶ him, huh❸?
그는 믿는 구석이 있지?

B: Didn't you know that? His father is the owner of this company❷.
아직 몰랐어? 이 회사의 사장 아들이잖아.

more

❶ behind는 '뒤에, 배후에'라는 뜻으로 흔히 말하는 '빽(배경)이 있다'는 의미로 이해하면 됩니다.

❷ owner of the company는 '사장'이라는 의미로 President, CEO 등과 같습니다.

❸ 문장 끝에 huh?를 쓰면 '그렇지?' 또는 '아니야?' 정도로 이해하세요.

105. What's your point?
하고 싶은 말이 뭐예요?

A: Just cut it out[2] and tell me what your point[1] is.
그만두고 요점을 말해 봐요.

B: My point is that this was your big mistake. If you don't even know it then you're seriously dumb[3].
내 요점은 이것은 당신의 큰 실수였다는 거예요. 그걸 모른다면 당신은 정말 어리석어요.

more

[1] point는 '요점, 핵심'이라는 의미로 Tell me your point.는 '용건만 말해라.'라는 뜻이 됩니다.
[2] cut it out은 '그만 둬, 입 다물어라'의 뜻입니다.
[3] dumb은 stupid와 같은 뜻으로 '멍청한, 어리석은, 바보 같은'의 뜻입니다.

106. What's your position?
직위가 뭡니까?

A: What's your position[1] in your new job?
새 직장에서 직위가 뭐예요?

B: The manager, same as before.
이전과 똑같이 과장이에요.

more

[1] position은 '직위'를 뜻합니다. 아래는 각각의 직위에 대한 표현입니다.
- 사장: president
- 부사장: vice president
- 부장: director
- 과장: manager
- 대리: assistant manager
- 신입사원: recruit

  ex I'm new to the job. (신입사원입니다.)

107. What difference does that make?
무슨 차이가 있죠?

A: **Why don't you try this one?**
이거 시도해 보지 그래요?

B: **What difference does that make?**❶
무슨 차이가 있는데요?

A: **This is a lot better.**
이게 훨씬 나아요.

more

❶ difference는 '차이'라는 뜻으로 간단하게 What's the difference?로 써도 같은 뜻이 됩니다. 또한, There is no difference between the two.(아무 차이도 없다.) 또는 What is the difference between this and that?(이것과 저것의 차이가 뭔가요?)과 같은 표현도 자주 쓰이니 함께 알아두세요.

108. What do you want to see him about?
무슨 일로 그를 만나려 하지요?

A: **I'm here to see Dr. Will.**
Dr. Will을 만나러 왔습니다.

B: **What do you want to see him about?**❶
왜 그를 만나러 오신 거죠?

more

❶ 〈의문사 ~ 전치사〉의 What ~ about?은 Why로 바꾸어 표현할 수 있으며 이런 식의 표현이 생활에서 많이 쓰입니다. 예를 들어, How's the weather today?(오늘 날씨 어때?)는 What's the weather like today?로, Why do you need that?은 What do you need that for?(그게 뭐에 필요하니?)로 바꿔 말할 수 있습니다.

109. When are you gonna get it done?

그 일을 언제 끝낼 건가요?

A: **When are you gonna get it done?**[1]
그 일을 언제 끝낼 건가요?

B: **It is impossible to get this done by tomorrow. Can you give me a few more days?**
내일까지 이걸 다 할 수는 없을 거 같아요. 며칠만 더 줄 수 있나요?

A: **I can only give you one more day to get it done. Can you make it?**
하루는 더 줄 수 있습니다. 해낼 수 있으세요?

more

[1] When can you finish this?(언제 끝낼 수 있어요?)라는 표현도 같은 의미이지만 finish it보다는 get it done이 구어에서는 더 많이 쓰입니다. 이와 비슷하게 '시작하자'고 할 때에도 Let's start!보다 Let's get started!, Let's get the ball rolling!이 더 많이 쓰인다는 것도 함께 기억해 두세요.

110. What do you do for a living?

무슨 일을 하시나요?

A: **What do you do for a living?**[1]
무슨 일을 하시나요?

B: **I'm a sales representative.**
나는 판매직원이에요.

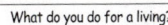

more

[1] 하는 일을 묻는 질문입니다. 비슷해 보이지만 예문에 쓰인 표현은 아예 어떤 일을 하는지 모를 때 묻는 질문이고 What business are you in?은 직업은 알아도 정확히 어느 회사의 소속인지를 모를 때 사용할 수 있는 표현입니다.

ex A: What business are you in? (어디에서 근무하시죠?)
B: I'm working at OO company. (난 OO 회사에 근무합니다.)

111. Who's in charge here?
여기 책임자가 누구입니까?

A: She gives poor service.
Who's in charge here?❶
저 점원 너무 불친절해요. 여기 책임자가 누구니까?

B: He's not here. Can I help you?
여기 없습니다. 제가 도와드릴까요?

A: Let me speak to the manager then.
그럼 매니저와 얘기하게 해 주세요.

more

❶ charge는 명사로는 '책임, 담당'을 뜻합니다. 동사로 쓰일 때는 '값을 매기다'가 되어서 How much do you charge for this?라고 말하면 How much is it?과 같은 뜻이 됩니다. Who's in charge here?은 상점이나 식당 같은 곳에서 직원이 너무나 불친절해서 윗사람에게 complain(불평)을 하고자 할 때나, 중대한 문제를 의논하고 싶어서 책임자를 찾을 때 쓸 수 있는 표현입니다.

112. Why do you think he was promoted?
그가 왜 승진했다고 생각해요?

A: Why do you think❶ he was promoted❷?
그가 왜 승진했다고 생각해요?

B: I think it's because he has powerful leadership skills.
강력한 리더쉽이 있어서 그런 거 같아요.

more

❶ promote는 '승진시키다'라는 타동사이므로 '승진하다'는 표현은 수동태(be promoted)로 쓰입니다. 참고로 '해고되다'는 be fired, get fired로, '은퇴하다, 퇴직하다'는 retire로 표현합니다.

❷ 〈Why do you think ~?〉는 '왜 (~라고) 생각하니?'라는 의미로 Why do you think they broke up? (왜 그들이 헤어진 거라고 생각하니?)처럼 말할 수 있습니다.

113. All set?
다 된 건가요?

A: Yes, you're all set❶ now.
Have a seat.
We will call your name.
네, 이제 다 되었어요. 앉아 계시면 이름을 부르겠습니다.

more

❶ 병원과 같은 곳에서 서류를 작성하여 제출했을 때 흔히 들을 수 있는 말입니다. 구어에서 많이 쓰이는 표현으로 일이 다 처리되었는지 또는 준비가 다 끝났는지를 확인할 때 간단히 All set?이라고 물으면 좋습니다.

114. I'm behind in my work.
일이 밀려 있어요.

A: We're going out to eat something.
Do you wanna come with us?
우리 뭐 좀 먹으러 갈 건데 같이 갈래?

B: I can't go now. I'm behind in my work.❶
나는 지금 못 가. 일이 밀렸어.

A: Do you want me to get you something?
뭐 좀 사다 줄까?

B: No thanks, I'm fine.
고맙지만 괜찮아.

more

❶ behind는 '(~) 뒤에, (~보다) 뒤떨어져, (때, 시간 등이) 늦어'의 뜻으로 There is more behind.라고 하면 '뒤에 뭔가 더 있어.'라는 의미가 됩니다. 일을 제때에 모두 해내지 못했을 때 I don't finish that yet.이라고 할 수도 있지만 I'm behind in my work.라는 표현을 더 자주 사용합니다. 참고로 뼈 빠지게 힘든 일은 backbreaking work라고 합니다.

115. I'm out of a job now.
현재 저는 실직중이에요.

A: **What have you been up to?**
어떻게 지냈어?

B: **I'm doing really bad. I have been out of work❶ for three months.**
정말 안 좋았어요. 나는 3개월째 실직 중이에요.

> I'm out of a job now.

more

❶ out of는 '(~이) 없는, 안 되는'이라는 의미로 out of order(작동이 안 되는) out of control(제어가 힘든), out of a job(일이 없는)이라는 표현이 됩니다. out of work[a job]와 같은 뜻으로 jobless나 unemployment도 쓸 수 있으며 employer(고용주), employee(고용인, 종업원), part-time job(아르바이트)도 함께 알아두면 좋습니다.

116. He runs a restaurant on the side.
그는 부업으로 식당을 경영해요.

A: **I run a small convenience store on the side.❶**
나는 조그만 편의점을 부업으로 운영해요.

> I run a restaurant on the side.

more

❶ '부업'에 a sideline, a side job 등을 쓰기도 하지만 간단히 〈run ~ on the side〉라는 표현을 권합니다. 참고로 야간에 하는 부업을 moonlight이라고 합니다.

ex She also sells insurance on the side. (그녀는 부업으로 보험 판매를 한다.)

117. He lives from hand to mouth.
그는 하루 벌어서 하루 산다.

A: **How is he doing?**
그는 어떻게 지내니?

B: **After he became bankrupt[2],
looks like he lives from hand to mouth.[1]**
파산한 뒤로, 하루 벌어 하루 사는 거 같아.

more

[1] 주로 하루 벌어 하루 사는 사람을 blue collar 즉, '노동자 계급(working class)'이라고 합니다. 반대로 white collar는 일반적으로 사무직을 뜻합니다. live(s) from hand to mouth는 흔히 육체 노동으로 '그날 벌어서 그날 산다.'는 의미가 됩니다.

[2] '파산하다'는 go[become] bankrupt, go broke라고 표현합니다.

118. He will never starve anywhere.
그는 어디 가도 굶어 죽진 않을 거야.

A: **Look at that! He is a heavy eater[2].
What a shameless fellow[2] he is!
Every time I see him, he's always
eating something.**
저것 좀 봐! 그는 먹성이 너무 좋아.
부끄러운 줄도 모르는 친구라니까!
그를 볼 때마다 언제나 뭔가를 먹고 있더라고.

B: **He will never starve anywhere.[1]**
그는 어디에 가도 굶어 죽진 않을 거야.

more

[1] starve는 '굶어 죽다'라는 뜻으로 어느 자리에서나 배가 터지도록 잘 먹는 사람을 두고 She/He will never starve anywhere.이라고 할 수 있습니다.

[2] heavy eater는 '먹성 좋은 사람', fellow는 '녀석, 사나이, 동료' 등을 의미합니다.

119. My computer is not booting up.
컴퓨터가 안 켜져.

A: **The computer isn't booting up.❶**
There must be something wrong.
Can you come and check it out?
컴퓨터가 안 켜져요. 틀림없이 뭔가 잘못된 거 같아요.
와서 좀 봐주시겠어요?

more

❶ boot는 '컴퓨터를 스타트하다, 컴퓨터에 프로그램을 깔다'의 뜻으로 컴퓨터가 잘 켜지지 않고 이상할 때 My computer is not booting up. 또는 go funny라는 표현을 써서 My computer keeps going funny.라고 표현할 수 있습니다.

120. Welcome aboard.
함께 일하게 돼서 반가워요.

A: **I'm gonna work here from today.**
I'm Sam. What's your name?
나 오늘부터 여기에서 일하게 되었어요.
저는 Sam이라고 하는데 이름이 어떻게 되시나요?

B: **I'm Susie. Sam, welcome aboard.❶**
Susie예요. Sam, 함께 일하게 돼서 반가워요.

more

❶ Welcome aboard!는 '(비행기나 기차 등에) 같이 타고 가게 되어서 반갑습니다!'라는 의미지만 일을 같이 하게 되었을 때도 '잘 해보자, 반갑다!'의 의미로 쓸 수 있습니다. 참고로 Welcome to the club!이라고 하면 '같은 문제나 고민을 가진 친구가 고민을 털어 놓았을 때 같이 나눌 수 있어 반갑다'는 의미로 쓰는 말이니 함께 알아두세요.

121. I put everything into it.

내 모든 걸 걸었어.

A: **You look like** you're putting everything into this project.❶
당신은 이 기획에 모든 걸 다 건 것처럼 보이네요.

B: **Oh, yeah.** I stake my reputation on this.❷
아, 네. 전 이것에 제 명예를 다 걸었어요.

more

❶ 〈put everything into A〉는 'A에 모든 걸 걸다, 다 쏟아붓다'의 의미로 자신이 들일 수 있는 노력이나 돈 등을 모두 걸었다는 뜻이 됩니다. 흔히 쓰는 말로 '나는 사랑에 모든 걸 걸었다.'라고 하면 I put everything into love.가 됩니다.

❷ 〈put A into B〉와 같은 표현으로 〈stake A on B〉가 있는데 on 뒤에는 목표로 하는 바를 넣어서 표현하면 됩니다.

122. I blew the interview.

인터뷰를 망쳤어.

A: **How did the interview go?**
면접은 잘했어?

B: I blew it.❶
망쳤어.

more

❶ '실패하다'는 fail이라는 단어가 있지만 속어로 blow의 과거형인 blew를 써서 '망쳤다'는 의미를 나타냅니다. ruin이나 spoil보다 회화에서는 blow를 더 많이 씁니다. 참고로, blow up은 '폭발시키다', blow up at someone은 '(~)에게 화를 내다'라는 의미로 쓰이니 함께 알아두세요.

123. He's no longer with us.
그는 일을 그만두셨습니다.

A: Hello, I'm calling from K&P company, and I'd like to speak to Mr. Park.
여보세요, 전 K&P 회사에서 전화 드리는데요. Mr. Park과 통화하고 싶습니다.

B: Oh, I'm sorry he's no longer with us.❶ He retired 2 months ago.
아, 죄송하지만 일을 관두셨어요. 두 달 전에 은퇴하셨어요.

more

❶ 위의 상황에서 He's no longer with us.라고 하면 '그는 우리와 더 이상 함께 일하지 않습니다.'의 뜻으로 직장을 그만두었다는 의미가 됩니다. 대화에서는 retire(은퇴)라고 했지만 사표를 냈으면 resign이라고 하고, 해고를 당했으면 be fired라고 표현할 수 있습니다.

124. She's on leave now.
그녀는 휴가 중입니다.

A: Hello, can I speak to Ms. Choi please?
미스 최와 통화할 수 있을까요?

B: Ms. Choi? Oh, She's on vacation❶ right now, and she's gonna be back next week. Would you like to leave a message?
Ms. Choi요? 아, 지금 휴가 중입니다. 다음 주에 돌아올 겁니다. 메시지 남기시겠어요?

more

❶ '휴가 중'은 on vacation이나 on leave를 씁니다. on leave는 떠났다는 뜻이 아니라 잠시 휴가 중이라는 의미이니 헷갈리지 마세요.

125. Time's up!
시간 다 됐다.

A: OK! Time's up.① That's it for today. Thanks for a job well done,② guys.
그래요, 시간 다 됐네요. 오늘은 여기까지입니다. 수고하셨어요, 여러분.

B: Thank you.
감사합니다.

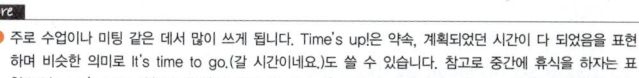

more

① 주로 수업이나 미팅 같은 데서 많이 쓰게 됩니다. Time's up!은 약속, 계획되었던 시간이 다 되었음을 표현하며 비슷한 의미로 It's time to go.(갈 시간이네요.)도 쓸 수 있습니다. 참고로 중간에 휴식을 하자는 표현으로는 Let's take 5!(5분 쉬자!)를 많이 쓰는데 Let's take a break for 5 minutes.를 줄인 말입니다.

② Thanks for a job well done.은 '수고하셨어요.'라는 뜻으로 외워두면 많이 사용할 수 있습니다. Thank you for your trouble.이라고 해도 같은 의미입니다.

126. I've got 75 out of 100.
100점 만점에 75점을 받았다.

A: The professor gave him 70 out of 100.①
교수가 그에게 100점 만점에 70점을 줬다.

B: Well, I thought he got full marks②.
음, 나는 그가 만점을 받을 거라고 생각했는데.

more

① 〈A out of B〉라는 표현은 '몇 점 만점에 몇 점'에도 사용되며 9 out of 10 students are poisoned by food.(10명 중 9명의 학생들이 식중독에 걸렸다.)처럼 '전체 얼마 중에 얼마'를 나타내는 데 모두 사용할 수 있습니다. 물론 out of는 '(~)밖으로, (~)로부터, (~)의 밖에, (~)이 없는' 등의 뜻이 있어 I'm out of cash.(나는 현금이 떨어졌어.)라고 표현할 수 있습니다.

② mark에는 '표시, 흔적, 점' 등의 뜻 이외에도 '점수'라는 의미가 있어서 full marks는 '만점'이라는 뜻이 됩니다.

127. I made it!
내가 해냈어!

A: **See? I told you that you can make it!**
봐! 내가 넌 해낼 수 있다고 말했잖아!

B: **Yes! I made it!**❶
그래! 내가 해냈어!

A: **I don't know whether I can make it or not.**❷
내가 해낼 수 있을지 어떨지 모르겠어.

B: **You're so negative all the time. You're a man without self-confidence.**
넌 늘 부정적이야. 자신감이 없는 사람이야.

more

❶ make it에는 '해내다', '시간에 맞춰서 목적지에 도착하다' 또는 '어떤 일을 언제까지 완수하다'라는 의미가 있습니다. 따라서, Do you think you can make it?(너 해낼 수 있겠니?), I don't think she can make it.(그녀는 해낼 수 없을 거야.)와 같은 표현은 위의 의미를 포함하는 어느 상황에서도 쓸 수 있습니다.

❷ whether or not은 '(~)인지 아닌지'라는 의미로 대신 if를 써서 I don't know if I have to go or not. (난 내가 꼭 가야만 하는 건지 모르겠다.)으로 표현할 수 있습니다. 또한, whether와 weather(날씨)는 다른 단어이니 혼동하지 마세요.

Unit 5. On the Road

128. The traffic was bumper-to-bumper.
교통이 아주 복잡했어요.

A: You are late again!
또 늦었군요.

B: I'm sorry, but the traffic was bumper-to-bumper.❶ I was stuck❷ in traffic.
미안해요, 차가 꽉 막혔어요. 정체로 인해 꼼짝 못했거든요.

The traffic was bumper to bumper.

more

❶ traffic은 '교통량'을 뜻합니다. 간단히 Traffic is really bad.라고 해도 '차가 막힌다.'의 의미지만 bumper-to-bumper라고 하면 차의 범퍼끼리 맞닿을 정도로 심하게 교통이 막힌다는 뜻이 됩니다. 출퇴근 시간과 같이 교통이 혼잡한 시간을 rush hour 혹은 traffic jam이라고 한다는 것도 함께 알아두세요.

❷ stuck은 stick의 과거분사로 수동태로 '박히다, 끼다, 못 움직이게 되다' 등의 뜻으로 씁니다. 반드시 교통 상태에만 쓰이는 것이 아니라 어디에 갇혔을 때도 사용할 수 있습니다.

129. Let's hit the road!
떠나자!

A: I don't like this town.
Can we go someplace else?
나 이 도시가 싫어. 어디 다른 곳에 갈래?

B: OK, Let's hit the road!❶
그래, 떠나자!

Let's hit the road!

more

❶ hit the road는 '길을 때리다' 즉, '길을 떠나다'라는 의미입니다. Let's go.와는 조금 다르게 '길을 떠나자, 여행을 떠나자, 어디로든 움직여 보자'의 의미가 있으니 유의하여 사용하세요.

130. I'll drive you.

내가 태워줄게요.

A: My car is in the body shop for repairs.
   I have to take a cab.
   내 차는 수리 때문에 정비소에 있어. 택시를 타야겠어.

B: I'll drive❶ you.
   Where are you heading to?❷
   내가 태워줄게. 어디로 가는데?

A: I'm going to the Department store.
   Can you drop me off❸ around the corner?
   백화점에 갈 거야. 코너에서 내려 줄 수 있어?

A: Can you drive me home?
   집까지 태워다 줄 수 있어?

B: I'm sorry I'm kind of late now,
   but I can drop you off at the bus station.
   미안해, 내가 지금 좀 늦어서 말이야. 하지만 버스 정류장에는 내려 줄 수 있어.

more

❶ drive를 쓰면 '차로 데려다 주다'의 의미가 되고 walk you home이라고 하면 '걸어서 집에 데려다 준다'는 의미가 됩니다.

❷ 가는 목적지를 물을 때 head to를 써서 Where are you heading to?로 표현하고 간단히 줄여 Where to?라고 할 수 있습니다.

❸ 차를 타고 가다가 '(~에) 내려주세요.'라고 할 때는 〈drop ~ off〉를 사용하면 됩니다. 〈drop ~ off〉는 물건 등을 가져다 주는 경우에도 You left your phone here. I'll drop it off on my way to work. (너 여기에 전화 두고 갔어. 내가 사무실에 가는 길에 갖다 줄게.)와 같이 쓸 수 있습니다.

관련표현
- pick up : 태우다
  I'll pick them up at the airport. (내가 그들을 공항에서 데려올게.)
- drop off : 내려주다
  Will you drop me off at the subway station? (지하철역에 내려줄래?)
- drive sb to A : A까지 태워서 데려다 주다.
  He'll drive her to school. (그가 그녀를 학교까지 데려다 줄 거야.)
- give sb a ride to A : A까지 태워주다
  Can you give me a ride to the library? (도서관까지 태워주겠니?)
- get in[off] : 타다[내리다]
  She just got off the taxi. (그녀는 방금 택시에서 내렸다.)

131. I'm on my way.
지금 가는 길이야.

A: **Where're you at?**❷
어디야?

B: **I'm on my way back home.**❶
집에 가는 중이야.

more

❶ '(~로) 가는 길이야'라고 말할 때 I'm going (to)~라는 표현보다는 on the way를 사용하는 것이 좋습니다. '(~로) 가는 길이다'라는 표현은 'I'm on my way (to) ~.'로 뒤에 가는 곳을 붙여서 다양하게 사용하면 됩니다. 예를 들어 school이나 store처럼 명사가 오는 경우 I'm on my way to school.이라고 하고 부사인 home(집으로)과 함께 쓰일 때는 I'm on my way home.이라고 합니다.

❷ 예문에 쓰인 '어디야?'는 at을 붙여서 어디에 위치하고 있는지를 묻는 질문인데, 주로 전화상에서 많이 쓰입니다.

132. There's a bus every ten minutes.
버스는 10분마다 있어요.

A: **Hurry up or you're going to miss the bus.**
서두르지 않으면 너 버스 놓칠 거야.

B: **Don't worry.**
There is a bus every❶ **5 minutes.**
걱정 마. 버스는 5분마다 있는데 뭐.

A: **The flight to New York is every 2 hours.**
뉴욕으로 가는 비행기는 2시간마다 있어요.

more

❶ '매 시간[분]마다'라는 표현은 every를 앞에 써서 every ~라고 말하면 됩니다.
ex She called me every 30 minutes. (그녀는 30분에 한 번씩 내게 전화했다.)

133. The airplane arrived 20 minutes behind schedule.
비행기는 20분 늦게 도착했다.

A: Flight number 060 from Seoul was supposed to land right on time, but it arrived 30 minutes behind❶ schedule.
서울 출발 060 항공편이 제시간에 도착하기로 되어 있었는데 30분 늦게 도착했다.

more

❶ behind는 공간적으로 '뒤'를 의미하지만 시간적으로 일이 밀려 있거나 늦어진 경우에 사용할 수 있습니다.

ex
- I'm behind in my work. (나는 일이 밀려 있다.)
- We're behind schedule. (우리는 일정에 늦었다.)
- I got here behind time. (나는 지각했다.)

참고로, 비행기가 늦었다는 표현은 The flight was delayed for 2 hours.(비행기는 2시간 연착되었다.) 와 같이 delay를 써서 표현할 수도 있습니다.

134. How often do you go overseas?
얼마나 자주 해외에 나가십니까?

A: How often❶ are you out of the country❷?
얼마나 자주 해외에 가십니까?

B: 4 or 5 times a year.
I enjoy traveling very much.
일 년에 4, 5번쯤요. 난 여행을 무척 좋아해요.

more

❶ How often ~?으로 시작하는 의문문은 '얼마나 자주 ~ 하니?'라는 의미입니다. 예를 들어 How often do you meet them?(얼마나 자주 그 애들을 만나니?)로 표현하면 됩니다.

❷ overseas는 '해외로[에], 국외로[에]'라는 의미로 Hawaii has many visitors from overseas.(하와이는 외국에서 온 관광객들이 많이 있다.)와 같이 쓸 수 있으며 go overseas는 be out of the country와도 같은 뜻입니다. 비슷하게 out of town은 '다른 지방에'라는 의미로 He is out of town right now.라고 하면 '그는 지금 다른 지방에 있다.'가 됩니다.

135. Hurry up!
서둘러!

A: **Come on, hurry up!**❶
We're running out of time!
어서, 서둘러! 우리는 시간이 없어!

B: **I need 20 more minutes please.**
제발 나는 20분이 더 필요해.

A: **Then we'll miss**❷ **the bus.**
그렇다면 우린 버스를 놓칠 거야.

more

❶ '서두르다'는 hurry up이나 make it quick, make haste, be quick about it 등으로 표현할 수 있습니다. 반대로 '천천히 해라'는 Take your time.이라고 하면 좋습니다.

❷ miss는 '그리워하다'라는 뜻으로 많이 쓰이지만 예문에서처럼 '놓치다'라는 뜻으로도 많이 쓰이니 기억해 두세요.

136. Step on it, please!
좀 빨리 갑시다!

A: **We're running late and we have to hurry.**
Step on❶ **it, please!**
늦어서 서둘러야 해요. 빨리 갑시다!

B: **I can't. We're stuck in traffic.**
그럴 수가 없어요. 길이 꽉 막혔어요.

more

❶ step on은 '(액셀러레이터)를 더 밟다'라는 뜻으로 '속력을 내다'라는 의미입니다. 차의 속도를 내서 빨리 가자는 뜻으로 비슷한 표현으로는 Can you go any faster?가 있습니다. 반대로 '속도를 늦추다'라는 표현은 Slow down, please.라고 하면 됩니다.

137. Could you (please) tell me how to get there?
거기에 어떻게 가는지 좀 알려주시겠어요?[그곳에 어떻게 갑니까?]

A: Excuse me, can❷ you tell me how to get❶ to ABC restaurant from here?
실례하지만 여기서 ABC 식당에 어떻게 가는지 말씀해 주실 수 있나요?

B: Sure, I think it's around here.
Oh, It's right over there. Can you see it?
물론이에요. 이 근처인 것 같은데.
아, 바로 저쪽에 있어요. 보이죠?

A: Oh, yeah, I can see it. Thanks a lot!❸
네, 보이네요. 감사합니다.

more

❶ get은 다양한 의미로 많이 쓰이는 기본 동사입니다. '도착, 도달하다'라는 뜻으로도 get을 많이 쓰는데요, 예를 들어 How long does it take to get there?(거기에 가려면 얼마나 걸립니까?)이라는 표현처럼 get에는 arrive의 의미가 있습니다.

❷ 물어볼 때 can보다 could를 사용하면 조금 더 정중하고 격식을 차린 표현이 된다는 것도 함께 알아두기 바랍니다. Can you tell me how to get there?보다는 간단하게 일상적으로는 How do I get there? 이라고 말해도 같은 의미가 됩니다.

❸ Thanks a lot.은 Thank you.보다는 훨씬 일상적인 표현이니 가볍게 웃으며 쓰면 좋습니다.

---

138. I'm looking for a drugstore.
나는 약국을 찾고 있습니다.

A: Excuse me, I'm looking for❶ the women's restroom❷.
실례하지만, 여자 화장실을 찾고 있거든요.

B: It's upstairs to the right.
2층 오른쪽에 있어요.

more

❶ look for는 '(~을) 찾다'의 뜻으로 find도 같은 의미이지만, look for는 '찾아보다'이고 find는 '발견하다, 되찾다'라는 뉘앙스의 차이가 있습니다.

❷ '화장실'은 집 안에 있는 경우에는 주로 bathroom이라 하고 집 밖에서는 restroom으로 사용합니다.

139. Would you show me the way to the subway station?
지하철역까지 가는 길 좀 알려주시겠어요?

A: **Excuse me. Could❶ you show me the way to the subway station?❷**
실례합니다. 지하철역까지 가는 길 좀 안내해 주시겠어요?

B: **I am sorry. I am not from here.❸**
죄송해요. 저도 여기가 처음이에요.

more

❶ 물어볼 때 can 보다는 could가 could보다는 would가 좀 더 격식을 갖춘 표현입니다.

❷ Do you know how to get to the subway station?도 같은 의미로 더 자주 쓰이는 일상적인 표현입니다. subway station은 '지하철 역'이고 '버스 정류장'은 bus stop입니다.

❸ 어떤 장소나 길, 동네가 처음이어서 누구에게 길을 가르쳐 줄 수 있는 입장이 아닐 때 쓰는 표현으로 I'm new.나 I'm a stranger. 또는 I'm not familiar with this area.(나는 이 동네에 익숙하지 않아요.)도 함께 익혀두기 바랍니다.

140. Could you draw a map for me?
약도를 좀 그려주시겠습니까?

A: **Oh my God, I'm late, and I don't even know how to get there.**
어떡해! 나 늦었어. 난 거기에 어떻게 가는지도 모르는데.

B: **Do you want me to draw a map❶ for you?**
약도 좀 그려줄까?

A: **No, that's not gonna work. Can you tell me the short cut❷ to get there?**
아니, 별 소용없을 거야. 거기 가는 지름길을 알려줄 수 있어?

more

❶ draw a map은 '약도를 그리다'라는 표현입니다.

❷ '지름길'은 short cut으로 take a short cut(지름길로 가다)라고 표현합니다.

141. Where are you located?
위치가 어디쯤 됩니까?

A: Thank you for calling ABC Bank. How can I help you?
ABC 은행에 전화 주셔서 감사합니다. 어떻게 도와드릴까요?

B: Oh, hi. I just wanna know where you're located.❶
네, 안녕하세요. 위치를 알고 싶어서요.

A: We're located on the 7th floor of the ABC building.
우리는 ABC 빌딩의 7층에 있어요.

more

❶ 길을 잃은 상대방에게 정확한 위치를 묻거나 찾아가려고 하는 장소의 주소를 묻는 경우에 Where are you located?나 What's the location?이라고 물어볼 수 있습니다. 답을 할 때도 We're located ~.라고 하면 됩니다.

142. I'm lost.
저는 길을 잃었습니다.

A: Hey, can you help me? I think I'm lost❶ and it's too dark. I'm so scared.
친구야, 나 좀 도와줄 수 있니? 나 길을 잃은 것 같아. 너무나 어둡고 무서워.

B: What's the location? I mean, can you see any big building or something❷?
어디야? 큰 건물이나 뭐 그런 것 보이니?

A: No. Where am I now? I think this is a dead-end street❸.
아니. 나 어디에 있는 거지? 내 생각에 여기는 막다른 길인 것 같아.

more

❶ '길을 잃었다'는 be lost라고 쓰거나 Where am I now?라고 되물으며 자신이 있는 곳이 어디인지 잘 모르겠다는 상황을 표현할 수 있습니다.

❷ (~or something)이라는 표현은 '뭐 그런 거' 정도입니다. Are you crazy or something?이라고 하면 '미치거나 뭐 그런 거니?'라는 의미가 됩니다.

❸ dead-end street는 '막다른 길'이라는 의미이지만 '발전성이 없는'이라는 뜻으로도 쓰여 a dead-end kid라고 하면 '꿈도 없이 방황하는 비행소년'을 가리키기도 합니다.

143. Where is the shopping center?

쇼핑센터가 어디인가요?

A: **Where is the nearest shopping center from here?**❶
여기서 가장 가까운 쇼핑센터는 어디입니까?

B: **There is no shopping center around here. You have to go downtown.**
이 근처에는 없어요. 시내에 가야만 합니다.

A: **Could you tell me how to get there?**
어떻게 가야하죠?

B: **You should go by subway❷.**
지하철로 가는 편이 좋을 거예요.

> Where is the shopping center?

more

❶ Where is~?, How can I get to~?, Could you tell me where~?, Could you show me the way to~? 등이 모두 길을 물을 때 사용하는 표현이니 잘 익혀두기 바랍니다.

❷ go by subway에서 by는 '수단'을 뜻하므로 '버스로 가다'는 go by bus라고 씁니다.

144. What floor is your office on?

당신의 사무실은 몇 층에 있습니까?

A: **Can you drop by my office tomorrow?**
내일 내 사무실에 들를 수 있니?

B: **OK, what floor❶ is your office on?**
그래, 사무실이 몇 층이지?

A: **It's on the 3rd floor. What time can you come?**
3층이야. 몇 시에 올래?

> What floor is your office on?

more

❶ '층'은 〈on+서수+floor〉로 나타냅니다. 또한, 서수 앞에는 항상 'the'를 붙여야 합니다. 참고로, '지하'는 basement, '지하 2층'은 the second basement라고 하며, 층수가 아무리 높아져도 floor 뒤에 's'는 붙이지 않습니다.

145. Should I turn left or right?
좌회전하나요, 우회전하나요?

A: I think we're heading the wrong way, don't you think so?
잘못된 길로 가고 있는 것 같아, 안 그래?

B: Yeah, I think so.
그러게, 그런 거 같아.

A: Do I have to turn left❶ here?
여기서 좌회전해야 하나?

B: Pull over to the shoulder.❷ I'll go ask someone.
갓길에 세워봐. 내가 물어보러 갈게.

more

❶ '우[좌]회전하다'는 turn right[left] 대신에 fork right[left]라고 해도 같은 의미입니다. 우리가 알고 있는 fork (포크)에는 '분기점' 또는 '갈림길에서 어느 한쪽으로 가다'라는 의미가 있어서 fork left라고 하면 '갈림길에서 왼쪽으로 가세요.'라는 의미가 됩니다. Make the left fork.도 같은 표현입니다.

❷ pull over는 차를 길 한쪽에 대는 것으로 pull over to the shoulder는 '갓길에 차를 대다'라는 표현이 됩니다.

146. It's across the street.
길 건너에 있습니다.

A: Where is that?
그게 어디야?

B: Do you know the ABC building?
ABC 빌딩 알지?

A: You mean the big building around the subway station?
지하철역 근처 큰 건물 말하는 거야?

B: Exactly. It's across from there.❶
맞아. 그 건너편이야.

more

❶ across는 '건너편에, 맞은편에'라는 의미뿐 아니라 '교차하는'의 뜻도 있어 '팔짱 끼다'라는 표현에도 쓸 수 있습니다. 그래서 She sat with her arms across.라고 말하면 '팔짱을 끼고 앉아 있었다.'가 됩니다.

147. Cross the street and turn left.
길을 건너 오른쪽으로 가세요.

A: **Meet me at that restaurant at 7.**
7시에 그 식당에서 보자.

B: **Well, I don't know exactly where that is.**
글쎄, 난 거기가 어디인지 정확히 모르는데.

A: **It's near by the ABC shopping mall. As you pass that, cross❶ the street from there and turn right at the intersection❷.**
ABC 쇼핑몰 근처야. 거기 지나서 길을 건너 사거리에서 우회전해.

more

❶ cross는 명사로 '십자가'이지만 동사로는 '가로지르다, 건너다'이며 '횡단보도'는 crosswalk라고 합니다. Cross the bridge[river]처럼 '다리[강]을 건너다'라고 쓸 수 있습니다.

❷ intersection은 '교차점'으로 '네(사)거리'에 해당됩니다.

148. It's just around the corner.
모퉁이를 돌면 바로예요.

A: **Where should I park?**
어디에 주차해야 하나요?

B: **There is a parking space around the corner❶.**
모퉁이를 돌면 주차할 공간이 있습니다.

more

❶ corner는 흔히 우리가 말하는 '코너'입니다. around the corner라고 하면 '코너를 돌면 바로'라는 뜻입니다. Can you drop me off at the corner?라고 하면 '코너에서 내려 주실래요?'라는 말이 되겠죠.

149. It's about 20 miles north of the ABC hospital.

ABC 병원에서 북쪽으로 20마일 정도 떨어져 있습니다.

A: **Do you know where the amusement park is?**
놀이동산이 어디 있는지 아니?

B: **Yes, it's about 30 minutes to drive from❶ here.**
그럼, 여기서 차로 30분 정도 거리에 있어.

more

❶ '어디에서 어디까지 어느 정도 떨어져 있다'는 거리를 표현할 때 주로 걸리는 시간을 말하거나 떨어져 있는 거리를 mile로 나타내게 됩니다. 한국은 km를 쓰지만 미국에서는 주로 mile을 사용하며 1마일이 약 1.6km 정도 됩니다. 〈~ miles 방향(north/south/east/west) of ~〉라고 하면 '(~로부터) ~ 방향으로 몇 마일 떨어져 있는지'를 표현하는 말이 되며 '한 시간에 10마일을 간다'는 표현은 It makes 10 miles an hour. 라고 한다는 것도 함께 익혀두세요.

150. It's right next to the ABC hospital.

ABC 병원 바로 옆입니다.

A: **Where is it? I cannot find it.**
거기가 어디야? 못 찾겠어.

B: **It's right next to❶ the park.**
공원 바로 옆이야.

A: **Oh, I can see it. I'll be right there.**
아, 보인다. 금방 갈게.

more

❶ right는 부사로 '정확히, 바로, 꼭'이라는 의미가 있습니다. 그래서 right next to라고 말하면 '바로 옆'이라는 뜻이 되어 She's right next to me.는 '그녀는 바로 내 옆에 있다.'라는 의미가 됩니다.

참고 right after은 '(~을) 지나서 바로'라는 의미로 My apartment is right after the traffic light.라고 하면 '아파트가 신호등 지나서 바로 있다'는 의미가 됩니다. 참고로, '신호등'은 traffic light라고 하고 '빨간 신호등'은 red light라고 합니다.

151. It's straight ahead.
곧장 가면 있습니다.

A: Excuse me, can you tell me where the bathroom is?
실례지만, 화장실이 어디입니까?

B: Straight ahead,❶ and it's on your left.
곧장 가세요. 왼쪽에 있습니다.

more

❶ straight는 '똑바로, 곧장, 곧바로'라는 뜻으로 It's straight ahead.라고 하면 '앞으로 곧장 가세요.'라는 의미가 됩니다. 같은 뜻으로 Go straight. 또는 Keep going straight.라고 쓸 수 있습니다. keep 뒤에는 동명사가 와서 '계속 (~을) 하다'라는 의미가 되어 대화가 끊겼을 때에도 Keep going.(계속 해봐.)이라고 할 수 있습니다.

152. It's past the post office.
우체국을 지나서 있습니다.

A: I cannot find that place. Didn't you say that it's past the post office❶?
난 거기 못 찾겠어. 우체국 지나서라고 하지 않았어?

B: No, I said it's past the police station. You've passed❷ it. It's one block from there.
아니야, 내가 경찰서 지나서라고 했잖아.
너 지나갔어. 거기서 한 블록 와야 해.

more

❶ past는 명사로 '과거'라는 의미로 많이 쓰이지만 전치사로 쓰이면 '(~를) 지나서, 지나쳐서'라는 의미가 됩니다. 교회를 바로 지나서 나의 집이 있다는 것을 설명하려면 My house is just past the church.라고 하면 됩니다.

❷ pass는 '지나다, 통과하다, 지나가다' 등의 뜻으로 쓰이니 길을 묻는 사람이 찾는 곳을 이미 지나갔을 때 위의 표현으로 안내할 수 있습니다.

참고 • come too far: 너무 많이 왔다
You came too far to give up now. (지금 포기하기엔 너무 많이 왔다.)
• go too far: 너무 지나치다
You've gone too far with the joke. (농담이 지나치다.)

153. It's two blocks from here.
여기서 두 블록을 가면 있습니다.

A: **Where are you at?**
어디에 있니?

B: **I'm at the library.**
Do you know where it is?
나 도서관이야. 도서관이 어딨는지 아니?

A: **Not really. I'm in front of Y hospital.**
잘 몰라. 나는 Y 병원 앞에 있어.

B: **OK, it's two blocks from there❶.**
응, 거기에서 두 블록만 오면 돼.

more

❶ 나를 기준으로 여기부터 더 가야 한다는 표현에는 from here을 쓰고, 다른 곳에 있는 상대방을 기준으로 더 가야 한다는 표현은 from there을 쓰면 됩니다.

154. It's near Central Park.
그것은 센트럴파크 가까이에 있습니다.

A: **Where are you located?**
위치가 어디십니까?

B: **We're located near❶ Olympic Park.**
It's a high-rise❷ building, so you cannot miss it.❸
우리는 올림픽 공원 근처입니다. 높은 빌딩이니 보일 거예요.

more

❶ 어떤 장소를 근거로 위치를 설명하는 경우에 past나 near를 사용해서 쉽게 설명할 수 있는 상황이 많으니 잘 익혀서 활용하면 좋습니다.

❷ high-rise는 '고층의'라는 의미입니다.

❸ You can't miss it.은 '놓칠 수가 없다' 즉, 찾기 쉽다는 의미로 길 찾기에 자주 등장합니다.

155. It's the third building on your right.

오른쪽 세 번째 건물입니다.

A: Excuse me, do you know where the ABC Hotel is?
실례지만, ABC 호텔이 어디인지 아세요?

B: Yeah, it's across from here.
You cross this road, and it's the second building on your left.❶
네, 건너편이에요. 길 건너가셔서 왼쪽의 두 번째 건물입니다.

more

❶ on your right는 서 있는 방향에서 '오른편'(오른쪽에)을, on your left는 '왼편'(왼쪽에)을 말합니다. on your right[left] hand side도 같은 표현입니다.

156. It's down the hallway on your right.

내려가면 복도 오른쪽에 있습니다.

A: Excuse me, do you know where a public phone is?
실례지만 공중전화가 어디에 있는지 아세요?

B: Yeah, there should be one at the end of the hallway, on your left.❶
네, 분명히 복도 끝의 왼쪽에 있을 거예요.

more

❶ It's down the hallway.는 Go to the downstairs hallway.와 같은 뜻으로 이해하면 됩니다.

157. Take the elevator to the second floor.

엘리베이터를 타고 2층에서 내리세요.

A: Can you give me directions❷?
어떻게 가는지 알려줄래?

B: All right. Come to ABC Apartment.
Take the elevator❶ to the 7th floor and
when you get off the elevator, turn left,
and if you can't find it, call me.
응, ABC 아파트로 와. 엘리베이터 타고 7층에 내려서 왼쪽으로
오면 돼. 못 찾겠으면 전화해.

more

❶ '엘리베이터를 타다[내리다]'는 take[get off] the elevator로 쓰며 turn right[left]는 '오른쪽', '왼쪽'으로 가라는 뜻으로 많이 사용하는 표현이니 숙지하면 좋겠습니다.

❷ directions는 어느 장소까지 가는 길 안내를 말합니다.

158. Walk up the stairs to the third floor.

계단으로 3층까지 걸어 올라오세요.

A: There's no elevator in this building,
so you have to walk up❶ the stairs.
We're on the second floor.
이 건물에는 엘리베이터가 없어서 계단으로 올라오셔야 합니다.
우리는 2층에 있습니다.

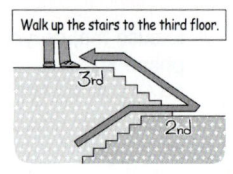

more

❶ walk up은 '걸어 올라오다'이고 '걸어 내려가다'는 walk down입니다. 위층으로 올라와 달라고 얘기할 때는 Will you walk up to upstairs please?라고 하면 됩니다.

159. It's walking distance.
걸어서 갈 수 있는 거리입니다.

A: **How far is it from here?**
여기서 얼마나 걸리나요?

B: **It's about 30 minutes to walk❷ from here.**
여기서 걸어서 30분 정도예요.

A: **Isn't it a little far to walk?**
걷기에 좀 멀지 않나요?

B: **No, it's walking distance.❶**
아니에요, 걸을 만한 거리예요.

more

❶ walking distance는 '걸어서 갈 만한 거리'를 뜻합니다. walkable을 써서 No, it's not far to walk. it's walkable.(아니, 걷기에 멀지 않아. 걸을 만해.)라고 표현할 수 있습니다.

❷ 10 minutes to walk는 a ten-minute walk로 바꾸어 쓸 수 있으며 '거기까지 얼마나 걸립니까?'라고 묻고 싶으면 How long does it take to get there?라고 하면 됩니다.

160. Would you please move over?
옆으로 좀 가주실래요?

A: **Excuse me. The next seat is empty.
Would you please❶ move over❷?
I wanna sit in a row❸ with my son, so...**
실례지만 옆자리가 비었는데 좀 옮겨 주실 수 있나요?
제 아들과 나란히 앉고 싶어서요.

B: **Of course. Give me a minute to grab my stuff.**
그럼요. 내 짐 좀 챙기게 잠깐만요.

more

❶ ⟨Would you please ~?⟩를 쓰면 정중하게 부탁하는 표현이 됩니다.

❷ move는 '움직이다'의 뜻이지만 주로 '이사하다'로도 쓰이며 We're gonna move next week.(우리는 다음 주에 이사한다.)와 같이 쓰면 됩니다. 형용사 moved는 '감동한, 감동받은'이라는 뜻으로서 I was moved by his kindness.(나는 그의 친절에 감동했다.)처럼 사용할 수 있습니다.

❸ in a row는 '나란히, 줄줄이'라는 의미입니다.

161. I want to get some fresh air.
바람 좀 쐬어야겠어.

A: **I'm gonna get out. I've been in my room for the whole day, so I feel tight❷.**
나가야겠어. 하루 종일 방안에 있었더니 답답하네.

B: **That's a good idea.
You need some fresh air.❶**
좋은 생각이야. 바람 좀 쐬는 게 좋겠어.

I wanna get some fresh air.

more

❶ '바람을 쐬다'는 간단히 get some air라고 표현합니다. 가벼운 산책을 하거나 창을 열고 신선한 공기를 마시는 경우를 의미합니다. 참고로 '저녁의 시원한 바람'은 cool evening breeze이므로 '저녁 바람 좀 쐬러 나가.'는 I'm going out to enjoy the cool evening breeze.라고 합니다.

❷ feel tight는 '답답하다'라는 뜻으로 기분이나 느낌을 말할 때 사용하고, 성격이 '고지식해서 답답한 사람'은 a hidebound person이라고 합니다.

162. Keep your eye on this!
이것 좀 잘 봐줘.

A: **I have to go to the bathroom.
Can you watch my bag?**
화장실에 가야겠어요. 내 가방 좀 봐주시겠어요?

B: **Sure. Go ahead. I'll keep my eye on it.❶**
그럼요. 가세요. 내가 지키고 있을게요.

Keep your eye on this!

more

❶ '내가 지켜봐 줄게'의 의미로 아기, 애완동물, 보살펴 줘야 하는 환자 등에도 쓸 수 있습니다. 사람에게 쓸 때는 on 다음에 him이나 her처럼 목적격을 쓰면 됩니다.

석 달에 끝내는 552 실생활 표현

Unit 6 Meals & Restaurants

163. Let's grab something to eat.
뭐 좀 먹자.

A: I don't think we can get this done before midnight. Why don't we❷ grab❶ something to eat first?
우리 자정까지 이거 끝내지 못할 거 같아.
먼저 뭐 좀 먹는 게 어떨까?

B: I was gonna say that. Let's go somewhere and grab something to eat.
나도 그 말 하려던 참이었어. 어디 가서 뭐 좀 먹자.

A: How about Chinese food?
중국 음식 어때?

B: I love it.
Let's go to the Chinese restaurant around the corner.
완전 좋지. 모퉁이를 돌면 있는 중국 음식점에 가자.

more

❶ grab은 '부여잡다, 붙들다, 움켜쥐다'라는 뜻이지만 '밥을 먹자'와 같은 표현에서 많이 쓰이는 어휘입니다. 한국 사람들은 '밥 먹자'고 하면 Let's eat something.을 쉽게 떠올리지만 grab을 사용한 표현이 구어체에서는 더 많이 쓰입니다.

❷ 〈why don't we+ⓥ ~?〉은 '(~하는 게) 어떨까?'라는 의미로 Why don't we take a break now?라고 말하면 '우리 잠깐 쉬었다가 하는 게 어떨까?'라는 뜻이 됩니다.

164. I'd like to make a reservation for a table for 2 at 7 o'clock tomorrow night.

내일 저녁 7시에 2명 자리를 예약하고 싶습니다.

A: **I'd like to book**[2] **two seats for tonight's concert.**[1]
오늘 밤 콘서트의 좌석 2개를 예약하고 싶어요.

more

[1] I would like to make a reservation과 함께 〈for a table for+인원〉을 써서 식당 예약 시 사용해 보세요. 그리고 그 뒤에 시간과 날짜를 써주면 됩니다.

> **ex** I'd like to make a reservation for a table for 5, 9 o'clock on Saturday night.
> (토요일 밤 9시에 5명 자리 예약하고 싶습니다.)

[2] book은 '예약하다'라는 의미의 구어로 비행기, 호텔 예약에 많이 씁니다.

165. For here or to go?

여기서 드실 건가요, 포장하실 건가요?

A: **Can I have a hot dog to go**[1]**?**
핫도그 하나 싸주세요.

A: **Is this pick up or delivery?**[1]
가져가실 건가요, 배달해 드릴까요?

B: **I'm gonna pick it up. How long will it take?**
가지러 갈게요. 얼마나 걸리나요?

A: **About 20 minutes.**
한 20분 정도요.

more

[1] For here or to go?는 패스트푸드점에서 주문할 때 많이 듣게 되는 표현으로 I'll eat here. 혹은 I'll take it out. 정도로 대답하면 됩니다. 편하게 It's for here. 또는 It's to go.로 표현해도 됩니다. 두 번째 대화는 전화로 주문하고 가서 받아오겠다는 내용인데 미국에서는 중국 식당이나 피자, 핫 윙 이외에 배달되는 곳이 많지 않습니다.

166. What do you want to have for lunch?
점심으로 뭐 먹을래요?

A: **Aren't you hungry?**
   Did you have dinner?
   배 안고프니? 저녁 먹었어?

B: **No, not yet. How about you?**
   아니, 아직. 너는?

A: **Me, neither.**
   What do you want to have for dinner?❶
   나도 못 먹었어. 저녁으로 뭐 먹을래?

B: **I'm on a diet. Let's have a light meal.**
   나는 다이어트 중이야. 가벼운 거로 먹자.

> *more*
>
> ❶ eat와 have는 비슷하게 '먹다'의 뜻으로 쓰입니다. 식사 앞에 'for'라는 전치사를 써서 I want to have Chinese food for dinner.(나는 저녁 식사로 중국 음식을 먹고 싶어.), Stay for dinner.(저녁 먹고 가.) 처럼 쓰면 됩니다.

167. I think I'll pass.
안 먹겠어요.

A: **We're gonna have pork chops for dinner.**
   우리 저녁으로 돼지 갈비를 먹을 거야.

B: **I think I'll pass**❶**. I had a late lunch. Sorry.**
   나는 안 먹을래. 점심을 늦게 먹었어. 미안.

> *more*
>
> ❶ pass는 '건너뛰다'의 뜻으로 대화에서처럼 '식사를 거르다'는 뜻으로 쓸 수 있습니다. Will you pass me the pepper please?(후추 좀 건네줄래?)처럼 자기한테 멀리 있는 음식 등을 달라고 할 때도 pass를 사용할 수 있습니다.

168. Take a bite!
한 입만 먹어봐!

A: **I don't have any appetite.**[2]
난 식욕이 없어.

B: **Come on, You don't have to**[3] **finish it. Just take a bite**[1]**!**
그러지 말고, 다 먹지 않아도 되니 한 입만 먹어 봐!

more

[1] bite란 단어는 '물다, 깨물다'의 뜻이며 명사로는 '한 입'이라는 의미입니다.

[2] appetite는 '식욕'이라는 의미로 식욕을 돋우는 음식을 전채요리, 즉 appetizer(에피타이저)라고 합니다. '배가 별로 안고프다.'는 I'm not really hungry. 또는 I don't really have an appetite for anything right now.라고 쓰면 됩니다.

[3] 〈don't/doesn't have to+ⓥ〉은 '꼭 ⓥ해야 할 필요는 없다'라는 의미입니다.

169. Take a sip!
한 모금만 마셔봐!

A: **My grandmother made this ginseng liquor. Do you wanna take a sip**[1]**?**
우리 할머니께서 이 인삼주를 만드셨어. 한 모금 마셔볼래?

more

[1] sip은 동사로 '찔끔찔끔 마시다, 조금씩 마시다'이고 명사로 '한 모금'을 뜻합니다. Take a bite.와 비슷한 표현이니 함께 기억해 두면 대화 중 어렵지 않게 쓸 수 있을 것입니다.

170. Here you go!
여기 있어요.

A: Do you have coffee?
It will keep me up②.
너 커피 있니? 잠 좀 깨야겠어.

B: Sure, I do. Here you go.①
Do you want something else?
물론 있지. 여기. 뭐 다른 필요한 거 있어?

more

① 상대가 필요하다는 것을 건네주거나 식당이나 비행기 같은 곳에서 주문한 것을 서빙할 때 사용하는 표현입니다.

② keep up은 '계속 깨워두다' 혹은 '잠을 깨우다'의 의미입니다.

171. Can I get a doggie bag?
(식당에서 남은 음식을 싸갈 때) 담을 봉투 좀 주실래요?

A: Can I get you something else?
뭐 다른 거 갖다 드릴까요?

B: I'm done.
Can I get a doggie bag① please?
다 먹었어요. 남은 음식 담아 갈 봉투를 좀 주실래요?

more

① doggie bag은 남은 음식을 싸서 강아지에게 준다는 데서 나온 표현이지만 집에 강아지가 없는 사람도 이 표현을 씁니다. 같은 의미로 to-go box라고도 많이 표현합니다.

참고 남아서 싸온 음식은 leftover라고 하며 I had last night's leftovers for breakfast.(남은 음식으로 아침은 때웠어.)처럼 표현할 수 있습니다. 또한, 식당에서 다 먹은 뒤에 Can I get the check please?(계산서 주실래요?) 또는 Check[Bill] please.라고 말하면 계산서를 갖다 줍니다.

172. I've never eaten better.
음식 잘 먹었습니다.

A: **How was dinner?**
저녁 어떠셨어요?

B: **I've never eaten better.❶ I'm a picky❷ eater, but it was fantastic.**
정말 잘 먹었어요. 내 입맛이 좀 까다로운데, 음식이 환상적이었어요.

more

❶ never better는 '그 어느 때보다 더 나을 수 없다, 나은 적이 없다.'의 의미로 '최고다'라는 찬사입니다.

❷ picky는 구어체에서 많이 쓰는 '까다로운, 별스러운'이라는 의미입니다.

173. I'll do the dishes.
설거지는 내가 할게.

A: **I'll cook, and you do the dishes, OK?**
내가 식사 준비할 테니까 설거지는 네가 해, 알았지?

B: **No, problem. I'll do the dishes.❶**
그럼. 설거지는 내가 할게.

more

❶ '설거지하다'는 do the dishes나 wash the dishes라고 합니다. 참고로 '설거지'는 dish-washing이고 '식기세척기'는 dishwasher라고 씁니다.

174. It's on me.
내가 살게.

A: **Let's have dinner together.
It will be on me.❶ It's my payday, so...**
우리 저녁 같이 먹자.
내가 낼게. 오늘이 내 월급날이니까…

B: **Oh, that will be great!
I was very hungry anyway.**
아, 좋지! 많이 배고팠어.

more

❶ 구어로 '내가 살게.'는 It's on me.나 It's my treat. 또는 I'll treat you this time.이라고 표현합니다. '산다'는 단어 그대로 buy로 표현하지 않으니 주의하세요. 주로 식사를 대접하는 경우에 많이 쓰고 선물이나 다른 물건을 샀을 때는 일반적으로 get 동사를 이용합니다.

175. Keep the change.
잔돈 다 가지세요.

A: **Can you bring me the check please?**
계산서 주실래요?

B: **Sure, here it is.
I'll be right back with your change.**
여기요. 바로 거스름 돈 갖다 드릴게요.

B: **Oh, no. Keep the change.❶**
아니에요. 잔돈은 가지세요.

more

❶ 미국은 어디를 가든 팁을 줘야 하기 때문에 이런 표현은 알아두는 것이 좋습니다. 식당 등에서 16불이 나왔다면 팁을 따로 주기보다 잔돈은 다 가지라는 의미의 Keep the change.나 It's all yours.라고 하면서 20불을 주면 됩니다.

참고 미국의 화폐 단위
- 1센트: penny
- 5센트: nickel
- 10센트: dime
- 25센트: quarter

176. The meat is spoiled.
고기가 상했어.

A: **This smells bad.**❶
쉰 냄새가 나.

The fish has gone bad.
생선이 상했다.

If you leave it like this, it will go bad.
그것을 이렇게 놔두면 상할 텐데.

more
❶ 먹는 것이 상했을 때 be spoiled나 go bad로 표현합니다. spoil은 '망치다', '성격, 성질을 버리다', '버릇이 나빠지다' 등의 의미로, be spoiled를 사람, 애완동물에 쓰면 '버릇이 없다'는 의미가 됩니다. 귀여움만 많이 받고 뭐든 다 받아주는 부모 밑에서 자란 어린 아이들을 두고 하는 말입니다.

177. I'll probably pig out.
과식을 할 것 같네요.

A: **Wow, what is this? It looks so yummy**❷**!**
와, 이게 뭐야? 너무 맛있어 보이네!

B: **It's meatball spaghetti.
I hope you like it.**
미트볼 스파게티야. 네가 좋아했으면 좋겠어.

A: **Sure! It's my favorite**❸**!
I'll probably pig out**❶**!**
당연하지! 내가 좋아하는 메뉴야. 과식할 거 같아!

more
❶ pig out은 '과식하다'라는 의미의 속어로 overeat과 같은 뜻입니다.
❷ yummy는 delicious와 같은 뜻으로 '맛있는'이란 의미입니다.
❸ favorite은 뭐든 좋아하는 것에 두고 쓰면 됩니다. 예를 들어 What's your favorite color?라고 하면 '가장 좋아하는 색은 뭐니?'라는 의미가 됩니다.

178. I overate.
과식했어요.

A: I need to go out for a walk.
Dinner was awesome, so I overate❶.
산책하러 나가야겠어. 저녁이 너무 맛있어서 과식했거든.

B: Overeating is the main cause of obesity❷.
과식은 비만의 주된 원인이야.

A: I know. I try to eat only a little,
but I have a good appetite.❸
알아. 소식하려고 노력하지만, 난 식욕이 너무 좋아.

more

❶ '과식하다'는 overeat 혹은 eat too much로 많이 표현합니다.
❷ '비만'이라고 하면 흔히 fat만 생각하기 쉬운데 의학 용어로 obesity를 많이 씁니다.
❸ eat a little은 eat like a bird와 같은 의미로 '소식하다'라는 표현이고 have a good appetite는 '식욕이 왕성하다'라는 의미입니다.

179. I really stuffed myself.
너무 배부르게 먹었다.

A: I really stuffed❶ myself.
I think I'll gain some weight❷.
너무 많이 먹었어. 살찔 것 같아.

more

❶ stuff에는 '뱃속을 음식으로 채워 넣다', '음식을 잔뜩 먹다'라는 뜻이 있습니다. 배가 부를 때 full이란 단어도 쓰지만 위의 표현은 구어체에서 많이 들을 수 있습니다. 같은 의미인 I had a hearty meal.은 속어로 '배부르게 먹었다'라는 의미로 have 대신 take를 써도 좋습니다.
❷ gain weight의 반대말로 '살이 빠지다'는 lose weight라고 합니다.

180. This is a nice joint.
이 식당 괜찮은데요.

A: Can we meet at La Cuchina?
La Cuchina에서 볼까?

B: Again? Well, OK. That's a nice joint❶. What time?
또? 음, 그래. 거기가 괜찮지. 몇 시에?

A: Maybe around❷ 8 o'clock?
8시쯤에?

more

❶ joint는 원래 '관절'이란 뜻으로 많이 쓰이지만, 대화에서는 '함께 만나서 놀 집, 장소'로 쓰였습니다. 아주 고급스런 곳보다는 편하고, 싸고, 아늑한 모임의 장소를 두고 쓰는데 식당이나 레스토랑 이외에도 보통 집이나 장소에도 쓸 수 있습니다.

❷ 예문에 나온 표현 중 시간과 관련하여 쓰는 전치사의 표현은 다음과 같으니 함께 외워두세요.

관련표현
- 1시에: at 1 o'clock
- 2시쯤에: about[around] 2 o'clock
- 3시까지: by 3 o'clock
- 4시 정각: 4 o'clock sharp

---

181. This restaurant is the pits.
이 식당은 최악이야.

A: How was your dinner with him?
그와의 저녁 식사는 어땠어?

B: It was good. He was really good to me, but the restaurant was the pits❶. That place is almost like a tavern❷.
좋았어. 그는 내게 참 잘 해줬는데, 식당은 최악이었어. 꼭 싸구려 선술집 같았어.

more

❶ the pits는 '최악'이라는 뜻의 구어로 the worst의 의미입니다. 영화, 연극, 콘서트 등에만 쓰는 게 아니라 작품이나 책, 어떤 결과, 혹은 사람에게도 쓸 수 있습니다. 영화가 정말 흥행에 완전 실패했을 정도로 최악이었다는 표현은 구어체에서 The movie was a real bomb.이라고 많이 쓴다는 것도 함께 알아두세요.

❷ tavern은 허름하고 싼 선술집을 두고 쓰는 말로 시장의 해장국집 정도로 생각하면 됩니다.

석 달에 끝내는 552 실생활 표현

Unit 7 Party

182. Let's have a drink on me.
내가 술 한잔 살게.

A: **Man, I had a hearty meal.❷**
야, 배부르게 먹었다.

B: **Let's have a drink now. I'll treat you.❶**
이제 술 마시자. 내가 살게.

A: **I'm so full, I'm going to burst.
Let's drink some other time❸!**
배가 터질 것 같아. 다음 번에 마시자!

more

❶ Let's have a drink on me.는 It's on me. / It's my treat. / I'll treat you. 등으로 표현할 수 있습니다. Dinner is on me.(저녁은 내가 낼게.)처럼 다양하게 활용해서 사용할 수 있는 표현이니 잘 익혀두세요.

❷ hearty meal은 맛있어서 배부르게 잘 먹었을 때 쓰는 표현으로 be full to bursting(배가 불러 터질 거 같다)과 같은 의미입니다. I stuffed myself. 또는 I'm so full.도 같은 의미의 표현입니다.

❸ some other time은 '다음 번, 다른 때'라는 의미로 어떤 문장에나 뒤에 붙여서 쓰면 됩니다.

183. Let's have a ball!
신나게 놀아보자!

A: Can we meet tonight?
우리 오늘밤 만날까요?

B: OK! I was totally stressed from work. Let's have a ball❶ tonight!
좋아요! 나는 일 때문에 완전히 지쳐 있어요. 신나게 놀아봐요!

more

❶ Let's have a ball!은 '놀아보자'라는 표현으로 아이들보다는 성인이 술 한잔하며 놀 때 많이 씁니다. 비슷한 표현으로는 Let's have a spree tonight!이 있으며 spree는 '흥청망청하기, 흥청거리기'라는 뜻으로 흥겹게, 신나게 떠들며 놀 때나 술을 마시며 흥청거릴 때 쓸 수 있는 표현입니다.

184. I feel like having a drink.
술 한잔하고 싶어.

A: I feel like❶ beer today.
오늘은 맥주를 마시고 싶어.

I want to have something to drink.
뭐 한잔 마시고 싶어.

more

❶ feel like는 (~이) 하고 싶다'는 뜻이므로 I feel like going out for a walk.라고 하면 '산책을 하고 싶다.'가 됩니다. 뒤에 동사가 오는 경우 I feel like having some ice cream.(아이스크림 먹고 싶다.)처럼 동명사(ⓥ-ing)를 써 줘야 합니다.

185. Let's hit the booze!
술 마시자!

A: We got through® another day of work today! Let's go hit the booze!®
오늘 일 다 마쳤다! 가서 한잔 하자!

B: Okeydokey! Let's drown our stress in drink.®
그래! 술로 스트레스 풀자!

more

❶ booze는 '술'이란 뜻의 슬랭인데 회화에서는 많이 쓰입니다. Let's hit the booze!는 Let's drink!와 같은 의미이지만, '술 마시자!'의 표현으로는 booze를 더 권합니다.

❷ got through는 '마치다'의 뜻으로 through를 줄여서 thru로 쓰기도 합니다.

❸ 〈drown ~ in drink〉는 '(~을) 술로 풀다, 잊다'의 의미입니다. drown은 '물에 빠져 죽다'의 의미로 쓰지만, '근심, 걱정을 잊다'는 뜻도 있습니다. I tried to drown my troubles in drink.(난 괴로움을 술로 달래려고 했다.)가 됩니다.

186. Let's drink all the way today!
오늘 끝까지 마시자!

A: Happy birthday, buddy! Bottoms up!®
생일 축하해, 친구야. 원 샷!

B: OK. Let's drink all the way® tonight!
좋아. 오늘 밤에 끝까지 마셔보자!

more

❶ all the way는 '끝까지'라는 뜻으로 I'm sorry I couldn't help you all the way.라고 하면 '끝까지 다 도와주지 못해서 미안하다'라는 의미가 됩니다.

❷ 우리가 쓰는 '원 샷'은 영어로는 'Bottoms up'이라고 하며 one shot은 위스키나 브랜디 등의 한 잔을 말합니다.

187. Bottoms up!
원 샷!

A: Hey, man, bottoms up[1]!
야, 원 샷.

B: Come on, let's go slowly, man.
제발, 천천히 하자, 친구야.

more

[1] 한국에서는 한 번에 다 마시라는 말을 '원 샷'이라고 하지만, 그 표현은 실제 네이티브들은 사용하지 않는 표현입니다. 'bottom'이 '바닥'이라는 뜻이니 바닥까지 잔을 다 비우라는 뜻으로 Bottoms up!이나 Drink up!이라고 표현합니다.

188. Cheers!
건배!

A: Lift your glasses and cheers for[1] the happy couple!
모두 잔을 들고 행복한 이 한 쌍을 위해 건배!

B: Let's toast!
건배합시다!

more

[1] 한국어로 '건배!'는 Cheers!나 Let's toast!라고 표현합니다. '축배'라는 뜻의 toast를 사용해 '(~을) 위해 축배합시다!'는 Let's toast for ~!라고 하면 됩니다. 또한, Here's to you!(당신을 위해 건배!), Here's to a long and happy life together!(길고 행복한 인생을 위하여!)와 같은 표현도 역시 건배할 때 많이 쓰이니 함께 알아두시기 바랍니다.

189. Can we have another round?
한 잔씩 더 주세요.

A: **How are you guys doing over here?**
여기 뭐 필요한 거는 없으세요? 어때요?

B: **Yeah, we're good.
Can we have another round please?**❶
네, 우린 좋아요. 한 잔씩 더 주실래요?

more

❶ another round는 같이 앉아 마시는 사람 모두에게 한 잔씩 더 달라는 뜻으로 전에 마신 것을 그대로 한 잔 더 달라는 의미입니다.

190. On the rocks, please.
얼음 타서 주세요.

A: **I want my whiskey on the rocks,**❶ **please.**
위스키에 얼음 넣어 주세요.

more

❶ 술을 어떻게 마실지 주문할 때 쓰는 표현으로, 여기에서 쓰인 rock은 얼음을 말합니다. 다른 유형의 주문으로 shot과 with ~ back이 있는데 shot은 작은 크기의 한 잔을 말하며 술과 함께 마실 음료나 물을 주문할 때는 'with ~ back'이라고 하면 됩니다.

ex • A shot of brandy please. (브랜디 한 잔 주세요.)
• I like to have a glass of cognac with a coke back. (코냑 한 잔과 콜라 주세요.)

191. I feel a little tipsy.
약간 술기운이 있는 것 같아.

A: **Do you want another one?**
한 잔 더 할래?

B: **No thanks, I'm feeling a bit tipsy❶.**
고맙지만 사양할래. 좀 취한 거 같아.

more

❶ tipsy는 '얼근히 취한'이라는 의미로 만취한 상태라기보다는 기분 좋게 슬슬 취해 오는, 적당히 취한 상태를 표현하는 단어입니다. get tipsy는 '술기운이 오르다'의 의미입니다.

192. Are you intoxicated?
술 취했니?

A: **Is she intoxicated?❶**
저 여자 술 취했니?

B: **No, she took some strong medicine, so she's not herself❷ today.**
아니야, 독한 약을 먹어서 좀 제정신이 아니야.

more

❶ intoxicated는 '술, 마약에 취한'이라는 뜻으로 흥분한 상태의 사람에게 쓰기도 합니다. Are you intoxicated?는 편한 사이보다는 공무를 수행하는 경찰이 자주 쓰는 조금 딱딱한 표현입니다. 친구나 편한 사이에서는 Are you drunk?, Do you get drunk?라고 표현하는 것이 더 적절합니다.

❷ be not oneself는 (어떤 이유로) 제정신이 아닌 경우를 표현하는 말입니다.

193. Can I have some more booze?
술 좀 더 줘.

A: Do you want some more booze❶?
술 좀 더 줄까?

B: No thanks. I'm already tipsy❷.
고맙지만 사양할게. 나 이미 취기가 올랐어.

more

❶ '술'이라는 의미의 booze 대신에 drink 혹은 beer, wine, shot 등으로 써도 됩니다. on the booze라고 하면 '술에 취하여'라는 의미가 되어 She cried on the booze.는 '그녀는 술에 취해 울었다.'가 됩니다.

❷ tipsy는 drunk와 같은 의미의 구어로 I am drunk on vodka.라고 하면 '보드카를 마시고 취했다.'의 의미가 됩니다.

194. Pour out some more!
술 좀 더 따라 줘.

A: Hey, pour❶ out some more.
이봐, 술 좀 더 따라 줘.

B: No more! You already had enough. Let's go slow.
더는 안 돼! 이미 충분히 마셨잖아. 천천히 마시자.

more

❶ pour는 마실 것을 따를 때 쓰는 단어입니다. 우유나 물, 음료수 따위에 모두 쓸 수 있듯이 술에도 씁니다. pour와 비슷하게 fill a glass라고 해도 '잔을 채우다'라는 의미가 됩니다. '내가 따를게.'는 Let me serve.라고 하면 됩니다.

195. I'm sober now.
술 다 깼어.

A: Why don't you take a cab?
택시 타고 가지 그래?

B: Don't worry. I'm sober❶ enough to drive.
걱정 마. 난 운전할 만큼 술은 깼어.

more

❶ sober는 '술이 취하지 않은, 술이 깬' 또는 '냉정하고 엄숙한' 등의 뜻입니다. 주로 무엇에 취하지 않은 상태를 표현할 때 뿐 아니라 술을 마시던 사람이 끊었을 때도 쓸 수 있습니다.

ex He drank too much in his twenties, but he is sober now.
(그는 20대에는 술을 많이 마셨는데, 지금은 안 마셔.)

196. Don't soak up the booze.
술 너무 많이 마시지 마.

A: Take good care of your health.
Don't soak up the booze❶ every night!
건강 돌봐. 날마다 술 너무 많이 마시지 마라!

more

❶ soak은 '잠기다, 푹 빠지다'라는 뜻으로 soak up the booze라고 하면 가볍게 마시는 게 아니고 완전히 취할 정도로 마시는 것을 말합니다. Don't drink too much.와 같은 뜻이라고 이해하고 쓰면 됩니다.

197. I'm off the wagon.
난 술을 다시 마시기 시작했습니다.

A: **Are you still a heavy drinker?**
너 요새도 술 많이 마시니?

B: **I quit❷ drinking once, but I'm off the wagon❶ now.**
한때 술을 끊었는데, 지금은 다시 마셔.

more

❶ wagon은 '마차, 수레'로 차가 없던 옛날에 주로 쓰이던 교통 수단이므로 이 표현은 오래 전에 생긴 것이라고 할 수 있습니다. off는 주로 '없는, 떨어진'의 뜻으로 I'm off the wagon.이라고 하면 '나 지금 마차 안 몰아도 된다.' 즉, '차 안 가지고 왔으니 술 마실 수 있다.'의 의미가 되는 것입니다. 반대로 '술을 끊었다'는 표현은 I'm on the wagon.이라고 하면 됩니다.

❷ quit은 뒤에 동명사가 와서 '(~을) 끊다, 그만두다' 등의 의미로 쓰입니다. quit drinking, stop drinking, be/go on the wagon이 모두 '술을 끊었다.'는 표현입니다.

198. I blacked out last night.
어젯밤에 술 마시고 필름이 끊겼어.

A: **I had some wine with my brothers last night, and I can't remember how I got home.**
어젯밤에 형들과 와인을 좀 마셨는데, 집에 어떻게 왔는지 기억이 안 나.

B: **You blacked out,❶ huh?**
필름 끊겼구나, 응?

more

❶ '필름이 끊기다'는 black out으로 정신을 잃은 상태를 표현하는 구어입니다. 사고나 질병으로 정신이 나갔을 때도 쓸 수 있으며 예를 들어, He blacked out when he got hit by a truck.(그는 트럭에 치어 정신을 잃었다.)라고 표현할 수 있습니다.

199. He is a heavy drinker.

그는 술이 세다.

A: You know Danny?
He drank too much yesterday.
Danny 알지? 어제 술 무척 많이 마시더라.

B: Yeah... He's a heavy smoker and drinker.❶
어… 그는 담배와 술을 많이 해.

more

❶ heavy drinker는 '술고래'라는 뜻으로 alcoholic(알코올 중독자)과는 다릅니다. 한 번 마시면 기의 둘이 붓듯이 마시는 술이 쎈 사람을 두고 쓰는 표현으로 drink like a fish(술고래이다)도 비슷한 의미이니 함께 알아두세요.

200. She's a poor drinker.

그녀는 술에 약하다.

A: I'm already beginning to feel high.
난 벌써 술이 오르기 시작한다.

B: Oh, you're a poor drinker!❶
오, 너 술이 약하구나!

more

❶ 술을 잘 못 마시는 사람에게 쓰는 표현이지만 빈정대거나 놀리는 뉘앙스는 아닙니다. 비슷한 표현으로는 get drunk easily라고도 할 수 있습니다. 아예 술을 먹지 않거나 완전히 끊은 사람은 I don't touch alcohol.(술은 입에 대지도 않습니다.)라고 말하면 됩니다.

201. I have a hangover.
숙취가 있어.

A: **Can I have some more booze?**
술을 더 마실 수 있을까?

B: **Don't drink too much, otherwise you will have a hangover❶ tomorrow.**
너무 많이 마시지 마요. 그렇지 않으면 내일 숙취가 있을 거야.

more
❶ hangover는 '숙취'로 전날 마신 술로 고생하는 모든 증상에 쓰입니다. 우리가 늘 쓰는 '오바이트'는 틀린 영어이므로 throw up이나 vomit라고 써야 합니다.

ex I still have a hangover from drinking last night. I feel like throwing up.
(어젯밤 마신 술 때문에 지금도 숙취가 남아어. 토할 거 같아.)

202. He was caught for a DUI last night.
그는 어젯밤에 음주 운전으로 걸렸다.

A: **He got a DUI❶ yesterday.**
그는 어제 음주 운전으로 걸렸대.

B: **No wonder! He's been drinking every day.**
그럴 줄 알았어! 매일 마시더니.

more
❶ '음주 운전'은 'DUI'라고 합니다. 'Driving Under the Influence (of alcohol, drugs)'의 줄임말입니다. 술이나 마약 등에 취한 상태에서 운전을 하여 경찰에게 걸린 경우 'DUI'라고 하며 미국에서는 음주 운전으로 걸리면 fine(벌금)이나 community service(사회봉사), 또는 심지어 'DUI school(학교)'까지 다녀야 합니다.

203. The party was really rad.
그 파티 끝내줬어.

A: **How was the play?**
연극 어땠어?

B: **That play was rad❶!**
훌륭했어!

more

❶ rad는 '근사한, 훌륭한'의 의미의 구어로 very good과 비슷합니다.

204. He's a party pooper.
그는 늘 파티의 흥을 깬다.

A: **I cannot see his name on the list. Didn't you invite him?**
그의 이름이 손님 리스트에 안 보이네. 초대 안 했어요?

B: **Hell no,❷ I didn't.
He's just a party pooper.❶**
안 했어. 파티 분위기만 깰 텐데 뭐.

more

❶ party poop(er)는 분위기 좋을 때 빠져나가거나 모임의 흥을 깨는 사람을 두고 쓰는 말입니다. 모두 기분 좋게 놀고 있는데 술에 취해 추태를 부리거나 일찍 일어나서 가는 사람이 모두 party poop(er)입니다.

❷ 예문의 Hell no.는 No way.보다 더 강한 느낌의 '안 돼!'라는 부정의 표현입니다.

205. What's all that noise about?
왜 그렇게 시끄러운가요?

A: **What's all that noise about?**[1]
I can't get to sleep.
왜 이렇게 시끄러운 거죠? 잠을 잘 수가 없어요.

B: **They're having a birthday party upstairs.**
위층에서 생일 파티를 하고 있어요.

more

[1] 소음 때문에 불평하거나 불편을 호소할 때 What ~ about?을 사용한 이 표현을 쓰면 됩니다. I can't stand that noise.(저 소음은 참을 수가 없어요.)라는 표현도 함께 사용하면 좋습니다. 참고로, noise는 '소음'이라는 의미의 명사이고 형용사는 noisy로 '소음의, 시끄러운'이라는 뜻입니다. '거리의 소음'은 street noise라고 하면 되고, '큰[시끄러운] 소음'은 a loud noise라고 합니다.

Unit 8 | Shopping & Stores

206. Where can I buy water?
물을 어디서 살 수 있나요?

A: **Where can I buy film?**❶
어디서 필름을 살 수 있나요?

Do they sell some housewares there?❷
거기 주방용품 파나요?

more

❶ 쇼핑센터에서 사고자 하는 물건을 파는 곳을 물을 때 위와 같은 표현을 씁니다. 찾는 상점 이름을 안다면 간단히 Where is ~?, Can you tell me where ~ is?를 사용해서 Where is stationery?(문구용품점은 어디에 있나요?)처럼 표현하면 됩니다.

❷ 그 상점에 내가 살 물건을 파는지 묻는 표현입니다. housewares(주방용품)는 주로 부엌용품이나 그릇 따위를 칭할 때 씁니다. 상점 안에서 물건을 찾을 때나 백화점 등에서 특정 가게가 있는지를 물을 때 Do you carry[have] ~?라고 점원에게 물으면 됩니다. 예를 들어, Do you have any men's underwear here?(남자 속옷 여기 있습니까?)라고 합니다.

참고
- 남성복: men's wear
- 남성화: men's shoes
- 여성복: women's wear
- 여성화: women's shoes
- 화장품: cosmetics
- 운동화: sneakers
- 속옷: underwear / panties (여자 또는 아이용)

207. Which floor is the shoe store on?
신발가게는 몇 층에 있나요?

A: **Which floor is men's wear?**❶
남성의류는 몇 층에 있나요?

B: **It's on the third floor**❷.
3층에 있습니다.

more

❶ 어떤 상점이 몇 층에 있느냐를 물을 때에는 Which floor is ~?을 써서 표현하거나 혹은 Where do you have[carry] men's wear?(남자 옷은 어디에 있나요?)라고 표현할 수 있습니다.

❷ '층'을 나타낼 때는 늘 서수를 쓰고 서수 앞에는 the를 쓴다는 것도 기억하세요.

208. I'm just looking around.
그냥 둘러보고 있어요.

A: Hi, there.
Is there something you're looking for?
안녕하세요. 뭐 찾으시는 것 있으세요?

B: **I'm just looking around.**❶
그냥 둘러보고 있어요.

A: Alright. Just let me know when you need anything.
네, 뭐 필요하신 게 있으시면 알려주세요.

more

❶ shop에 들어가면 직원들이 How can I help you?(어떻게 도와드릴까요?)나 Is there something you're looking for?(뭐 찾으시는 것 있으세요?)라고 묻죠. 그럴 때 편하게 둘러보고 싶은 경우이면 I'm just looking around.나 간단하게 Just looking!이라고 하면 됩니다. 만일 찾는 것이 있으면 'Yes, I'm looking for ~ .'라고 답하면 됩니다.

209. Can I try this on?
입어 봐도 될까요?

A: **Can I try this on?**❶
입어 볼 수 있나요?

B: Yeah.
네.

A: Where's the fitting room❷?
네, 입어 보는 곳이 어딘가요?

B: It's right there. Follow me.
Let me know if you need a different size or anything.
바로 저기예요. 저를 따라오세요. 다른 사이즈나 뭐 필요한 게 있으면 말씀하세요.

A: I like this shirt, but I don't think❸
it will fit❷ me.
난 이 셔츠가 맘에 드는데, 나한테 안 맞을 것 같아.

B: Come on, **try it on!**
어서, 입어 봐!

more

❶ try on은 '옷을 (한 번) 입어 보다'라는 뜻이고 Try it!은 뭐든 시도해 보라는 권유의 표현입니다. 따라서 try it on이라고 하면 '그 옷을 한 번 입어 봐'라고 권할 때 쓸 수 있습니다. 반면에 You're eligible to enter the game. Try it!(너는 게임에 출전할 자격이 있어. 시도해 봐!)과 같이 try it은 상대방에게 뭔가를 권유할 때 자주 사용할 수 있으며 '시도해 보는 게 어때?'는 Why don't you try?(=Why don't you give it a try?)라고 표현해도 좋습니다.

❷ 옷을 입어 보는 장소를 fitting room이라고 하고, 옷을 입어 본 후에 '잘 맞는다'는 표현은 fit을 사용하거나 look good on이라고 합니다.

ex
- It fits you. (잘 맞는다.)
- It looks good on you. (네게 잘 어울린다.)

❸ 예문에서의 〈I don't think S+V~〉라는 패턴은 '내 생각에 (~이) 아닐 것 같다'라는 의미로, 많이 쓰는 표현이니 익혀두세요.

210. It looks good on you.
당신에게 잘 어울립니다.

A: How do I look?②
Don't you think it's too baggy③?
나 어때요? 너무 큰 거 같지 않은가요?

B: Wow, that looks good on you!①
Why don't you get that?
와우, 당신한테 잘 어울려요! 사지 그래요?

more

① 옷만이 아니라 모자, 선글라스, 안경, 가방이 잘 어울리는 경우에 쓸 수 있습니다.
② How do I look?은 꼭 기억해두세요. 내 옷 차림이나 헤어스타일, 몸매에 대해 물어볼 때 쓸 수 있는 표현입니다.
③ baggy는 loose와 같은 뜻으로 '헐렁한'이라는 뜻으로 쓰이며 반대말은 tight입니다.

211. I'll take it.
이거 살게요.

A: Did you wanna get this?
이거 사시겠어요?

B: Yeah, I'll take it①, and that one, too.
네, 주세요. 그리고 저것도요.

A: Oh, so you want both of them?
오, 그러니까 두 개 다요?

B: Um-hum.②
네.

more

① '사겠다'는 표현을 할 때 언제나 buy를 쓰지는 않습니다. 쇼핑을 할 때는 I'll take it[them].이나 I'll get that[them]. 또는 This one, please! 정도로 쓰면 좋습니다.
② 예문에 있는 Um-hum은 '음흠'이라 발음하며 긍정이나 동의에 쓰는 말로 뒤를 올려서 발음하는 것이 좋습니다. 반대로 'Uh-uh'는 '아니'라는 의미로 앞을 올려서 '어어'라고 발음하며 'no'의 의미로 쓰인다는 것도 알아두세요.

212. Please show me another one.

다른 걸 보여주세요.

A: Can I help you?
도와 드릴까요?

B: Yeah, I'm looking for a turtle neck sweater❶.
네, 목이 올라온 스웨터를 찾고 있는데요.

A: OK, come this way.
I'll show you one we have. Here it is.
네, 이쪽으로 오세요. 하나 보여드릴게요. 여기요.

B: I don't like it. It is too thin. Could you show me another one?
맘에 들지 않아요. 너무 얇군요. 다른 것 좀 보여주실래요?

A: Oh, that's the only kind we have right now. I'm sorry.
그게 지금 우리가 갖고 있는 딱 한 종류예요. 죄송합니다.

more

❶ 목이 올라오는 셔츠나 스웨터를 '목폴라'라고 하는데 영어로는 turtle neck shirt[sweater]입니다.

213. Do you have anything smaller (than this)?

(이거보다) 좀 더 작은 거 있나요?

A: This is too baggy.
Do you have anything smaller than this?❶
이거 너무 헐렁한데요. 이거보다 좀 작은 거 있나요?

B: No, that is supposed to be that way.
You look good.
아니요, 그건 원래 그렇게 입어요. 잘 어울리는데요.

more

❶ 입어 본 옷이 크거나 작을 때 위의 표현을 사용하여 본인이 원하는 상품을 달라고 하면 됩니다. 예문에서 쓴 baggy는 loose와 같이 '헐렁한'의 뜻이며 반대로 너무 꽉 맞거나 작을 때는 tight나 small로 표현하며 Do you have bigger one?이라고 물으면 됩니다.

214. Do you have this in my size?

내 사이즈로 나온 게 있나요?

A: **Excuse me, do you have this in my size**[1]**?**
실례하지만, 이거 내 사이즈로 나온 게 있나요?

B: **What size are you wearing?**
사이즈가 몇이신가요?

A: **4.**[2]
4요.

B: **They're running a little small,**[3] **so I'll get you a 6. I'll be right back.**
우리 사이즈는 좀 작게 나오니까, 6을 드려볼게요. 금방 올게요.

A: **I like this one, but do you have this in red?**[4]
이거 맘에 드는데요, 빨간색 있나요?

B: **I think we do. I'll go check in the back**[5]**.**
있는 것 같아요. 창고에 가서 확인해 볼게요.

more

[1] '내 사이즈로'라는 표현은 in my size라고 합니다.

[2] 외국에서 사용하는 사이즈는 한국과 다르니 알아두면 편할 듯 합니다. 한국은 44, 55, 66 혹은 100, 105 등으로 나타내는 반면에 외국에서는 2, 4, 6, 8 등으로 표현하는 경우가 많습니다. 남자 정장은 42, 44, 46 등이나 XS, S, M, L, XL, XXL를 많이 씁니다. 신발의 경우, 여자, 남자 모두 7, 7 2/1 (seven and half), 10, 10 2/1 (ten and half) 등으로 사용합니다.

[3] be running small[big]이란 말은 '표준 사이즈보다 작게[크게] 나오다'라는 의미로 shop마다 조금씩 다르게 나올 수 있으므로 이런 설명을 해주곤 합니다.

[4] 표현을 응용하는 방법으로 size 대신에 색을 넣어서 사용할 수 있습니다. 예를 들어, Do you have this in black?처럼 '이걸로 검정 색이 있나요?'라고 물을 수 있습니다.

[4] the back은 진열해 놓지 않은 물건들이 있는 뒤쪽의 창고쯤으로 이해하면 됩니다. 창고에 있는 재고 중에 자신이 찾는 물건이 있는지 확인해 달라는 부탁을 할 때 Can you check in the back?이라고 할 수 있습니다.

215. I like that one better.
저게 더 마음에 드네요.

A: OK, then how about this one?
What do you think?
네, 그럼 이건요? 어때요?

B: Yeah, this is exactly what I'm talking about! I like this one better.❶
네, 내가 말하던 것이 바로 이거에요! 이게 더 좋네요.

more

❶ 여러 물건을 비교하다가 더 맘에 드는 물건이 보인 경우에 This one is (a lot) better.이라고 해도 같은 의미가 됩니다.

216. I like this one best.
이게 제일 좋네요.

A: Hello, do you guys carry❶ women's perfume here?
안녕하세요, 여기서 여자 향수를 파나요?

B: Sure, we do.
We have testers❷ right here.
그럼요, 여기 샘플들이 있습니다.

A: Um, I like this one best.
음, 이게 제일 좋은데요.

B: That one is brand-new. Is this it?
그건 신상품이에요. 이거면 되나요?

A: Yep, that's it.❸
네, 그거면 됩니다.

more

❶ carry는 어떤 물건을 그 상점에서 구비하고 있는지 물을 때 사용합니다.
❷ tester는 고객이 먼저 써보고 결정할 수 있게 놓아둔 상품으로 우리가 흔히 말하는 '샘플'입니다. 주로 화장품이나 향수를 살 때 Do you have a tester?라고 물어보고 사용해 본 후에 사면 좋습니다.
❸ That's it.은 That's all.로 써도 무방합니다.

217. Let me think it over.

잠깐 생각 좀 해볼게요.

A: **Are you gonna take this?**
이거 사시겠어요?

B: Well, I'll think about it.❶
글쎄요, 생각 좀 해보고요.

more

❶ '생각해 보겠다'는 표현으로 어떤 상황에서나 위의 표현을 쓸 수 있습니다. 쇼핑의 경우, 살 것인지 묻는 점원에게 '생각 좀 하겠다'며 이 표현을 사용하면 더 이상 뒤따라 다니며 불편하게 하지 않습니다.

다른 말로 I'll let you know when I need your help. Thank you.(도움이 필요하면 부를게요. 고마워요.)라고 해도 좋으며 Let me think for a while. / Let me think it over. / I'll think about it. 모두 같은 의미로 사용할 수 있습니다.

218. I think I'll shop around.

다른 곳도 둘러봐야겠어요.

A: **Is there anything you like?**
마음에 드는 거 있으세요?

B: I think I'll shop around❶. If I cannot find anything better than this, I'll come again.
다른 데도 둘러보고요. 이거보다 더 나은 게 없으면 다시 올게요.

more

❶ shop around는 여기저기, 다른 곳을 둘러보겠다는 뜻으로 쇼핑할 때 우리가 자주 사용하는 표현입니다.

219. How much are these all together?

전부 얼마예요?

A: How much are these all together?❶
이것들 전부 얼마예요?

B: Oh, this one is buy one get one free❷.
Why don't you go get another one?
아, 이것은 하나 사면, 하나 공짜인데요.
가서 하나 더 가져오시지 그래요?

A: That's nice. I'll go get one, hold on.
좋네요. 가서 가져올 테니 기다리세요.

more

❶ register(계산대)에서 쇼핑한 물건들을 계산할 때 많이 들을 수 있는 표현입니다.

❷ Buy One Get One Free는 미국에서 흔히 쓰이는 말로 '하나 사면 하나 공짜'를 뜻합니다. 우리가 one plus one이라고 부르는 것과 같은 의미입니다. 하지만 실제로 one plus one은 사용하지 않으며 'BOGO'라고 하는데 Buy One Get One free or half off의 이니셜을 딴 것으로 가게 앞에 크게 붙여둡니다. half off는 하나 사면 두 번째 사는 것은 반값으로 판다는 뜻입니다.

220. Is this free?

공짜인가요?

A: If you have a gift coupon❷,
you can take it for free❶.
경품권이 있으시면 이것은 공짜입니다.

B: You mean no charge?
공짜라는 거죠?

more

❶ '공짜'는 free라는 단어를 사용해서 표현합니다. charge에는 여러 가지 뜻이 있지만 '값을 매기다, 청구하다' 또는 '요금'이라는 뜻이 있어 no charge라고 하면 free와 같은 의미가 됩니다.

❷ '경품권'은 gift coupon, '상품권'은 gift certificate입니다.

221. Can you come down on the price?
좀 깎아 주실래요?

A: **It's too expensive. I cannot afford it. Do you have anything cheaper than this?**
너무 비싸요. 이걸 살 여유는 안돼요.
이보다 더 싼 것은 없나요?

B: **Well, how about this one then?**
글쎄요, 이건 어떠십니까?

A: **This one is still too much.**
Can you come down on the price?❶
이것도 비싸네요. 좀 깎아주실 수 있어요?

B: **No, we can't. It's a bottom price❷.**
아니요, 안됩니다. 이게 최저 가격이에요.

more

❶ haggle(흥정하다, 값을 깎다)하는 경우에 사용할 수 있는 표현들로 '가격을 깎다'는 come down on the price라고 합니다.

❷ '최저 가격'은 the bottom price라고 하며 '비싸다'는 표현은 The price is too high. 또는 That's too much.정도로 표현할 수 있습니다. '너무 비싸게 받는다.'는 뉘앙스의 표현은 You charge me too much. 또는 You overcharged me.를 써도 되며, '비싸게 팔다'는 sell at high price라고 합니다.

222. Give me a good deal!
싸게 해 줘요.

A: **I think I got a good deal❶ on the car.**
차를 싸게 산 거 같아.

B: **It was a real good buy.**
정말 싸게 잘 샀어!

more

❶ good deal은 '좋은 거래'라는 의미에서 '싸게 잘 산'이라는 뜻으로 쓰입니다. 거의 훔친 것이나 다름없을 만큼 물건을 싸게 구입한 경우에는 It was a steal!이라는 표현을 쓰기도 합니다.

223. Is this on sale now?
이거 세일 중인가요?

A: **Is this on sale① now?**
이 상품 지금 세일 중인가요?

B: **Yes, that's 30% off now.**
네, 30퍼센트 세일하고 있습니다.

A: **When is it going to be on sale?**
그거 언제 세일하죠?

B: **We're going to have a big sale after Thanksgiving.**
추수감사절 후에 큰 세일이 있을 겁니다.

> more
>
> ① '세일 중'을 말할 때는 on sale을 씁니다. 어떻게, 얼만큼 세일하는지를 말할 때는 '%'와 함께 off를 써서, 예를 들어 반값에 파는 거면 '50% off'라고 합니다. 참고로, 미국에서 가장 크게 세일을 하는 때는 Thanksgiving(추수감사절) 후나 크리스마스 후입니다.

224. Could you wrap this up as a gift?
선물이니 포장해 주세요.

A: **Do you wrap up here?**
여기서 포장해 주나요?

B: **Yes, we do. Do you want to wrap① these up all together?**
네, 해드립니다. 이거 전부 한꺼번에 포장해 드릴까요?

A: **No, wrap them separately, please.**
아니요, 따로따로 포장해 주세요.

> more
>
> ① 선물의 용도로 매장에서 포장을 하는 것을 wrap up이라고 합니다. 대개 포장을 해주지만 안 되면 No, but we can give you a box.(박스는 드릴 수 있습니다.)로 답하기도 합니다. 또한, wrap은 '감싸다, 덮어 싸다' 등의 뜻으로 많이 쓰여 Wrap up well when you go out.(나갈 때 옷 따뜻하게 입어.)과 같이 사용할 수도 있습니다.

225. It's twenty bucks even.
20불입니다.

A: **How much is it?**
얼마예요?

B: **It's 15 bucks** **even.**
딱 15불이에요.

more

❶ buck은 dollar와 같은 표현으로 2 bucks, 3 bucks와 같이 작은 액수에서 dollar보다 buck를 많이 씁니다. 미국은 tax(세금)가 있기 때문에 딱 떨어지는 가격이 나오는 일이 거의 없습니다. '2달러 75센트', '24달러 10센트'처럼 뒤에 센트가 붙기 마련인데 센트가 붙지 않는 딱 떨어지는 값 뒤에 even을 쓰면 좋습니다. even은 '짝수'라는 의미로도 많이 쓰이며 참고로, '홀수'는 odd라고 합니다.

226. Would you put this in a bag, please?
이거 가방에 넣어 줄래요?

A: **Could you put that in a bag?**
가방에 넣어 주실래요?

B: **Do you want paper or plastic**❶**?**
종이 가방에 넣어 드릴까요, 비닐 봉지에 넣어 드릴까요?

more

❶ 우리가 흔히 사용하는 '비닐 봉지'라는 것은 영어로는 plastic bag(플라스틱 백)이라고 합니다. binyl은 [비닐]이 아니라 [바이늘]이라고 발음한다는 것도 기억해두세요.

227. Can you exchange this?

이거 교환해 주실래요?

A: I got this yesterday, but I'd like to exchange❶ this.
이거 어제 샀는데 교환하고 싶어요.

B: Is there something wrong with that?
뭐 문제라도 있나요?

A: No, I just want to change it to another color.
아니요, 다른 색으로 교환하고 싶어요.

B: OK, go ahead and grab❷ the one you want.
그러세요. 가셔서 원하는 색으로 가져 오세요.

more

❶ 산 물건을 다른 것으로 교환하고 싶을 때 exchange를 써서 표현합니다.

❷ '움켜잡다'의 뜻인 grab은 '급히 (~) 하다, (기회를) 잡다' 등의 뜻으로 쓰기도 합니다.

228. Any particular reason(s)?

무슨 특별한 이유라도 있나요?

A: I want to get a refund for this.
반품하고 싶어요.

B: Ok, but is there any particular❶ reason?
네, 그런데 무슨 특별한 이유라도 있나요?

more

❶ particular는 '각별한, 특유의'라는 뜻으로 '무슨 특별한 이유라도 있니?'라고 물어보는 경우에 쓸 수 있습니다. a particular friend of mine이라고 하면 '각별히 친한 벗'을 뜻하기도 합니다.

229. I'd like to get a refund.
환불해 주세요.

A: **Can I get a refund**❶**?**
환불해 주실래요?

B: **Do you have a receipt**❷**?**
영수증 있으십니까?

A: **Yes, I do. Here it is.**
네, 있어요. 여기요.

B: **Can I have your credit card so that we can give you your credit back**❸**.**
환불해 드리게 신용카드 주시겠어요?

A: **Sure.**
네.

more

❶ '교환'이 exchange라면 '환불'은 refund입니다.

❷ 교환시에는 꼭 영수증이 있어야 하는데 영수증에 해당하는 영어 단어인 receipt은 발음할 때 주의해야 합니다. 'p'가 묵음이므로 [뤼씹트]가 아니라 [뤼씻]이라고 해야 합니다.

❸ give your credit back은 쓴 금액 만큼 카드에 다시 넣어주는 것을 말합니다.

230. Five times six is thirty.
5 곱하기 6은 30이다.

A: **If you multiply**❶ **3 by 5 then you get 15.**
3에 5를 곱하면 15가 된다.

more

❶ '곱하기'는 multiply 혹은 (~) times를 쓰면 됩니다. 기본적으로 알아야 할 산술 표현은 아래와 같습니다.

관련표현
- Add 3 to 12 and it will be 15. (3과 12를 더하면 15가 된다.)
- Subtract 7 from 12 and you will have 5. (12에서 7을 빼면 5가 된다.)
- 12 divided by 2 is 6. (12 나누기 2는 6이다.)

231. I want 4 big ones and 5 twenties.
100불 4장과 20불 5장으로 주세요.

A: **I want to withdraw 500 dollars.**
500불을 인출하고 싶어요.

B: **OK. How would you like your bills?**
어떻게 드릴까요?

A: **I want 4 big ones and 5 twenties.❶**
100불 4장과 20불 5장으로 주세요.

A: **Can you change❷ this bill into quarters?**
I need to get something from a vending machine.
이 지폐를 25센트로 바꿔 주실 수 있나요? 자판기에서 뭐 좀 사려고요.

more

❶ 은행에서 돈을 찾을 때 많이 들을 수 있는 대화입니다. ten, twenty 같은 말은 한국어로 '만 원 권', '5만 원 권'처럼 지폐 단위로 이해하면 됩니다.
  ex •10불짜리 열 장: 10 tens •20불짜리 다섯 장: 5 twenties •50불짜리 두 장: 2 fifties

❷ 큰 단위의 지폐를 작은 단위의 지폐나 동전으로 바꿀 때 쓰는 표현으로 break it to나 make it to 혹은 change가 있습니다. 1불짜리 몇 장으로 바꿔 달라고 말할 때는 앞에 숫자를 써서 몇 장을 표시하고 뒤에 ones라고 하면 됩니다. 예를 들어, 20불을 1불짜리 20장으로 바꾸고 싶으면 Can you break this to 20 ones please?라고 합니다.

232. I want to get a haircut.
머리를 자르고 싶습니다.

A: **How would you like your hair done?**
머리를 어떻게 해 드릴까요?

B: **I want to get a perm❶.**
파마를 하고 싶어요.

more

❶ '머리를 자르다'는 그냥 cut을 쓰기 보다는 get a haircut 또는 have a haircut으로 쓰는 것이 좋습니다. haircut 대신에 trim(다듬다), perm(파마)를 넣어 활용할 수 있습니다.

233. That car would cost you a fortune.
그 차는 굉장히 비쌀 거야.

A: **I'm gonna get that suit this weekend.**
나 이번 주말에 저 정장을 사려고 해.

B: **That suit would cost you a fortune.**❶
저 옷 굉장히 비쌀 텐데.

A: **I know. Lately I've been saving some money for that.**
알아. 최근에 저거 사려고 돈을 모았어.

more

❶ How much does it cost?의 표현에서 cost는 '값을 매기다'라는 의미입니다.
cost you a fortune과 비슷한 표현으로 It must be very expensive.나 That's a stiff price.(너무 비싸.)가 있습니다. fortune은 '재산'이라는 뜻이며 stiff는 구어로 '터무니없이 비싼'이라는 의미입니다.

---

234. I can't afford it.
여유가 안 돼요.

A: **Nowadays I'm very tired because of a long commute.**
요새 출퇴근 시간이 많이 걸려서 정말 피곤해요.

B: **How about buying a car?**
차를 한 대 사는 게 어때요?

A: **I'm not rich enough❷ to afford❶ a car.**
나는 차를 구입할 만큼의 경제적 여유가 없어요.

more

❶ afford는 경제적, 시간적으로 '(~을) 할 수 있다', '(~할) 여유가 있다'는 뜻으로 I can't afford it. It's too expensive.(너무 비싸서 살 여유가 없다.)는 자주 들을 수 있는 표현이며 경제적인 것 뿐 아니라 I can't afford to have a vacation.(휴가를 낼 여유가 없다)처럼 시간적인 여유가 없는 경우에도 쓸 수 있습니다.

❷ 〈형용사+enough〉는 '(~)하기에 충분한'이라는 의미로 예를 들어 She's not strong enough to make that long trip.이라고 하면 '그녀는 그런 긴 여행을 할 만큼 체력이 되지 않는다.'라는 문장이 됩니다.

235. Do you think it's worth it?

그만한 가치가 있다고 보니?

A: **I'm gonna get it.**
나 이거 살래.

B: **Are you serious? It's too expensive. Do you think it's worth❶ it?**
진심이야? 너무 비싸잖아. 그만한 가치가 있다고 생각하니?

more

❶ '가치가 있다'는 be worth 또는 be worthy of로 쓸 수 있습니다. I'm worthy of it.이라고 하면 '난 그럴 만한 가치가 있는 존재다.'라는 뜻이며 It is worth all the trouble.(그것은 그렇게 애쓸 가치가 있다.)는 의미입니다.

236. How long could it last?

얼마나 버틸 수 있을까요?

A: **How long does this battery last?❶**
이 배터리는 얼마나 가요?

B: **It's gonna last for about 10 hours on 1 charge.**
한 번 충전으로 10시간은 지속될 겁니다.

more

❶ last는 '마지막, 지난'이라는 의미로 last year(지난해) 또는 That was your last chance.(마지막 기회) 처럼 쓰이기도 하지만 대화에서처럼 동사로 쓰이면 '지속되다, 견디다'라는 뜻이 됩니다. How long ~?을 사용한 How long could it last?라는 문장은 사람의 감정, 물건의 성능, 혹은 경제, 재정 상태 등이 얼마나 오래 지속될 수 있을지 물을 때 쓸 수 있습니다.

237. Are you in line?
줄 서 있는 건가요?

A: **Are you in line?**[1]
줄 서 계신 거예요?

B: No, I'm just waiting for my friend.
Maybe that's the line.
아니요, 전 그냥 친구를 기다리고 있는 중이에요.
아마 저게 줄일 거예요.

more

[1] 미국은 밖에 나가면 화장실 등에서 줄을 서는 일이 흔하기 때문에 위의 표현은 외출 시 늘 쓸 수 있는 표현입니다. in line의 in을 on과는 혼동하지 마세요. on line에는 인터넷을 하고 있다는 뜻이 있습니다.

관련표현
- Is this the end of the line? (여기가 줄의 맨 끝인가요?)
- We'd better line up. (줄 서자.)

238. Is it my turn (now)?
내 차례예요?

A: Hey, wait for your turn!
여보세요, 순서를 기다리세요!

B: Oh, I'm so sorry,
I thought **it was my turn**[1].
어, 미안해요, 내 순서인 줄 알았어요.

A: Well, wait your turn.
I've been in this line for a long time.
당신의 순서를 기다리세요. 나는 이 줄에 서서 오래 기다렸어요.

more

[1] '순서, 차례'의 의미로 turn이 많이 쓰입니다. 위의 예문에서 쓰인 표현들은 주옥같이 좋은 표현이니 모두 함께 익혀두는 것이 좋겠습니다.

239. I'm a regular there.
나는 거기 단골이야.

A: **Do you know the restaurant on the corner?**
모퉁이에 있는 그 식당 알아?

B: **I'm a patron❶ of that restaurant.**
내가 그 식당의 단골이야.

more

❶ '손님'은 영어로 customer지만 '단골손님'이라고 하면 간단하게 regular 또는 patron이라고 쓰면 됩니다. 아주 중요한 귀빈에게는 VIP(very important person)라고 합니다.

240. How much is the estimated cost?
견적이 얼마나 나왔습니까?

A: **Can you give me an estimate❶?**
견적 좀 내주시겠어요?

B: **Sure. Here it is.**
알겠습니다. 여기요.

A: **This is very different from the original cost!**
이건 원래 냈던 견적과는 다른데요.

B: **Yeah, we gave you a special discount.**
네, 저희가 특별 할인을 해드렸습니다.

more

❶ estimate는 '추정치, 견적(서)'라는 뜻이고 estimated cost라고 하면 '견적 비용' 즉, 미리 대략적으로 산출해 낸 비용을 뜻합니다. 차 수리를 맡기거나 일을 부탁할 때와 같이 미리 소요되는 비용을 묻는 모든 상황에서 쓸 수 있습니다. 과하게 매겨진 견적은 overestimation, 낮게 매겨진 견적은 underestimation이라고 한다는 것도 함께 알아두세요.

241. He's good at haggling.
그는 값을 잘 깎는다.

A: I'm gonna buy a new car.
나 새 차 사려고 해.

B: Really? Take me.
I'm good at haggling❶.
정말? 나랑 같이 가. 내가 가격을 잘 깎아.

A: The salesman and customer haggled over the price of furs.
판매원과 고객은 모피코트 가격을 두고 옥신각신했다.

more
❶ haggle은 '값이나 조건 등을 흥정하다, 값을 깎으려고 옥신각신하다'의 뜻으로 쓰입니다. 값을 조정할 때에는 negotiate나 deal을 써서 표현하면 됩니다. 참고로 미국에서는 차를 살 때 늘 가격을 흥정한다는 것도 함께 알아두세요.

자주 쓰이는 쇼핑 관련 어휘

가격표	price tag	지갑	wallet / purse
영수증	receipt	향수	perfume
BOGO	Buy One Get One free	양복	suit
수제의	handmade	기념품	souvenir
교환(하다)	exchange	보석류	jewelry
반품(하다)	refund	모피	fur
계산대	register	백화점	department store[mall]
고객서비스(고객센터)	customer service	벼룩시장	flea market
배달 / 배달하다	delivery / deliver	현금 / 신용카드	cash / credit card
수선 / 수선하다	alteration / alter	세금 / 면세의	tax / duty-free

석 달에 끝내는 552 실생활 표현

Unit 9 Descriptions

242. What's he like?
그 남자 성격이 어때?

A: **What's he like?**[1]
그 남자 성격 어때?

B: **He has an easy-going**[3] **and open-minded attitude**[2].
편안하고 솔직한 성격이야.

more

[1] 성격이 어떠냐는 질문은 What kind of personality do you have?인데 '(~)처럼, (~)같이'라는 의미의 전치사 like를 써서 What's he like?라고 표현할 수도 있습니다. '그는 무엇을 좋아하니?'라는 What does he like?와는 다르니 구분해서 사용해야 합니다.

[2] attitude는 '태도, 자세, 성질'이라는 의미로, 속어로 He's got attitude.라고 하면 '그는 성질이 있다.'라는 의미가 됩니다.

[3] easy-going은 구김살 없이 명랑하고 편안한 성격을 말하며, 다음은 성격과 관련된 표현들이니 함께 익혀두세요.

관련어휘

• honest: 정직한	• skeptical: 의심이 많은
• positive: 긍정·적극적인	• negative: 부정적인
• open-minded: 개방적인, 솔직한	• jealous: 질투심이 있는
• creative: 창조적인	• quick-tempered: 급한
• patient: 인내심 많은	• lazy: 게으른
• generous: 너그러운	• selfish: 이기적인
• humorous: 유머감각이 있는	• shy: 부끄럼 타는
• efficient: 유능한	• forgetful: 건망증 있는
• stubborn: 완고한, 고집이 센	• cautious, timid: 소심한, 겁 많은

243. She's not only kind but also honest.
그녀는 친절할 뿐 아니라 정직하다.

A: He's not only humorous but also❶ generous❷.
그는 유머감각이 있을 뿐만 아니라 이해심도 넓다.

She's not only kind but also honest.

more

❶ 〈not only A but also B〉는 'A 뿐만 아니라 B도'라는 뜻으로 여러 가지의 표현에 적용하여 쓸 수 있는데 표현에서처럼 형용사 뿐만 아니라 명사나 대명사와 함께 Not only you but also she is smart.(너뿐만 아니라 그녀도 영리해.)와 같은 문장을 만들어 쓸 수 있습니다.

❷ generous는 '관대한, 이해심 많은'이라는 의미로 특히 마음도 넓고 돈도 잘 쓰는 남자에게 잘 쓰는 표현입니다.

244. He is full of self-confidence.
그는 자신감으로 똘똘 뭉쳤다.

A: Can you make it?
I'm concerned about❷ that so much.
해낼 수 있겠어? 나 너무 걱정돼.

B: Thanks for caring about me, but don't worry. I'm full of self-confidence.❶
You won't be disappointed.
신경 써줘서 고마운데 걱정 마. 난 자신 있어.
너를 실망시키지 않을 거야.

He is full of self-confidence.

more

❶ self-confidence는 '자신감'이라는 뜻으로 confidence만 써도 같은 뜻이 됩니다. 거기에 full을 붙여서 '꽉 찬'의 의미를 나타내 주게 되는데, 이에 반해 '자신 없는 사람'은 a man without self-confidence 라고 표현합니다. 또한 '자신이 있다'는 I feel confident of success.(나는 성공할 자신이 있다.)처럼 〈be confident of~〉를 써서 나타낼 수 있습니다.

❷ 〈be concerned about[of] ~〉는 worry와 같이 '걱정하다'는 의미의 숙어입니다.

245. I'm nothing but a chicken.
나는 겁쟁이일 뿐이다.

A: I asked her out, but she turned me down❸.
그녀에게 데이트 나가자고 했는데 거절당했어.

B: Did you ask her again?
다시 물어봤어?

A: No. I don't have the guts❹ to ask her to go out again. I'm nothing but❶ a chicken❷.
아니. 난 데이트 하자고 다시 물을 배짱이 없어. 난 겁쟁이야.

more
❶ nothing but은 '(~) 말고는 아니다' 혹은 '(~일) 뿐이다'라는 의미로 He's nothing but a trouble.이라고 하면 '그는 골칫거리다.'라는 의미가 됩니다.
❷ chicken은 '닭'이지만 '겁쟁이' 즉, coward의 의미로도 씁니다. 특히 남자에게 많이 쓰는데, 용기나 패기가 없는 사람이나 어린 아이를 두고 사용합니다. 참고로, chicken pox는 '수두'를 말합니다.
❸ turn down은 '거절하다'는 뜻으로 refuse와 같은 의미입니다.
❹ gut은 '내장'이라는 뜻이지만 회화에서는 '끈기, 용기, 결단력'의 의미로 '배짱'이라는 뜻입니다.

246. He is always bad-mouthing.
그는 언제나 말이 거칠다.[그는 늘 험담을 해.]

A: She thinks that she's something, but she's nothing but ugly.
그녀는 자기가 뭐나 되는 줄 아는데, 못생기기나 했지 사실 아무 것도 아니야.

B: Don't say that. She's a nice person. You're always bad-mouthing❶.
그런 소리 마. 괜찮은 애야. 넌 항상 남의 흉을 보더라.

more
❶ 관련어휘
- bad-mouth: (~에 대해) 안 좋게 말하다, 험담하다
- name-calling: 욕하기
- harsh[violent] language: 거친 말
- badmouth: 욕, 비방
- backbite: (뒤에서) 험담하다

247. He's usually like that.
그는 원래 그런 사람이야.

A: He studies awfully hard❷. He stayed up all night preparing himself for the examination.
그는 정말 지독하게 공부해. 밤새 앉아서 시험 준비를 했어.

B: He's usually like that.❶ If it goes well, he may get to be a great man.
그는 원래 그래. 다 잘 된다면 큰 인물이 될 거야.

more

❶ He is usually like that.은 좋은 의도, 나쁜 의도 모두에 쓸 수 있습니다. 고치지 못하는 오래된 나쁜 행동에 쓰면 No wonder.(의심할 것도 없이 뻔하다)와 비슷한 의미입니다. 물론 '난 늘 그래, 원래 그래'라고 할 때도 I'm usually like this.라고 표현하면 됩니다.

❷ awfully hard는 '악바리처럼 열심히' 한다는 의미입니다.

248. He's too green.
그는 완전 초보자다.

A: She's a green hand❶ because she's new here.
그녀는 여기에 새로 왔기 때문에 초보야.

B: OK, I'll give her lessons.
알았어. 내가 좀 가르칠게.

more

❶ '초보자'는 beginner로 많이 쓰지만 회화에서는 green, a green hand를 많이 쓰며, '서투른'이라는 의미에는 형용사인 clumsy를 많이 씁니다. 주로 기술이나 일이 아직 익숙하지 않을 때 green을 쓰며, 뭐든 잘하지 못하거나 덜렁대는 경우에는 clumsy를 많이 씁니다. He is so clumsy that he is always losing things.라고 하면 '그는 너무 덜렁대서 늘 물건을 잃어버린다.'라는 의미가 됩니다.

249. He is a freeloader.
그는 공짜를 너무 좋아해.

A: **Is he gonna join us?**
그가 올까?

B: **I bet. He is a freeloader.❶**
물론이지. 공짜를 얼마나 좋아하는데.

more

❶ freeloader는 '공짜를 좋아하는, 공짜만 밝히는, 공짜로 얻어먹는 사람'을 가리켜 쓰는 표현입니다. '공짜' 는 가장 흔히 free를 많이 쓰므로 '이거 공짜예요?'라는 표현은 Is this free?라고 간단히 말할 수 있습니다.

250. He's all talk and no action.
그는 말만 하지 행동으로 옮기지 않는다.

A: **I'm sorry I didn't make it.**
미안한데 못했어.

B: **It's OK. It's not the first time. You're always all talk and no action.❶**
괜찮아. 처음도 아닌데 뭐. 넌 언제나 말뿐이잖아.

more

❶ be all talk and no action은 '말만 잘하고 행동으로는 옮기지 않는 사람'에게 하는 비난의 뉘앙스가 담긴 표현입니다.

251. He always boasts himself.
그는 늘 허풍을 떤다.

A: He boasts❶ that he has a master's degree.
그는 석사학위를 가지고 있다고 허풍을 떤다.

She boasts herself an artist.
그녀는 그녀가 예술가라고 자랑을 한다.

more

❶ boast가 '자랑하다, 허풍을 떨다, 뽐내다'의 뜻으로 같은 의미의 동사로 brag가 있는데 He always brags about his rich father.(그는 늘 부자 아빠를 자랑한다.)와 같이 사용할 수 있습니다. 또한, boast와 비슷해 보이지만 boost는 '후원하다, 밀어주다'의 의미이니 혼동하지 마세요.

252. She has a double personality.
그녀는 이중인격자야.

A: He is a fine gentleman, isn't he?
그는 참 점잖은 사람이야, 그렇지?

B: You don't know what he's like.
He is a two-faced person.❶
넌 그의 실체를 몰라. 그는 이중인격자야.

more

❶ '이중인격자이다'는 be a double-faced person이나 be double faced 또는 have a double personality라고 표현합니다. 뭐든 '이중'이란 의미에는 double, duplex, dual을 쓰며 '다중 인격'은 multiple personality라고 합니다.

253. She's too snobby.
그녀는 너무 콧대가 높아.

A: **Did you go out with her?**
그녀와 데이트했어?

B: **No, I kept trying to seduce❷ her, but she's too snobby❶.**
아니, 계속 꼬시는데 콧대가 너무 높아.

She's too snobby.

more

❶ snobby는 snobbish와 같은 뜻으로 '속물의, 잘난 체하는'이라는 의미로, 회화에서는 흔히 '잘난 체하고 건방진'이라는 뜻으로 많이 쓰입니다. 구어로 같은 뜻의 cocky가 있고, haughty, arrogant, impertinent가 비슷한 의미입니다. 비슷한 의미의 표현으로는 She's playing hard to get.이 있습니다. 성격을 나타내는 비슷한 형태의 어휘로는 cocky(잘난 체하는), picky(까다로운), kinky(비꼬인, 뒤틀린, 괴팍한) 등도 있으니 함께 익혀두세요.

❷ seduce는 '유혹하다, 꼬시다'라는 동사이고 '유혹'은 temptation입니다.

254. She is after your money.
그녀는 너를 사랑한 게 아냐, 돈 때문이야.

A: **She doesn't love you. She is after your money.❶**
그녀는 너를 사랑하는 게 아니라 네 돈을 사랑해.

B: **I don't care as long as she's with me.**
그녀가 내 곁에만 있다면 상관없어.

She is after your money.

more

❶ 표현에 나오는 after는 '(~를) 쫓아'라는 의미로 They're after your reputation.이라고 하면 '그들은 (네가 아니라) 네 명성을 좋아하는 거야.'라는 의미가 됩니다. She's only interested in him because of his money.라고 표현해도 비슷한 의미가 됩니다.

255. He has money to burn.
그는 돈은 얼마든지 있어.

A: Oh really? Who is she married to?
정말? 그녀가 누구랑 결혼하는데?

B: I don't know. I haven't met him yet, but I heard that he has money to burn.❶
모르겠어. 아직 보지도 못했어. 근데 돈이 무지 많대.

A: Oh my God, who's that?
세상에, 누군데 그 사람이?

more

❶ money to burn이라는 표현은 아주 돈이 많은 사람을 묘사할 때 씁니다. 흔히 'millionaire(백만장자)' 혹은 'billionaire(억만장자)'를 쓰지만 money to burn은 구어체 표현에서 많이 쓰이니 기억해 두세요. 비슷한 의미의 표현으로 He is well off.(그는 부자야.)도 있습니다. be well off는 '잘 사는'이라는 의미로 rich와 같은 뜻입니다.

256. I can't carry a tune.
나는 음치예요.

A: Let's go to Karaoke to sing a song after this.
이거 다음에 노래 부르러 노래방에 가자.

B: Let's not! You guys are good at singing, but I cannot even carry a tune❶.
그러지 말자! 너희들은 노래를 잘하지만, 난 심한 음치야.

more

❶ tune은 '곡조, 선율, 장단, 음색' 등의 의미로 음치라는 표현은 I can't carry a tune. 혹은 I'm tone-deaf.라고 합니다.

257. Those clothes are out of style.
옷이 촌스러워.

A: **I got these yesterday. How do I look?**
나 어제 이거 샀어. 나 어때?

B: **Those clothes are out of style❶.**
옷이 좀 촌스러워.

more

❶ out of style은 '구식의'라는 의미입니다. 반대로 '그녀는 옷을 참 잘 입는다, 세련됐다'는 표현은 She is elegant.나 She looks sharp today.라고 할 수 있습니다.

258. He has a big belly.
그는 똥배가 나왔어.

A: **Did you gain some weight lately? You got a potbelly❶.**
요즘 살 좀 찐 거니? 똥배 나왔네.

B: **No, I'm suffering from constipation.❷**
아니, 변비로 고생 중이야.

more

❶ belly는 stomach와 함께 '배, 복부'라는 의미이고 '올챙이배, 배불뚝이'를 나타내는 potbelly나 big belly, beer belly는 배가 많이 나온 남자를 표현할 때 주로 씁니다. beer는 맥주를 많이 마셔서 나온 볼록한 배를 떠올리면 됩니다. 참고로, 배꼽에 한 piercing은 belly button piercing 또는 navel piercing이라고 합니다.

❷ constipation은 '변비'를 말하며, 신체가 어떤 증상으로 고생할 때는 주로 suffer from을 씁니다. 다음은 몸의 체형과 관련된 표현들입니다.

관련표현
- 살이 찌다: gain weight / get overweight
- 살이 빠지다: lose weight
- 다이어트 중이다: be on a diet
- 너무 말랐다: be too skinny / be nothing but skin and bones
- 뚱뚱하다: be fat / be fleshy / be overweight

259 She's a clumsy driver.
그녀는 운전이 서툴다.

A: **Why didn't you lock❷ the door?**
왜 문 안 잠갔어?

B: **That's my mom's job. My mom is so clumsy❶ that she always forgets to lock the door.**
그건 엄마가 하시는 일인데, 우리 엄마는 너무 덜렁거려서 문 잠그는 걸 늘 깜빡하셔.

more

❶ clumsy는 '서투른, 재치 없는' 또는 '어색한, 어설픈'의 뜻으로 clumsy girl이나 boy라고 하면 '서투른, 어설픈 소녀[소년]'라는 의미가 되며, 주로 운전에 서투른 사람에게 많이 씁니다. 일이 서툴러서 초보자, 풋내기로 보이는 사람은 green이라고 표현한다는 것도 알아두세요.

ex He is still very green. (그는 여전히 풋내기야.)

❷ lock은 '(문 등을) 잠그다'라는 의미입니다.

석 달에 끝내는 552 실생활 표현

Unit 10. Body & Health

260. She's sick in bed.
그녀는 아파서 누워 있어요.

A: How's your mom?
Is she getting better?
엄마는 어떠셔? 좀 나아지셨어?

B: Not yet. She's still sick in bed.❶
아직이요. 여전히 누워 계세요.

She's sick in bed.

more

❶ sick in bed는 '아파서 누워 있다'는 의미로 많이 아파서 일어나지도 못한다는 뜻입니다. 비슷하게 '입원해 있다'는 be in the hospital 혹은 be hospitalized로 표현하면 됩니다.

261. I feel heavy.
몸이 찌뿌드드하다.

A: I feel heavy.❶ I think I have to get some rest for a few hours.
몸이 무거워. 몇 시간 동안 좀 쉬어야 할 것 같네.

B: Yeah, I bet. You've been overworking yourself in that job these days.
그래, 그래야 해. 너 요즘 너무 과로했어.

I feel heavy.

more

❶ I feel heavy.는 몸이 무거울 때도 쓰지만 기분이 울적할 때도 쓸 수 있습니다. heavy walk는 '느릿느릿한, 무거운 발걸음', heavy sky는 '찌푸린 하늘'이 되듯이 heavy는 '무거운'이라는 의미 이외에도 '힘든', '(음식이) 기름진', '(하늘이) 잔뜩 흐린' 등의 다양한 의미로 쓰입니다. I don't feel good.도 비슷한 상황에서 사용할 수 있습니다.

262. How do you feel?
(몸/기분은) 좀 어때?

A: You look so pale. Are you OK?
How do you feel?❶
너 창백하다. 괜찮아? 몸은 좀 어때?

B: I think I have a touch of the flu❷.
Thanks for caring about me.
감기 기운이 좀 있는 거 같아. 신경 써줘서 고맙다.

more

❶ 상대의 신체적인 컨디션을 물어볼 때 영어로 How do you feel?을 많이 씁니다. 물론 항상 몸 상태만을 묻는 것은 아니고 어떤 것에 대한 느낌이나 감상을 물을 때도 사용하는 질문입니다. condition은 건강 상태보다 일반적인 상황, 사정 등에 더 많이 씁니다.

❷ touch of the flu는 '감기 기운'이라는 의미로 '감기가 걸렸다'는 표현은 I got flu.라고 하면 됩니다. 감기를 보통 cold라고 많이 쓰지만 '유행성 감기'를 말할 때는 flu라고 한다는 것을 기억해 두세요.

263. I'm glad you're feeling better.
나아지셨다니 기쁘네요.

A: How do you feel today? Are you OK?
오늘은 좀 어때요? 괜찮아요?

B: I still have a small fever, but feel a lot better.
아직 열은 좀 있지만 훨씬 나아요.

A: I'm glad you're feeling better.❶
나아졌다니 다행이에요.

more

❶ 빨리 좋아지기를 바란다는 표현은 I hope you feel better soon.이라고 합니다.

264. I tossed and turned all night.
밤새 뒤척거렸어.

A: You look very tired.
너 몹시 피곤해 보여.

B: Yeah, I'm so tired today. I tossed and turned① all night. I think I have to take a nap② or something.
응, 오늘 너무 피곤하다. 밤새 뒤척거렸거든. 낮잠을 좀 자던지 뭐 그래야 할 것 같아.

more

① toss는 '던지다'의 뜻으로 보통 쓰이지만, '뒹굴다, 뒤치락거리다'라는 뜻도 있어서 toss and turn이라고 하면 누워서 계속 뒤치락거리지만 잠이 들지 않을 때를 말합니다. 그냥 toss on the bed라고 해도 됩니다.

② take a nap은 '잠깐 졸다, 낮잠 자다'라는 의미의 숙어입니다.

265. I've been up all night.
밤새 깨어 있었다.

A: I had domestic② troubles, so I've been up① all night.
집에 문제가 좀 있어서 잠을 하나도 못 잤어요.

B: What happened? You've gotten much thinner than you were before.
무슨 일이에요? 전보다 훨씬 말라보이네요.

more

① be up은 '깨어 있다'는 의미로 be awake와 같은 표현입니다. 〈have been up〉이라는 완료형태로 밤새도록 깨어 있었음을 표현하고 있습니다.

② '가정의'라는 의미에는 home을 많이 쓰지만 domestic을 쓰는 경우도 많습니다. domestic은 '국내의'라는 대표적 의미 이외에도 '가정의, 집안의'라는 의미로 쓰여 domestic trouble은 '가정 문제' 혹은 '가정사'가 됩니다.

266. Coffee keeps me up.

커피를 마시면 잠이 깨요.

A: **Aren't you sleepy?**
졸리지 않아요?

B: **No, I'm OK. I took some medicine, and it keeps me up.**[1]
아니, 괜찮아요. 약을 먹었더니 정신이 말짱해요.

more

[1] wake up, get up은 '자다가 일어나다'는 의미이고 '깨어있는 상태를 유지하다'는 keep up이라고 합니다. I'll go wash my face. I think it will keep me up.(가서 세수하고 오면 잠이 깰 거야.)처럼 사용하면 됩니다.

267. I'm feeling my age.

나이가 든 걸 느끼겠어요.

A: **Are you OK? Can you climb**[2] **to the top of the mountain?**
괜찮아요? 산 정상까지 올라갈 수 있겠어요?

B: **I don't think I can make it. I'm feeling my age**[1] **these days.**
못 할 거 같아. 요즘 나이가 든 걸 느껴.

more

[1] feel one's age는 '나이를 느끼다'라는 의미로 나이가 들어서 몸이 힘든 걸 느낄 때 쓰는 표현입니다. I don't feel my age.는 나이에도 불구하고 나이만큼 몸이 힘들지 않아 '나이를 못 느끼고 산다'고 말하는 경우에 해당하는 표현입니다.

[2] climb은 '산을 타다, 등산하다'의 의미입니다.

268. I'm starving.
난 (굶어 죽을 만큼) 배고프다.

A: You're late. Did you get off° late?
늦었네. 늦게 퇴근한 거야?

B: I'm sorry for being late. We're under the emergency duty orders. Gosh, I'm starving.° Let's have a big dinner. It's on me this time.
늦어서 미안해. 우리 지금 비상 근무 지시가 있어서. 아이고, 너무 배고프다. 우리 거하게 저녁 먹자. 이번엔 내가 쏠게.

more

❶ starve는 '굶어 죽다, 굶주리다, 몹시 배고프다'의 뜻으로 I'm hungry.보다 더 심하게 배고픈 상황에 쓸 수 있으며 to death를 뒤에 붙여서 I'm hugry to death.라고 써도 됩니다. 또한, starve는 뭐든 굶주린 상태를 표현할 수 있는데 예를 들어 She is starving for knowledge.라고 하면 '그녀는 지식욕에 불타고 있다.'라는 의미의 표현이 됩니다.

관련표현
- 퇴근하다: get off
- 승진하다: be promoted
- 사직[사임]하다: resign
- 휴가를 가다: go on vacation
- 휴가를 얻다: take a vacation
- 휴가 중이다: be on leave
- 해고되다(해고당하다): be[get] fired
- 하루 일을 쉬다: take a day off
- 출장 가다: go on a business trip
- 은퇴[퇴직]하다: retire

269. I'm freezing.
난 (얼어 죽을 만큼) 춥다.

A: **It's freezing tonight.**
오늘밤 무지 춥다.

B: Yeah, **I'm freezing to death.**❶
그래, 추워서 얼어 죽을 것 같아.

more

❶ '춥다'는 표현은 I'm cold.로 생각하기 쉽지만, 얼 만큼 춥다는 표현은 freezing을 써서 나타냅니다. 여기서 파생된 frozen은 '냉동된'이라는 의미로 우리가 흔히 아는 frozen drink(냉동 음료)가 바로 이런 의미입니다.
to death는 '죽을 만큼'이라는 의미로 I'm tired to death.(피곤해 죽겠다.), I miss you to death.(보고 싶어 죽겠다.) 등과 같이 쓰면 됩니다. 참고로, 날씨를 나타내는 '춥다'의 경우에는 'It'을 주어로 해서 It is cold. / It is freezing. / It is freezing cold.와 같이 써야 합니다.

270. I've lost my voice.
목소리가 안 나와요.

A: **Your voice sounds husky**❶.
너 목이 쉰 거 같아.

B: Yeah, my voice is hoarse from a cold.
I've lost my voice.
응, 감기가 들어서 목이 쉬었어. 목소리가 안 나와.

more

❶ '목이 쉬다'를 get hoarse나 get husky라고 하는데 우리는 '목소리가 허스키하다'라고 주로 표현하지만, husky는 감기나 목을 많이 써서 쉰 경우에 사용합니다.

271. It hurts!
아파!

A: **My back still hurts!**[1]
아직도 허리가 아파!

Stop kicking! It hurts!
그만 차! 아프다!

> more

[1] '아프다'는 표현을 할 때 sick이나 feel pain만 생각할 수 있지만 아픈 부위를 주어로 하여 hurt와 함께 표현할 수 있습니다. '무릎이 아프다'는 My knee hurts.라고 하고 '발이 아프다'는 My feet hurt.라고 표현할 수 있겠죠. 신체의 고통뿐 아니라 마음이 아프고 상처를 받았을 때도 쓸 수 있습니다.

272. I'm dead tired.
난 완전히 지쳤어.

A: I know you did a good job on this, but can you help me with that one please?
당신이 이 일을 잘해 준 것은 알지만 저것도 좀 도와줄 수 있겠어요?

B: Oh, please... **I'm burned out**[1] now. I'll do that next time.
아우, 제발이요… 난 완전히 지쳐버렸어요. 다음에 해줄게요.

> more

[1] I'm tired.는 '피곤하다'는 의미로 정말 많이 쓰이는 표현이죠. 같은 의미의 표현이지만 I'm dead tired.는 속어적 표현으로 I'm tired to death. 또는 I'm burned out.과 같은 뜻입니다.

유사표현
- I feel like a noodle. (나는 바보 같은 느낌이 들 정도로 피곤하다.)
- It burned her out. (그것이 그녀를 기진맥진하게 했다.)

273 My dad has bad sight.
아빠는 시력이 안 좋으셔.

A: **My dad has bad sight.**[1]
He always wears glasses.
아빠는 시력이 안 좋으셔서 항상 안경을 끼고 계신다.

more

[1] have bad sight는 시력이 안 좋다는 의미인 반면 bad 대신에 good을 쓰면 시력이 좋다는 표현이 됩니다. 참고로 long-sighted는 '원시의'라는 의미이며 '근시의'는 near-sighted라고 표현합니다.

274 I have a touch of the flu.
감기 기운이 좀 있다.

A: **We're gonna get together**[3] **tonight.**
Can you join us?
우리 오늘밤에 뭉치기로 했는데, 올 수 있지?

B: **I wish I could, but I can't.**
I have a touch of the flu.[1]
Let's make it some other time[2].
그러고 싶은데 힘들겠네. 감기 기운이 좀 있어.
다음 기회로 미루자.

more

[1] '감기 기운'은 touch of the flu라고 표현합니다. cold와 flu를 모두 '감기'로 표현하지만 '유행성 감기'는 flu라고 합니다. I feel a cold coming on.이라는 표현도 비슷한 의미로 사용할 수 있으니 함께 알아두시기 바랍니다.

[2] some other time은 '다른 시간, 다른 기회'를 뜻하는 표현으로 Let's make it some other time.은 '다음에 하자.'라는 의미가 됩니다.

[3] '같이 모이다, 뭉치다'라는 표현의 get together 외에도 아래의 표현들도 알아두세요.

관련표현
- get along with: ~와 잘 지내다
- hang out with: ~와 (어울려) 시간을 보내다
- go out (with): (~와) 데이트하다, 사귀다
- hang out: (~에서) 많은 시간을 보내다
- hang around: 빈둥거리며 배회하다

275. My whole body aches.
몸살에 걸려 온몸이 쑤신다.

A: I'm suffering from fatigue.
My whole body aches.❶
난 피곤해요. 몸살로 온몸이 쑤셔요.

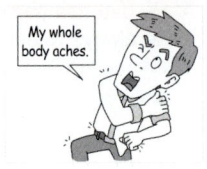

more

❶ '피로'는 fatigue, '아픔, 쑤심'이라는 뜻을 가진 단어는 ache입니다. 그래서 My whole body aches. [My body aches all over.]라고 하면 몸 전체가 통증으로 아프고 쑤신다는 의미니 '몸살'이라고 생각하면 됩니다. 표현에서 ache는 동사로 쓰여 '아프다'는 뜻을 나타냅니다. ache를 써서 나타내는 몸의 통증과 관련된 표현도 함께 익혀두세요.

관련어휘
- 두통: headache
- 치통: toothache
- 생리통: (period) cramps
- 복통: stomachache
- 요통: backache/lumbago

276. I have a runny nose and feel chilly.
콧물이 나고 오한이 나요.

A: I have a runny nose and feel chilly❶ since last night.
어젯밤부터 콧물이 나고 추워.

B: Do you have a fever?
열도 나?

A: Yeah, I have a fever, too.
응, 열도 나.

B: Lie down and get some sleep. I'll get some medicine for you.
누워서 좀 자봐. 내가 약 사다 줄게.

more

❶ '콧물이 나다'는 have runny nose, '오한이 나다'는 feel chilly, '열이 나다'는 have a fever입니다. 감기는 누구나 걸릴 수 있는 질병이니 그 증상의 표현은 알아두기를 권합니다. 또 '약을 먹다'는 take a medicine이라고 합니다.

277. I almost never get sick.
저는 거의 아파 본 적이 없습니다.

A: **You're too skinny. Are you sick or something❷?**
당신은 너무 말랐어요. 어디 아프기라도 한 거예요?

B: **No, not at all. It's just genetic❸. I almost never get sick❶.**
아뇨, 전혀요. 마른 건 그냥 유전이에요.
난 거의 아파 본 적이 없어요.

more

❶ get sick은 be sick과 함께 '아프다'라는 뜻이지만, get sick은 '아프게 되다, 병에 걸리다'라는 뜻이고 be sick은 현재 아픈 상태임을 나타내는 뉘앙스가 강합니다. '많이 아프다'는 get sick badly 또는 be very sick이라고 표현합니다.

❷ or something은 문장 뒤에 붙여 써서 '(~나) 뭐 그런 거' 정도의 의미입니다. Are you crazy or something?이라고 하면 '너 미치거나 뭐 그런 거야?'라는 의미가 됩니다.

❸ genetic은 회화에서 주로 쓰이는 '유전의, 유전된'이라는 의미입니다.

278. My head is killing me.
머리가 아파 죽겠다.

A: **My back is killing me.❶**
허리가 너무 아파.

Your jokes are killing me.
네 농담은 정말 웃겨.

more

❶ '아프다'는 표현에는 painful, sick보다 구어적 표현인 be killing이 많이 쓰입니다. be killing은 말 그대로 '죽인다' 즉, '정말 아프다, 정말 끝내준다'라는 뜻으로 예문처럼 '농담이 정말 (죽일 만큼) 웃기다'라는 표현에도 쓸 수 있습니다.

279. I've been sneezing all day.

계속 재채기를 한다.[나 하루 종일 재채기를 하고 있어.]

A: You've been sneezing❶ all day.
  너 하루 종일 재채기한다.

B: I've got a cold. Stay away from me.
  You can catch it too.
  감기 걸렸어. 나한테서 떨어져 있어. 옮을 수 있어.

more

❶ '재채기'는 sneezing, '기침'은 cough, '기침을 하다'는 have a cough라고 표현하면 됩니다. '감기에 걸리다'는 get a cold나 catch a cold라고 합니다.

280. He is a heavy snorer.

그는 코골이가 심해.[그는 코를 심하게 골아.]

A: You snore.
  너 코 골더라.

B: No way, I don't snore.
  Did you dream it or something?
  그럴리가, 나 코 안 골아. 꿈꾸거나 뭐 그런 것 아니야?

A: No, You snored away the whole night.
  You're a terrible snorer.❶
  아니, 너 밤새 코 골던데. 너 정말 심하게 코를 골아.

more

❶ '코를 골다'는 snore이고, '코를 고는 사람'은 snorer입니다. heavy snorer나 terrible snorer라고 하면 심하게 코를 고는 사람을 말합니다.

  관련표현 • 이를 갈다: gnash one's teeth
  • 잠꼬대하다: talk in one's sleep
  • 잠꼬대하는 사람: a sleep talker

281. I'm allergic to peaches.
나는 복숭아에 알레르기가 있다.

A: When I go near cats, which I'm allergic to❶, I start sneezing.
나는 알레르기가 있어서 고양이 옆에 가면 재채기를 한다.

A: Are you allergic to any medicine?
알레르기 반응을 하는 약이 있나요?

B: No, I'm not.
아니요, 없어요.

more

❶ '알레르기가 있다'는 〈be allergic to〉로 주로 표현하는데 예를 들어 '그는 닭고기 알레르기가 있다.'고 하면 He is allergic to chicken.이라고 합니다. 〈have an allergy to〉보다는 〈be allergic to〉를 더 많이 쓰니 이 표현을 잘 익혀두기 바랍니다. Are you allergic to any medicine?은 병원에서 의사가 약을 처방해 줄 때 늘 묻는 질문이니 기억해 두세요.

282. She is suffering from chronic constipation.
그녀는 만성 변비로 고생하고 있다.

A: You have a swollen❷ face today.
오늘 얼굴이 부었네.

B: It should be. I'm suffering from❷ chronic constipation❶.
그럴 수 밖에. 난 만성 변비야.

more

❶ '변비'는 constipation인데 예문처럼 suffer from constipation이라고 표현하거나 constipate라는 동사를 써서 I constipated.라고 할 수 있습니다. chronic은 어떤 신체 증상과도 함께 쓸 수 있는 용어로 '만성'이라는 뜻이며, '급성'은 acute라고 합니다. 반대로 '설사하다'는 diarrhea 혹은 loose bowels를 써서 have diarrhea 또는 have loose bowels라고 표현합니다.

❷ '병으로 고생하다, (~로) 아프다'는 〈be suffering from + 병명〉이나 〈have + 병명〉이라고 표현합니다. '붓다'는 be swelled up, be bloated, be puffed up 중 하나로 쓰면 됩니다.

283. It might leave a scar.
흉터 남겠네.

A: **When did it happen?**
언제 그랬어?

B: **Yesterday. She fell down the stairs.**
어제. 계단에서 떨어졌어.

A: **Gosh, it might leave a scar.**
아이고, 흉터 남겠다.

more

❶ scar는 '흉터'라는 의미로 leave와 함께 써서 '흉터를 남기다, 흉터가 남다'라는 표현이 됩니다. 반드시 얼굴이나 몸에 생긴 흉터에만 쓰는 것은 아니고 물건이나 명예 등에도 That will leave a scar on her reputation.(그건 그녀의 명성에 오점을 남길 것이다.)과 같이 표현합니다. 또한 scar는 동사로 '흉터를 남기다, (외관상) 상흔을 남기다'라는 뜻으로도 쓰여서 He dropped the ashtray and scarred the table.(그가 재떨이를 떨어뜨려서 탁자에 자국이 났다.)과 같이 표현할 수 있습니다.

284. It feels like a needle poking me.
바늘로 콕콕 찌르는 거 같아.

A: **Please don't do that. Let me just lie down. It feels like a needle poking me as you touch me.**
제발 그러지 마. 나 좀 눕게 해줘. 네가 손 댈 때마다 바늘로 찌르는 것만 같아.

B: **Oh, I'm sorry. Get some sleep. I'll leave you alone.**
아, 미안. 좀 자. 혼자 있게 해줄게.

more

❶ 몸이 많이 아플 때 한국어로 '바늘로 몸을 콕콕 찌르는 거 같다'는 표현은 영어에서도 씁니다. poke는 '찌르다, 쑤시다'는 의미이고, needle은 '바늘'입니다. 몸살이 났거나 심한 운동 뒤에 몸이 아플 때도 사용할 수 있는 표현입니다.

285. Grandmother's blood pressure is too high.
할머니는 혈압이 높다.

A: **Hey, calm down!
Your blood pressure❶ will go up.**
이봐, 좀 진정해! 네 혈압 오르겠다.

Both very high blood pressure and very low blood pressure can be fatally dangerous.
고혈압과 저혈압 모두 치명적으로 위험할 수 있다.

more

❶ '혈압'을 blood pressure라고 합니다. 이와 관련된 표현들도 함께 익혀두세요.

관련표현
- 고혈압: high blood pressure
- 저혈압: low blood pressure
- 정상 혈압: normal blood pressure
- 맥박: pulse

286. I got a cramp in my leg.
다리에 쥐가 났어.

A: **I got a cramp❶ in my leg and my hands are numb.**
다리는 쥐가 나고 손은 저리다.

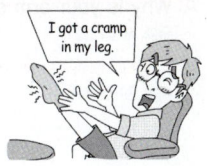

more

❶ 쥐가 나고 근육에 경련이 있을 때 cramp를 쓰지만 복수형으로 period cramps가 되면 '생리통'이라는 의미가 됩니다. 경련은 주로 다리에 나기 때문에 위의 표현을 기억하면 좋을 듯합니다. 참고로, '저리다, 감각이 없다'는 be numb이고 '쑤시다'는 be sore, feel sore라고 표현합니다.

287. He walks with a limp.

그는 다리를 전다.[그는 다리를 절뚝거리며 걷는다.]

A: Why does she have a bad limp?❶
Did she get hurt?
그녀는 왜 그렇게 다리를 저니? 다쳤대?

B: She sprained her ankle.
발목을 삐었대.

more

❶ '다리를 절다'는 limp 혹은 have a limp라고 표현합니다. 예문에 있는 sprain은 '삐다, 접질리다'는 뜻으로 sprain one's ankle이라고 하면 '발목을 삐다'라는 의미가 되고 '손목을 삐다'는 sprain one's wrist 라고 표현하면 됩니다.

288. He sprained his ankle.

그는 발목을 삐었다.

A: Why is your arm set in a cast?
팔에 왜 깁스했어?

B: I sprained my wrist❶ yesterday.
어제 손목을 삐었어.

more

❶ '삐다'는 sprain이라고 표현하지만 아예 부러졌을 때는 I had one of my arms broken.(내 팔이 부러졌다.)이나 fracture을 써서 My arms fractured.라고 하면 됩니다. '깁스'는 cast라고 하는데 soft cast와 hard cast의 두 종류가 있으며 hard cast를 '석고 깁스'라고 합니다.

289 I tripped over something.
뭔가에 걸려 넘어졌어.

A: What happened to you?
Why are you limping?
무슨 일이야? 왜 절룩거려?

B: I tripped① over a stone.
돌에 걸려 넘어졌어.

more

① trip은 명사로 '여행'이란 뜻이지만 동사로 쓰이면 '뭔가에 걸려 넘어지다'가 됩니다. 그냥 '넘어지다'는 fall을 쓰지만 걸려서 넘어진 경우에는 trip을 쓴다는 차이가 있습니다.

290 I try not to drive at night because of my poor vision at night.
밤눈이 어두워서 밤에는 운전을 안 하려고 합니다.

A: I try not to② drive at night. My sight①
has become poor recently.
밤에는 운전을 하지 않으려고 해. 최근에 눈이 나빠졌거든.

B: I have bad eyes, too. I'm considering
going through Lasik surgery.
나도 눈이 나빠. 라식 수술을 고려 중이야.

more

① '시력'은 'vision, sight, eye, eyesight'로 표현하는데 '나쁜 눈'에는 'poor, bad', '좋은 눈'에는 'good, twenty-twenty'를 앞에 붙여서 쓰면 됩니다. poor night vision은 밤에 눈이 어두운 경우를 나타냅니다.

② try not to는 '(~을) 하지 않으려고 한다'는 의미로 I try not to smoke.라고 하면 '담배를 안 피우려고 한다.'는 의미가 됩니다.

질병과 관련된 기타 표현

- 그의 위암은 간으로 전이됐다. → His stomach cancer is spread to liver.
- 할아버지는 치매에 걸리셨다. → My grandfather has dementia.
- 그녀는 에이즈 환자다. → She is a HIV patient.
- 그녀는 치아 교정을 해야 한다 → She has to wear a brace on her teeth.
- 그는 칼에 찔려 6바늘을 꿰매야 했다. → He needed six stitches by stabbing.
- 노인들의 뼈는 부러지기 쉽다. → Old people's bones are prone to fracture.
- 그는 일주일에 한 번씩 링거를 맞는다. → He's getting an IV once a week.
- 그의 수술은 성공적이었다. → His surgery was successful.
- 그녀의 초산은 힘들었다. → Her first delivery was a difficult one.
- 그는 맹장을 제거해야 했다. → He had to have his appendix out.
- 독감은 전염성이 강하다. → Flu is highly infectious.
- 그녀는 한의학 치료를 받았다. → She was treated with oriental medicine.
- 나는 눈이 나쁘다. → I have bad/poor sight.
- 그는 심장마비로 입원 중이다. → He is hospitalized because of heart attack.
- 백혈병은 종종 사망에 이르는 질병이다.
  → Leukemia is a disease which often leads to death.
- 초음파 검사에 따르면 그녀는 쌍둥이를 임신 중이었다.
  → Ultrasound showed she was expecting twins.
- 그는 항상 내 앞에서 거리낌 없이 트림을 한다.
  → He always burps in front of me without hesitation.

신체 부위 및 질병과 관련된 어휘

내장 기관

간	liver
위	stomach
폐	lung
신장	kidney
맹장	appendix
자궁	womb, uterus
대장	large intestine

병명

암	cancer
종양	tumor
중풍	stroke
치매	dementia, Alzheimer's (disease)
에이즈 바이러스	HIV
심장마비	heart attack
빈혈	anemia
백혈병	leukemia
골다공증	osteoporosis
신종 플루	H1N1
광우병	mad cow disease
조류 독감	bird flu, avian influenza
전이	spread

산부인과

생리 / 생리통	period / period cramps
출산	childbirth
임신	pregnancy
상상임신	false pregnancy
유산	abortion
자연 유산	miscarriage
제왕 절개 수술	caesarean (section)
초음파 검사	ultrasound

정형외과

골절, 부러지다	fracture
부러지다	break
금이 가다	crack
삐다	sprain
마취하다	numb
꿰매다	stitch

병의원 진료과별 명칭

내과	internal medicine
내과의사	physician
외과	surgery
외과의사	surgeon
정형외과	orthopedics
신경외과	neurosurgery
정신외과	psychosurgery
피부과	dermatology
치과	dental surgery, dental clinic
소아과	pediatrics, a children's hospital
산부인과	obstetrics and gynecology, women's clinic(여성 전문 병원)
비뇨기과	urology
성형외과	plastic surgery
침술	acupuncture
한약	oriental medicine
한의사	oriental medical doctor

기 타

주사 / 링거	shot / IV (intravenous)
깁스	cast
수술	surgery, operation
물리치료	physical therapy
처방전	prescription
트림	burp
방귀	fart, gas
딸꾹질	hiccup
침	saliva
가래	sputum
콧물	nasal mucus
코딱지	dried mucus, booger

Unit 11. Clothes & Houses

291. Put this on!
이걸 입어[써]!

A: It's chilly outside. Put your coat on.❶
밖이 쌀쌀하니 코트 입어라.

more
❶ 옷을 입거나 모자를 쓰라고 권하는 표현입니다. 반대로 벗으라는 표현은 take off를 사용하면 됩니다. 하지만 옷을 살 때 입어보라는 경우에는 Try this on!이라는 표현을 사용합니다.

292. I'm wearing long johns in the winter.
난 겨울에는 내복을 입어요.

A: People wear long johns❶ in the cold winter.
사람들은 추운 겨울에는 긴 내의를 입는다.

more
❶ long johns는 '손목, 발목까지 오는 긴 내의'를 말합니다. underclothes로 쓰기도 합니다. 참고로 속옷은 underwear이니 혼동하지 마세요.

293. Are you decent?
옷은 입었어?

A: **Are you done° with your shower?
Are you decent°?** I'm coming in.
샤워 다했어? 옷 입었어? 나 들어간다.

B: **Wait outside until I put some clothes on.
I'm not decent.**
옷 입을 때까지 밖에 좀 있어. 옷 안 입었어.

more

❶ decent는 '고급스런, 좋은, 점잖고 예의 바른' 등의 뜻으로 많이 쓰이지만 위의 표현에서는 구어적인 의미로 '다른 사람 앞에 나서도 될 만한 차림의, 옷을 제대로 입은'이라는 뜻으로 쓰였습니다. 다른 의미로 쓰인 문장을 보면 She's from a decent family.(좋은 집안 출신이다.)가 있고 decent language, decent clothe라고 하면 말과 옷이 점잖고 말쑥한 것을 뜻합니다.

❷ 예문에 쓰인 be done은 finish와 같은 뜻으로 일이나 식사 등을 끝냈을 때 I'm done.과 같이 말할 수 있습니다.

294. Your fly is open.
너 지퍼가 열렸어.

A: **His fly° was down. Everybody kept giggling, but he didn't notice it.**
그의 지퍼가 내려가 있었어. 다들 킥킥거리고 웃는데 그는 모르더라고.

more

❶ 'zipper(지퍼)'가 달려있는 바지 밑위 부분을 fly라고 합니다. 지퍼가 아닌 단추식으로 되어 있는 바지는 button fly라고 합니다.

295. My pants are ripped.
바지가 찢어졌어.

A: Your pants are torn❶!
네 바지가 찢어졌어!

B: Oh, darn! Did you see my underwear?
맙소사! 내 속옷 봤어?

more

❶ '찢어지다'는 수동태로 be torn, be ripped와 같이 표현합니다. '갈기갈기 찢어지다'는 표현은 be torn into pieces가 됩니다.

296. You're wearing your tee shirt inside out.
너 티셔츠 뒤집어 입었어.

A: Did you wear your shirt like that on purpose❷?
너 티셔츠 일부러 그렇게 입은 거야?

B: What do you mean?
무슨 말이야?

A: You're wearing it inside out.❶
뒤집어 입었어.

more

❶ inside out은 '안을 밖으로 뒤집어'라는 의미이므로 이렇게 말하면 상대가 당황스러울 수 있으니 앞에 〈I'm sorry to say this, but ~〉을 붙여서 쓰면 더 좋습니다.

❷ on purpose는 어떤 목적을 가지고 '고의로' 한 경우에 씁니다.

297. You're soaked to the skin!
너 흠뻑 젖었구나!

A: **Is it raining outside?
You're soaking wet!** ❶
밖에 비오니? 완전히 젖었네!

B: **No, I played basketball, and
I'm all sweaty.**
아니야, 농구해서 땀에 흠뻑 젖었어.

more

❶ soak는 '물에 담그다, 적시다'라는 뜻으로, be soaked to the skin은 '물에 담갔다가 뺀 듯이 푹 젖다'라는 뉘앙스입니다. 같은 말로 'be wet to the skin, get soaking wet, be soaking wet'이 있습니다. to the skin은 옷만 젖은 게 아니라 살까지 다 젖은 상태를 말하고 be all sweaty는 땀으로 흠뻑 젖은 상태를 나타내는 표현입니다.

298. She was born with a silver spoon.
그녀는 부유하게 태어났다.

A: **She never experienced poverty.
She was born with a silver spoon.** ❶
그녀는 가난을 경험한 적이 없다. 태어날 때부터 부유했다.

more

❶ silver spoon은 '은수저'를 뜻하지만 비유적인 뜻으로 '상속 받은 부'를 나타냅니다. 태어날 때부터 재산이 많았던 사람, 부모가 엄청난 부자인 사람을 표현할 때 많이 쓰는 구어체 표현입니다. She was born rich.라고 간단하게 말해도 같은 의미가 됩니다. 참고로, silverware는 '식탁에 오르는 은접시, 은그릇' 등을 말하는데 식당에 가서 은으로 된 포크, 나이프, 스푼 등을 달라고 할 때는 Can I get a silverware? 라고 합니다.

299 | She has had three girls in a row.

그녀는 딸만 줄줄이 셋 낳았어.

A: **She has had three girls in a row**[1] **and no boys.**[2]
그녀는 딸만 줄줄이 셋 낳고 아들은 없습니다.

She has had three girls in a row.

more

[1] in a row라는 표현은 '줄줄이, 내리'라는 의미로 차들이 줄줄이 주차되어 있을 때도 Cars are parked in a row.(차들이 줄줄이 주차되어 있다.)와 같이 쓸 수 있습니다. I forgot to pay rent three months in a row.(석 달이나 내리 방세 내는 걸 잊었어요.)도 in a row가 쓰인 표현이니 함께 익혀두세요.

[2] '아이들, 자식들'이라는 표현은 children과 함께 kids도 많이 사용합니다. 외동딸[아들]은 the only kid라고 하며, 쌍둥이는 twins라고 합니다.

300 | I was born for this.

난 타고난 체질이야.[난 이걸 타고났어.]

A: **Why don't you take a break?**
Don't you ever get tired?
좀 쉬었다 하지 그래? 피곤하지도 않니?

B: **I'm good. I'm so happy when I work.**
난 괜찮아. 난 일할 때 정말 행복해.

A: **Who can stop you?**
You were born for this![1]
누가 너를 말릴 수 있겠니? 넌 타고났어!

I was born for this.

more

[1] 〈be born for this〉는 인생을 걸고 열심히 뭔가 하는 사람을 두고 많이 쓰는 표현입니다. 신체적 유전을 나타낼 땐 genetic이나 inherited와 같은 형용사를 쓰지만 I was born for this.는 마치 그 일을 위해 태어난 것처럼 인생을 걸고 열심히 무언가를 하는 사람에게 쓰는 표현입니다.

301. I take after mother (more than father).

난 (아버지보다) 어머니를 더 닮았다.

A: **You're so tall!**
너 키가 크구나!

B: **I know. I take after my father.**❶
알아. 아빠를 닮았어.

A: **Oh, I can see that, so it's genetic**❷**, huh?**
음, 알겠다. 그러니까 유전이구나?

more

❶ take after(닮다)는 resemble, look like와 같은 의미로 '당신은 어머니를 닮았군요.'라는 표현은 You take after your mother. 또는 You look just like your mother.와 같이 표현할 수 있습니다. 비슷한 표현으로 〈remind A of B〉가 있는데 You remind me of your mother.(널 보면 너의 엄마 생각이 나는구나.)처럼 'A를 보면 B가 떠오른다, 생각난다'는 의미입니다.

❷ genetic(유전의)은 (생물적) 유전을, inherit[(신체적 특성 등을 유전적으로) 물려받다]는 (병 등이) 유전되는 것을 표현하므로 키가 작은 것은 It's genetic.이라고 하고 병이 유전된 경우엔 She inherited a disease from her parents.와 같이 표현합니다.

302. He talked back to his father.

그는 아버지께 말대꾸를 했다.

A: **He always talks back**❶**, so he was never loved as a child.**
그 아이는 늘 말대꾸를 해서 사랑을 받지 못했다.

more

❶ talk back은 '말대꾸하다'라는 뜻으로 retort라는 단어도 있지만, talk back이 더 자주 쓰이는 표현입니다.

303. My room is so messy.

내 방은 너무 지저분해.

A: I'm near your place right now. Can I stop by?
나 지금 너의 집 근처야. 잠깐 들러도 될까?

B: Sure, you can, but my place is so messy❶. There's no place to step around.
그럼, 그런데 우리 집이 너무 지저분해. 발 디딜 틈이 없어.

more

❶ messy는 messed up과 같이 '어질러진, 지저분한'이라는 뜻으로 주로 집이나 방, 어떤 장소 등이 엉망일 때 쓰는 표현입니다. 또한 mess에는 '(많은 문제로) 엉망인 상황, 난처한 처지, 곤경, 궁지'라는 의미가 있어 I'm in a mess.라고 하면 '나는 궁지에 빠져 있어.'라는 의미가 됩니다.

304. The toilet doesn't flush.

변기 물이 안 내려가.

A: I gave the toilet a flush❶ but it didn't flush.
변기 물을 내렸는데 내려가지 않았다.

Flush the toilet.
변기 물을 내려라.

more

❶ flush는 '물로 씻어 내리다'라는 의미로 변기 물을 내린다고 할 때도 flush를 씁니다. 따라서 '변기물이 안 내려가.'는 The toilet doesn't flush.라고 표현하고 하수구 구멍 등이 막혔을 때는 be clogged라고 표현합니다. 참고로, flush up이라고 하면 '얼굴 등이 빨개지다'라는 의미이니 함께 알아두세요.

305. What's the rent?
월세는 얼마죠?

A: **What's the rent❶ and when is the rent due❷?**
월세는 얼마고 언제까지 내야 하나요?

B: **It's 1,200 dollars a month, and you have to pay it by the 5th of every month.**
월세는 1,200불이고, 매달 5일까지 내셔야 합니다.

more

❶ 월세를 rent라고 하는데, 한국과 다르게 처음 내는 계약금은 월세 한 달치 정도이거나 그보다 적을 수 있습니다.
참고 mortgage(주택 대부, 융자금): 계약 당시 지불하는 금액을 제외하고 앞으로 몇 년 또는 몇 십 년간 집값을 매달 일정액으로 갚아 나가는 방법

❷ due는 '돈을 내야 하는, 지불해야 하는'의 의미로 due date라고 하면 '만기일'이라는 뜻입니다.

306. We're running out of rice.
우린 쌀이 다 떨어져 가고 있어.

A: **We're running out of gas.❶**
우린 휘발유가 다 떨어지고 있다.

more

❶ dead는 주로 battery 등이 완전히 '다 닳아서 없다'는 뜻이고, be running out of는 '거의 다 떨어져 갈' 때 씁니다. We're running out of food.(음식이 다 떨어져가고 있어.)처럼 표현하면 됩니다.

307. I have to renew my passport sooner or later.
조만간에 여권을 갱신해야 합니다.

A: **It's time to² renew¹ my driver's license.**
운전면허증을 갱신할 때가 되었어.

B: **You'd better do it sooner or later³, otherwise you could pay a fine.**
조만간 하는 게 좋을 거야. 그렇지 않으면 벌금을 낼 수 있어.

more

① renew는 '갱신하다, 기한을 연장하다'의 뜻입니다. 참고로 revoke는 '(면허 등을) 취소하다, 무효로 하다'라는 뜻이고, suspend는 '일시 중지하다'는 뜻으로 음주운전 등으로 '면허 1년 중지'와 같은 상황에서 씁니다.

② 〈It's time to~〉는 '(~할) 시간이다'라는 의미로 It's time to go back home.(집에 돌아갈 시간이다.)와 같이 자주 사용하는 패턴입니다.

③ sooner or later는 '조만간, 곧'이라는 의미로 비슷한 말로 before long이 있습니다.

308. I think it will take time to settle down here.
이곳에 자리 잡는 데 시간이 걸릴 거라 생각해.

A: **It will take time to settle down¹ in Australia. Maybe I won't be able to call you before I settle down there.**
호주에 정착하는 데 시간이 걸릴 것이다. 정착할 때까지 아마 전화할 수 없을 거야.

more

① settle down은 '정착하다, 자리를 잡다'라는 뜻입니다. '(~에) 적응하다'는 be fit이나 adapt oneself to를 써서 She couldn't adapt herself to their manner.(그녀는 그들의 태도에 적응하질 못했다.)와 같이 표현할 수 있습니다.

309. I visit my grandparents once in a blue moon.
조부모님을 거의 찾아뵙지 못해요.

A: She works all the time and takes a vacation once in a blue moon❶.
그녀는 늘 일하느라 휴가도 가뭄에 콩 나듯이 냅니다.

I visit my grandparents once in a blue moon.

more

❶ once in a blue moon은 '아주 드물게, 아주 가끔, 어쩌다 한 번, 가뭄에 콩 나듯이'라는 뜻입니다. 비슷한 표현의 '거의 (~)하지 못하다'는 have little chance to 혹은 barely를 사용해서 I barely visit them.과 같이 표현할 수 있습니다. 어떤 질문에 '거의 안 한다'라고 답할 경우에도 간단하게 once in blue moon이라고 할 수 있습니다.

310. He sent his son on an errand.
그는 아들을 심부름 보냈다.

A: Can you do a little errand❶ for me?
내 심부름 좀 해줄 수 있니?

My boss sent me on an errand into town.
내 상사가 시내로 심부름을 시켰어.

He sent his son on an errand.

more

❶ '심부름'이란 뜻의 errand는 message와 바꿔 쓸 수 있습니다. 위의 문장을 message로 바꿔 쓰면 He sent his son on a message.가 됩니다.

Unit 12 | Communication & Opinion

311. How about dinner tonight?
오늘 저녁 어때요?

A: **So I will see you tomorrow night?**
그러니까 내일 밤 너 보는 거지?

B: **Ah! I'm gonna be a little bit busy tomorrow night.** How about **dinner tonight?**❶
아! 내일 밤은 조금 바쁠 거 같은데, 오늘 저녁은 어때?

A: **What do you want me to wear tomorrow?**
내일 뭐 입었으면 좋겠어?

B: How about **a red dress?**
빨간 드레스는 어떨까?

more

❶ 〈How about~?〉은 '(~)하는 게 어때?'라는 의미로 How about this dress[hat]?라고 하면 '이 옷[모자]은 어때?'가 됩니다. 이렇게 무언가를 상대에게 제안할 때 가볍게 How about ~?이라는 표현을 쓰면 좋습니다. How about a coffee break?(커피 마시며 좀 쉴까?)라는 표현도 직장에서 자주 사용할 수 있는 표현입니다.

How about dinner tonight?과 비슷한 표현으로 May I take you to dinner tonight?이나 Would you like to have dinner with me tonight?을 사용해도 좋습니다. 참고로, dinner와 같이 식사를 의미하는 단어 앞에는 the나 a는 쓰지 않는 것도 기억해 두세요.

312. How did it go last night?
어젯밤 어떻게 됐어요?

A: **How did it go❶ last night?**
어젯밤 어떻게 됐어요?

B: **I wanted to kiss and make up❷, but she's being really stubborn.**
그녀와 화해하고 싶었는데, 그녀가 정말로 고집을 부려요.

more

❶ What happened last night?처럼 무슨 일이 생겼는지를 묻는 것이 아니라 일이 어떻게 되었는지 진행 상황을 물을 때 쓸 수 있는 표현입니다. 어떤 일을 처리하고 온 사람에게 '어떻게 됐어?'라고 물을 때 자주 사용할 수 있으니 How did it go?를 반드시 기억해 두세요.

❷ kiss and make up은 '화해하다'라는 표현입니다. 그래서 Let's kiss and make up.이라고 말하면 '기분 풀고 화해하자.'라는 뜻입니다.

313. How do you like Seoul?
서울에 와보니 어때요?

A: **How do you like❶ their food?**
그들의 음식이 어때요?

B: **It was good, but a little bit salty.**
좋아요, 그런데 조금 짠 거 같아요.

more

❶ '(~은) 어때요?'라고 의견을 묻는 표현은 〈How do you like ~?〉라고 많이 씁니다. 특히 식당에서 How do you like your steak?(스테이크 어떻게 구워 드릴까요?), How do you like your coffee?(커피 어떻게 드릴까요? 즉, 설탕과 크림을 어떻게 드릴까요?)와 같은 표현을 자주 들을 수 있습니다. 참고로, 스테이크를 바싹 익힐 때는 well-done, 중간쯤 익히는 것은 medium, 그리고 촉촉하게 살짝 구운 것은 rare라고 합니다.

314. What about me?
나는 어떡할까요?

A: **We're going to eat out tonight.**
우리는 오늘 저녁에 외식할 거야.

B: **What about❶ me?**
나는?

more

❶ '나는 어떡하고 당신들만?'이라는 뉘앙스로 반드시 사람에게만 쓰지 않고 사물에도 '(~는) 어떻게 하고?'라는 의미로 쓸 수 있습니다. 예를 들어 Did you get everything? Let me see. What about eggs?(다 샀어? 어디 보자. 계란은?)와 같이 사용할 수 있습니다.
사물에 관해서 쓸 때는 '그게 왜?, 그게 뭐?'와 같은 의미로도 쓰입니다.

ex A: Do you remember the coat I got last winter? (내가 지난 겨울에 산 코트 기억해?)
B: Yeah, what about it? (응, 그게 왜?)

315. What was the book about?
그 책은 무엇에 관한 것이니?

A: **What was that movie about?❶**
그 영화는 어떤 내용이었니?

B: **It was about a big flood.
It was a little scary.**
큰 홍수에 관한 거였어. 조금 무섭더라.

more

❶ about이 '(~에) 대한'의 뜻이므로 〈What+be동사+A+about?〉로 쓰면 A가 무슨 내용인지를 묻는 표현이 됩니다. What was that all about?(그게 다 무슨 일이었어?)도 많이 쓰는 표현이니 함께 익혀두세요.

316. What makes you think so?
왜 그렇게 생각하나요?

A: **You don't like her, do you?**
너 그녀를 좋아하지 않지, 그렇지?

B: **What makes you think so?**❶
왜 그렇게 생각하니?

A: **'Cause you've never even looked at her.**
네가 그녀를 한 번도 안 쳐다보더라고.

more

❶ I think so.가 '난 그렇게 생각해.'라는 표현인 것처럼 What makes you think so?는 직역하면 '뭐가 너를 그렇게 생각하게 만들었니?'라는 뜻이 됩니다.

관련표현
- What makes you say so? (왜 그런 말을 하는 건가요?)
- What brought you here? (여기에 왜 온 거야?)
- What took you so long? (왜 그렇게 오래 걸렸어?)

317. Why is that?
왜 그렇지?

A: **I can't stay here any longer.**
나 여기에 더 머물 수가 없어.

B: **Why is that?**❶ **Explain why.**
왜 그런데? 이유를 설명해 봐.

more

❶ 납득이 안 가는 얘기를 하면 간단히 Why is that?이라고 물을 수 있으며 비슷한 다른 표현으로는 What's that?(그게 뭔데?)이 있습니다. 단순히 Why?라고 할 수도 있지만 그보다는 Why is that?이라고 하는 것이 더 좋으며, Explain why.(이유를 설명해 봐.)라는 표현도 같은 의미로 사용할 수 있습니다. 비슷한 표현으로는 자주 쓰는 Why not?(왜 안 돼? / 싫어?)은 의미는 조금 다르지만 비슷한 상황에서 쓸 수 있습니다.

318. Don't you think so?

그렇게 생각하지 않니?

A: **Don't you think**① he became more positive after his promotion.
그는 승진 후에 훨씬 긍정적이 되었다고 생각하지 않아요?

B: **Yeah, absolutely! I think so.**
네, 맞아요! 그렇게 생각해요.

more

① I think so.(난 그렇게 생각해.)와 I don't think so.(나는 그렇게 생각하지 않아.)라는 평서문을 의문문으로 바꿨다고 생각하면 간단합니다. 회화에서 Don't you think so?라는 표현은 누구나 그렇게 생각될 수 있는 상황에서 나의 의견에 대한 상대의 반응을 물을 때 쓰며 '안 그래?' 정도의 의미입니다.

예문에 쓰인 Don't you think (that) he became ~ promotion?은 I think he became ~ promotion. Don't you think so?와 같은 뜻이 됩니다.

319. I'm thinking of changing my car for a bigger one.

차를 더 큰 걸로 바꿀까 생각 중이야.

A: **I'm thinking of**① changing our car for a bigger one.
우리 차를 더 큰 차로 바꿀까 생각 중이야.

B: **Don't you know we don't have enough money for that? You must be out of your mind.**
우리에겐 그럴만한 충분한 돈이 없다는 걸 몰라요?
당신은 제정신이 아닌 게 분명해요.

more

① 〈be thinking of[about]+ⓥ-ing〉는 '(~할까) 생각 중이다.'이라는 의미로 of 대신 about을 써도 됩니다. I'm thinking about buying a new computer.(새 컴퓨터를 살까 생각 중이야.) 또는 I'm thinking of going back to the States.(난 미국으로 돌아갈까 생각 중이야.)처럼 다양한 상황에 응용하여 사용할 수 있는 표현입니다.

320. What do you want me to do?
내가 뭘 해주길 바라니?

A: **How can I help you? Tell me.
What do you want me to do?**❶
어떻게 도와줄까? 말해. 내가 뭘 해주길 바라니?

B: **Stay with me. I don't wanna be alone**❷.
같이 있어줘. 혼자 있기 싫어.

more

❶ 〈want+목적어+to ⓥ〉는 '(~)가 ⓥ하길 원하다'는 의미로 She wants him to call her.(그녀는 그가 그녀에게 전화하기를 원한다), What do they want him to say?(그 사람들은 그가 뭘 말하기를 원하니?)와 같이 쓰면 됩니다.

❷ alone은 '홀로, 혼자'라는 의미입니다.

321. What do you need that for?
그게 뭐에 필요한가요?

A: **Can I borrow**❷ **your bicycle?**
네 자전거 좀 빌려줄래?

B: **Yeah... but what do you need that for?**❶
그래… 근데 그게 뭐에 필요하니?

more

❶ 여기에서 for는 '(~을) 위해'가 아니라 '원인, 이유, 동기'를 나타내며, I'm sorry for being late. (늦어서 미안합니다.)가 가장 자주 쓰이는 예입니다. 이렇게 〈What ~ for〉는 Why와 같은 의미가 되지만 Why do you need that?보다 〈What ~ for〉를 쓴 표현이 훨씬 고급스럽습니다.

❷ borrow는 '빌려오다'라는 뜻이고 '빌려주다'는 lend를 씁니다. lend를 써서 위의 문장을 바꾼다면 Can you lend me your bicycle?이라고 할 수 있습니다.

322. What do you think of this outfit?
내 옷차림에 대해 어떻게 생각하세요?

A: **What do you think of❶ her outfit❷?**
저 여자 옷 어때?

B: **Well, it is old-fashioned.**
글쎄, 구식인데.

A: **What do you think of my new car?**
내 새 차 어때?

B: **Well, it's nice, but not my type.**
글쎄, 멋지지만 내 취향은 아니네.

more

❶ What do you think of ~?는 '(~에) 대해 어떻게 생각해?'라는 의미로 상대의 의견을 묻는 표현입니다. What do you think of her?(그녀에 대해 어떻게 생각하니?)와 같이 사용할 수 있습니다. 또한, What do you think of this outfit?과 같이 차림새에 대한 질문에 It looks good on you.(당신에게 잘 어울려요.)라고 답하면 좋습니다.

❷ outfit은 '의상'을 뜻합니다. 캐주얼이나 청바지 차림에도 쓸 수 있습니다. 단, 정장 옷차림 한 벌은 suit라고 합니다.

323. Such as what?
예를 들면?

A: **I want to get something special for her.**
난 그녀를 위해 뭔가 특별한 것을 사주고 싶어.

B: **Such as what?❶**
예를 들자면 어떤 거?

more

❶ Such as what?은 '말하자면 어떤 거?'라는 뜻으로 For example?과 같은 의미라고 이해하면 됩니다. Give me an example.(내게 예를 들어줘 봐.)이라고 말해도 같은 의미가 됩니다.

324. What's that supposed to mean?

대체 무슨 의도로 하는 소리죠?[그게 무슨 뜻이죠?]

A: **You wouldn't like it there.**
너는 거기 안 좋아할 거야.

B: **What's that supposed to❶ mean?**
그게 무슨 의미지?

A: **I mean that palace is a little nasty❷.**
내 말은 그 저택이 좀 지저분하다고.

more

❶ be supposed to: '(~)하기로 되어 있다'
  • You're supposed to be here at 6. (넌 여기에 6시에 오기로 되어 있다.)
  • What am I supposed to do? (내가 어떻게 해야 하지?)
  • What is that supposed to mean? (=What do you mean by that?)
    (그게 무슨 뜻인데? - 약간 이해하기 어렵거나 화가 나서 상대에게 묻는 표현)

❷ nasty는 '형편없는, 추잡한, 지저분한'이라는 의미입니다.

325. Not now.

지금은 안 돼.

A: **Can we talk now?**
지금 얘기할 수 있어?

B: **Oh, not now.❶ As you can see, I'm on the phone right now. Maybe later on, OK?**
지금은 안 돼. 보다시피 난 지금 통화 중이잖아. 나중에, 응?

more

❶ Not now.는 〈I cannot+ⓥ+right now.〉라고 길게 말하는 대신에 쓸 수 있는 표현입니다. Why don't you go to bed now?(이제 잠자리에 드는 게 어때?)라고 물었을 때 No, not now. I wanna watch this TV show.(싫어, 지금 말고. 나 이 프로 보고 싶어.)와 같이 쓰면 됩니다.

326. Not really.
별로.

A: **Do you like him?**
너 그 사람 좋으니?

B: **Nah❶, not really.❷**
I think he's a little stuck-up❸.
아니, 별로. 내 생각엔 그는 좀 거만한 것 같아.

more

❶ Not really.는 Never나 No처럼 딱 잘라서 말하지 않고 '별로 그렇지 않다', '꼭 그런 건 아니다'라고 약하게 부정하는 말입니다. 예를 들어 '배고프니?(Are you hungry?)'라고 물었을 때도 '별로'라고 답하고 싶을 때 Not really.를 쓰면 됩니다.

❷ Nah는 No의 구어로 Nope라고 해도 같은 말입니다. Yes의 경우에는 Yep이나, Yeah라고 합니다.

❸ stuck-up은 '거만한, 점잖은 척하는(=arrogant, haughty)'이라는 뜻입니다.

327. Not at all!
전혀!

A: **Do you mind if I use your bathroom?**
화장실 좀 써도 되겠니?

B: **Oh no, not at all!❶ Go ahead. It's at the end of the hall on your right.**
아, 그럼요! 쓰세요. 복도 끝 오른편에 있습니다.

more

❶ 〈Do you mind if I ~ ?〉는 '내가 (~하면) 꺼리니?'라는 뜻의 정중한 표현입니다. 대부분 이렇게 물을 때, '전혀 그렇지 않다'는 의미의 Not at all.이라고 답을 하는 것이 좋습니다. 하지만 Do you mind if I smoke?와 같은 질문에 I'm sorry I don't smoke. Will you please go outside and smoke? 정도로 I'm sorry를 써서 꺼린다는 의사를 부드럽게 표현하면 더 좋습니다.

328. No way!
절대 안 돼!

A: **Can you lend* me some money?**
돈 좀 빌려 줄 수 있니?

B: **No way!* You didn't even pay me back the last $1,000 yet. I will never ever lend you money again.**
절대 안 돼! 너 아직 지난번에 빌려간 1000불도 안 갚았잖아. 다시는 네게 절대 돈 안 빌려줄 거야.

more

❶ No보다 훨씬 더 강한 표현이라 생각하고 쓰면 됩니다. 상대방이 정말 말도 안 되는 얘기를 할 때도 No way!라고 할 수 있으며 더 강한 표현으로는 Hell no!가 있습니다.

❷ lend는 '빌려주다'이며, '빌리다'는 borrow를 쓰니 혼동하지 마세요.
   ex Can you lend me some money? (나한테 돈 좀 빌려줄 수 있니?)
   Can I borrow your car? (내가 네 차 좀 빌릴 수 있을까?)

329. Not yet.
아직.

A: **Did you have lunch?**
점심 먹었니?

B: **Not yet.* I was as busy as a bee.***
아직. 너무나 바빴어.

more

❶ Not yet.은 준비가 덜 된 상태에서 할 수 있는 답으로 예를 들어 Are you ready? 혹은 Did you finish your work?라고 물었을 때 아직 다 마치지 못한 경우 이렇게 답하면 됩니다. He didn't call me yet.과 같이 문장 안에 〈not ~ yet〉이 쓰이면 '아직 (~)하지 않았다.'의 문장이 됩니다.

❷ 〈as busy as a bee〉라는 표현은 '무척 바쁜'이란 뜻입니다.

330. Not always.
항상 그렇지는 않아.

A: Do you always pay that° much for your phone bill°?
년 늘 전화 요금을 그렇게 많이 내니?

B: Not always.° But I made a lot of international phone calls° last month.
늘 그렇지는 않아. 지난달에 국제전화를 많이 했어.

A: Does he always come home this° late?
그는 매일 이렇게 늦게 집에 오니?

B: Not always. Only when he takes night duty°, he's late.
늘 그렇지는 않아. 야근할 때만 늦어.

more

❶ Not always.는 '늘 그런 것은 아니다'라는 답을 간단하게 할 때 사용합니다.

❷ that much에서 that은 '그렇게, 그만큼'이라는 의미입니다. 예를 들어 He is that smart.라고 하면 '그는 그렇게 똑똑하다.'라는 의미가 되며 두 번째 예문, this late의 this는 '이렇게, 이만큼'이라는 의미입니다.

❸ make a phone call은 '전화를 걸다'는 의미이고 international call은 '국제 전화'입니다.

참고 • phone bill: 전화 요금 고지서　　• domestic call: 국내 전화

❹ take night duty는 '야근하다, 밤에 근무하다'는 의미로 work on the night shift와 같은 표현입니다.

331. Not necessarily.
꼭 그래야 하는 것은 아니야.

A: Do I really have to go to university?
꼭 대학에 가야 해?

B: Not necessarily,❶ but you can get a better job with a bachelor's degree❷.
꼭 그런 것은 아니지만 대학 졸업하면 훨씬 나은 일자리를 구할 수 있어.

more

❶ Not necessarily.는 '꼭 그럴 필요가 있는 것은 아니다'라는 의미인데 발음이 조금 힘들게 느껴질 수 있습니다. 그런 경우에는 'It's not necessary.'라고 써도 좋습니다. 평서문에 사용하면 A professor is not necessarily wise.(교수라고 꼭 현명한 것은 아니다.)처럼 '꼭 그런 것은 아니다'라는 의미의 문장을 만들 수 있습니다.

❷ bachelor's degree는 학사학위, master's degree는 석사학위, doctor's degree는 박사학위입니다.

332. Listen!
들어 봐!

A: I will be fine after I get some rest.
좀 쉬면 나아질 거야.

B: Listen!❶ You have to go see a doctor now!
내 말 들어! 너 지금 병원에 가야 해!

more

❶ 상대가 차분하지 않은 상태이거나 뭔가 설명할 기회가 필요할 때 쓸 수 있습니다. Listen up!도 같은 상황에서 쓸 수 있습니다.

333. Maybe.
아마(도).

A: **Are you going to come to her birthday party?**
너 그녀의 생일 파티에 올 거니?

B: **Maybe.❶ But I have to check on my schedule first.**
아마도. 그런데 먼저 내 스케줄부터 체크해야만 해.

more

❶ 확실히 결정되지 않은 상황에 대해 물어올 때 'Maybe~'라고 답할 수 있습니다. 또한 Maybe I will.(아마 그럴 거야.)처럼 상황에 따라 조금 다를 수 있지만, maybe는 '아마'라는 의미의 부사로 문장 어디에나 넣어 쓸 수 있습니다.

334. I'm almost done.
거의 다 했어.

A: **I'm almost❶ done. Give me like❷ 30 more minutes!**
나 거의 끝냈어. 대충 30분만 더 줘!

A: **Where are you at?**
어디야?

B: **I'm almost❶ there.**
거의 다 왔어.

more

❶ '거의'라는 의미의 almost는 It's almost five o'clock.(거의 5시다.)이나 It's almost time to go.(거의 갈 시간이다.)처럼 쓰는 것이 가장 일반적이지만 He was almost frozen to death.(그는 하마터면 얼어 죽을 뻔했다.)처럼 '하마터면'이라는 의미로 쓰인다는 것도 함께 알아두면 좋습니다.

❷ 예문의 like는 about과 비슷한 의미로 쓰였으며, I need, like, some water.처럼 문장의 중간중간에 큰 의미 없이도 자주 사용합니다.

335. So-so.
그냥 그래.

A: **How do you like**[1] **your job?**
하는 일은 어떠니?

B: **So-so.**[2] **Not bad.**
그럭저럭. 나쁘지 않아.

more

❶ 〈How do you like~?〉는 '(~이) 어떠니?'라는 질문으로 How do you like Korea?(한국이 어때?)처럼 대상에 대한 상대의 생각이나 느낌을 물어볼 때 씁니다. 이때, 좋지도 나쁘지도 않을 땐 so-so라고 대답하는데 How are you?같이 안부를 묻는 질문에 대한 답으로도 많이 쓰는 표현입니다.

336. So far so good.
아직까진 괜찮아.

A: **How do you get along with**[2] **your new senior?**
새로운 상사와는 잘 지내니?

B: **So far so good.**[1]
아직까진 괜찮아.

more

❶ so far는 '아직까지, 지금까지'라는 뜻으로 so far so good이면 '아직까지는 좋다'라는 뜻입니다. 또한, Any questions so far?(여기까지 질문 있습니까?)도 자주 쓰는 표현이니 함께 알아두세요.

❷ 〈get along with A〉는 'A와 잘 지내다, 친하게 지내다'라는 표현으로 Do you get along with your roommate?라고 하면 '룸메이트와 잘 지내니?'라는 뜻입니다.

337. Sometimes.
가끔.

A: **Do you feel your age?**❷
나이 든 걸 느끼니?

B: **Sometimes.**❶ **I can't win over**❸ **time.**
가끔씩. 시간을 이겨낼 수는 없지.

more

❶ sometimes는 I oversleep sometimes.(난 가끔 늦잠을 잔다.)처럼 일반 문장에서 빈도부사로 쓰이기도 합니다.

❷ 예문의 feel one's age는 '나이를 느끼다' 즉, '나이가 들었다는 사실을 느끼다'라는 의미입니다.

❸ win over 대신에 쓸 수 있는 get over는 '극복하다'라는 뜻이므로 He still doesn't get over his mom's death.라고 하면 '그는 아직 그의 어머니의 죽음을 받아들이지 못하고 있다.'는 의미가 됩니다.

338. No wonder!
그럴 줄 알았어!

A: **He's been playing around**❷**; no wonder**❶ **he goes broke.**
그렇게 놀고 다니더니 망할 만해.

A: **He got caught for a DUI**❸ **last night.**
그는 음주운전으로 어제 걸렸어.

B: **No wonder! I knew that would happen sometime.**
그럴 줄 알았어. 난 언젠가 그런 일이 생길 줄 알았어.

more

❶ 〈no wonder+S+V~〉처럼 결과가 되는 문장을 no wonder의 뒤에 쓸 수도 있고 '뻔해.' 혹은 '그럴 줄 알았어.'라는 의미로 간단하게 No wonder.라고 쓸 수도 있습니다.

❷ play around는 '놀아나다'라는 뜻으로 안 좋은 뉘앙스로 쓰이는 표현입니다.

❸ DUI[Driving Under the Influence (of alcohol/drugs)]는 '음주 운전'이라는 의미의 줄임말입니다.

339. Exactly!
맞아!

A: Is this your address?
이게 당신의 주소입니까?

B: **Exactly!**❶
맞습니다.

A: Is that the reason why they dropped by❷?
그 이유로 그들이 다녀간 거구나?

B: **Right!**
맞아!

more

❶ '정확히 맞다' 또는 '동의하다'는 뜻으로 간단히 Right!, Exactly! 등을 쓰면 됩니다.
❷ drop by는 stop by와 같은 뜻으로 '들르다'의 의미입니다.

340. You bet!
당연하지!

A: Are you gonna come to his party?
너 그 파티에 갈 거니?

B: Oh, yeah! **Absolutely!**❶
아, 그럼! 물론이지!

A: It must be nice to drive a car like that, huh?
저런 차를 타고 다니니 좋을 거야, 그치?

B: **You bet!**
당연하지!

more

❶ absolutely는 '절대적으로 그렇다'는 강한 긍정을 나타내므로 You bet.과 같은 뜻입니다. You bet.은 '내 기라도 걸어라'는 의미이니 그만큼 강한 확신을 나타내며 I bet~은 '내가 장담하건데 ~' 혹은 '(~이) 틀림없다'라는 의미입니다.

341. That cannot be!
설마!

A: He always does things behind people's backs❷!
그는 사람들 뒤에서 호박씨를 깐다.

B: Impossible!❶ With that innocent face? No way!
설마! 그 순진한 얼굴로? 아니겠지!

more

❶ '설마 그럴 리가!'라는 의미로 Impossible!(불가능한)이나 That cannot be!(그럴 수가 없다)를 쓰면 됩니다. 비슷한 표현으로는 예문에 있는 No way!(말도 안 돼.)가 있습니다.

❷ behind[in] people's back은 '사람들의 등 뒤에서 모르게'라는 의미로 do something behind[in] people's back이라고 하면 '뒤에서 호박씨를 깐다'는 의미가 됩니다.

342. Not that I know of.
내가 아는 바로는 없어요.

A: By any chance❷, is she seeing someone?
혹시 그 애 만나는 사람 있니?

B: Not that I know of.❶ Why are you asking? Are you interested in her?
내가 알기로는 없어. 왜 묻는데? 그녀에게 관심 있어?

more

❶ Not that I know of.는 '내가 알기로는 아니다, 못한다, 없다' 정도의 의미입니다. 구어적 표현으로 회화에서 자주 쓰입니다.

❷ by any chance는 '혹시'라는 의미로 By any chance, is there any room vacancy?(혹시 빈 방 있나요?)와 같이 쓰면 됩니다.

343. That's what I'm talking about.
내 말이 그 말이야.

A: **I didn't like her dish❷. Did you like it?**
난 그녀가 만든 음식이 입에 안 맞았어. 넌 맛있었니?

B: **I think it was too salty.**
좀 짜더라.

B: **Yeah, that's what I'm talking about!❶**
맞아, 내 말이 그 말이야!

more

❶ 강한 동의를 나타낼 때 쓰는 '내 말이 그 말이야.'라는 표현으로 Exactly!나 Right! 등과 바꿔 쓸 수 있습니다.

❷ dish는 '접시'가 아닌 '요리'라는 의미로 주 요리를 말할 때는 a main dish라고 합니다. 맛에 관한 표현들은 아래와 같습니다.

관련표현
- 짠: salty
- 신: sour
- 매운: hot, spicy
- 단: sweet
- 싱거운: flat
- 쓴: bitter
- 느끼한: greasy, fatty

344. I mean it!
진심이야.

A: **Are you serious?**
진심이니?

B: **Do you think I'm joking? I mean it.❶**
장난하는 것 같아? 나 진심이야!

more

❶ mean은 형용사로 '비열한, 성질이 나쁜, 심술궂은' 등의 의미이지만 동사로는 '의미하다, (~의) 뜻이다'라는 의미입니다.

I mean it.은 진심으로 진지한 의도로 말할 때 쓸 수 있는 표현으로 상대가 내 말을 믿지 않을 때나 장난으로 받아들일 때 이 표현을 쓰면 좋겠습니다. I mean what I say.라고 해도 같은 의미입니다. 반면에 You mean it?이라고 물으면 '너 진심으로 하는 말이니?'라는 의미로 Are you serious?와 비슷한 뜻입니다. mean이 들어간 자주 쓰이는 문장도 함께 익혀두세요.

ex
- I see what you mean. (네가 무슨 말을 하는지 알겠다.)
- What do you mean by that? (그게 무슨 뜻이야?)
- I didn't mean to upset you. (널 화나게 할 생각은 아니었어.)

345 I don't get it.
잘 못 알아듣겠어요.

A: **Do you follow me?**
다 이해가 되시나요?

B: **No, I don't quite understand.❶**
Please explain it more clearly.
아니요, 이해가 잘 안되네요. 좀 더 명백하게 설명해 주실래요?

A: **Alright. Here we go again.**
Listen carefully.
알겠습니다. 다시 가죠. 잘 들어보세요.

more

❶ I don't quite understand.는 '잘 이해가 되지 않는다'는 뜻으로 상대의 설명을 제대로 이해하지 못한 경우에 쓸 수 있는데, I don't think I follow you.나 I don't get it.과 같은 의미입니다. 대화 중에 '내 말 다 알아듣고 있니?'라고 물을 때도 Do you follow me?라고 할 수 있으며 잘 이해하지 못한 상황에서 I don't get it.을 쓰는 것처럼 '이해했다, 알아들었다'는 표현은 I got it. I got you!라고 합니다.

346 I'm not familiar with medical terms.
의학 용어에 익숙하지 않아요.

A: **Do you follow me?**
다 이해가 되시나요?

B: **I don't quite understand.**
I'm not familiar with medical terms.❶
잘 모르겠어요. 의학 용어는 익숙하지가 않아요.

more

❶ 〈be familiar with〉는 '(~에) 익숙하다, 정통하다' 뿐 아니라 '(~와) 친하다'라는 의미로 쓰이므로 '난 이 웃들과 친하다.'는 표현은 I'm familiar with my neighbors.라고 합니다.
medical terms에서 term은 '용어'를 뜻합니다. scientific terms라고 하면 '과학 용어'가 됩니다.

347. I don't wanna get involved in this.
난 이 일에 말려들기 싫어.

A: **Don't involve me in** your domestic scenes[2].
너의 가정사에 관여하고 싶지 않아.

It was stupid of you to get involved[1].
말려들다니 네가 어리석었어.

She is involved in something illegal[3].
그녀는 불법적인 일에 연루되어 있다.

more

[1] 〈get involved in〉은 '어떤 일에 관계되다'라는 뜻으로 I asked her for help, but she said she didn't wanna get involved in my problem.(난 그녀에게 도움을 요청했지만 그녀는 내 문제에 개입하기 싫다고 했다.)과 같이 사용하면 됩니다.
[2] domestic scenes는 '가정사'라는 의미로 부부 문제 등을 가리킵니다.
[3] illegal은 '불법의'라는 뜻으로 illegal sale이라고 하면 '밀매'를 뜻합니다.

348. This isn't a joke!
이거 장난 아닌데!

A: **Don't play with**[2] me!
나한테 장난치지 마!

B: **This isn't a joke!**[1] I mean it!
이거 장난 아니야! 진심이야!

more

[1] This isn't a joke.는 I'm serious.(진심이야.)와 같은 의미입니다. 예문에 쓰인 I mean it.도 진심이라는 말로 비슷한 뉘앙스의 표현입니다.
[2] play with는 '(~와) 장난하다'라는 뜻으로 많이 씁니다.

349. I was going to say that.

내가 그 말 하려던 참이었어.

A: Aren't you hungry? Why don't we grab❷ something to eat?
배 안 고파? 뭐 좀 먹는 게 어때?

B: I was gonna say❶ that.
나도 그 말 하려던 참이었어.

more

❶ 〈be going to+ⓥ〉는 '(~)하려던 참이었다'라는 뜻으로 〈be just about to+ⓥ〉와도 같은 의미이므로 He was gonna buy it.은 He was just about to buy it.으로 바꾸어 쓸 수 있습니다.

❷ grab은 '잡다, 쥐다'라는 뜻으로 grab something to eat은 '뭔가 먹자'는 의미입니다.

350. That's good enough.

그걸로 충분해요.

A: He's a little like... he's not good-looking and short.
쟤는 좀… 생긴 것도 그렇고 키도 작아.

B: That doesn't matter.❷
He is good enough❶ for me.
그런 건 별 문제가 안 돼. 나에겐 충분히 좋은 사람이야.

more

❶ enough는 '충분한'이라는 뜻으로 앞에 good을 붙여서 It isn't good enough.(이걸로는 안 돼.)와 같이 쓰면 훨씬 더 매끄러운 회화체가 됩니다.

❷ It doesn't matter.는 회화에서 많이 쓰이는 표현으로 '문제 안 된다, 별 문제 아니다, 상관없다'라는 뜻을 가진 표현입니다.

351. I know nothing beyond this.

그 이상은 난 몰라.

A: **Why don't you tell me?**
나한테 말해주지 그래?

B: **Stop asking me! I know nothing beyond❶ that. Go talk to her face to face.**
그만 물어봐! 그 이상은 나는 몰라! 그녀에게 가서 직접 얘기해 봐.

A: **She already says she can't tell me anything under these circumstances❷.**
이미 그녀는 이런 상황에서 나에게 그 어떤 것도 말할 수 없대.

more

❶ beyond는 '(~의) 너머에, (~을) 넘어서, (~의) 이상으로'라는 의미의 전치사입니다. 가장 흔히 쓰이는 표현으로는 beyond the bridge(다리 너머에)처럼 어느 공간을 넘어선 곳을 표현할 때 씁니다.

❷ '상황'은 circumstance라는 단어를 쓰는데 아래와 같은 예에서 다양하게 쓸 수 있습니다. 또한, circumstance는 '형편, 사정' 등의 의미로 쓸 때 뒤에 's'를 붙인다는 것을 기억하세요.

ex
- under these circumstances (사정이 이러하므로)
- under any circumstances (어떤 경우에도)
- under certain circumstances (어떤 경우에는)
- as far as circumstances permit (사정이 허락하는 한)
- depend on circumstances (사정 나름이다)

352. I changed my mind.

맘이 바뀌었어요.

A: **I changed my mind.❶ I'll take that one instead.**
마음이 바뀌었어요. 대신 저걸 살래요.

B: **Are you sure this time?**
이번에는 확실하신가요?

more

❶ '마음이 바뀌다'는 change mind를 쓰며 이렇게 마음을 자주 바꾸는 변덕스러운 사람을 표현할 때는 fickle을 써서 She is so fickle.(그녀는 너무 변덕스럽다.)이라고 합니다. be capricious도 변덕스럽다는 의미의 표현이니 함께 알아두세요.

353. I'm afraid not.
(죄송하지만) 안되겠어요.

A: **I'd like to make a reservation for 3 nights.**
3일 동안 쓸 방을 예약하고 싶습니다.

B: **Oh, I'm afraid not.❶
We're fully booked for a week.**
죄송하지만 안되겠어요. 일주일 동안 방이 다 찼습니다.

A: **I'm afraid I called at a bad time.**
불편한 시간에 전화드린 건 아닌지 모르겠네요.

B: **That's all right.**
괜찮습니다.

more

❶ I'm afraid not.은 No.라는 뜻으로 '미안하지만 안되겠다'는 아주 정중한 거절의 표현입니다. 또한 〈I'm afraid+S+V〉의 패턴으로 써도 '유감스럽지만, 미안하지만'으로 시작하는 정중한 표현이 됩니다.

354. Talk is cheap.
말은 쉽지.

A: **Talk is cheap.❶
It's really hard to put into action❷.**
말은 쉽지. 행동으로 옮기기는 정말 어려워.

B: **Yeah, but go for it❷!**
그래, 그래도 한번 시도해 봐!

more

❶ cheap은 '싸다'라는 뜻으로 알고 있지만, Talk is cheap.의 cheap은 '고생하지 않고 쉽게'라는 뉘앙스입니다. That's easier said than done.(말은 행동보다 쉽다.)는 표현도 같은 뜻입니다.

❷ put into action은 '행동으로 옮기다'라는 뜻이고, Go for it!은 '한 번 시도해 봐'라는 의미의 구어로 Give it a shot!과 같은 뜻입니다.

355. I swear.
맹세해.

A: I swear I'll never leave you.
맹세하건데, 절대 너를 떠나지 않을 거야.

I swear to God, it's got nothing to do with me.
하나님께 맹세하는데 그것은 나와 아무 관련이 없어.

Don't ever swear at me again. Shame on you!
내게 다시는 욕하지 마. 부끄러운 줄 알아.

more

❶ swear는 가장 보편적으로 '맹세하다, 선서하다'의 뜻으로 쓰이지만 '(~에게) 욕을 하다'라는 의미도 있습니다. 그래서, swear on the Bible이라고 하면 '성경에 손을 얹고 선서하다'가 되지만 She swore at him.이라고 하면 '그녀는 그에게 욕을 마구 퍼부었다.'의 의미가 되니 주의해서 사용하세요. 일상생활에서는 내 말을 믿지 못하거나 의심하는 사람에게 Trust me.와 같은 의미인 I swear to God!(신에게 걸고 맹세하다)이라는 표현을 가장 흔하게 사용합니다.

356. You know what?
내 말 좀 들어볼래?[그거 알아? / 있잖아.]

A: I'm thinking about going out with him. He's such a good person.
나 그 남자와 사귀어볼까 해. 그 남자 정말 좋은 사람이야.

B: You know what? He's a flirt and lies like it's the truth.
너 그거 알아? 그 남자 바람둥이에다가 거짓말도 그럴듯하게 해.

more

❶ You know what?은 정확하게 해석하기는 조금 애매하지만 상대가 아직 모르고 있는 사실을 말해 주기 전에 습관처럼 쓰는 표현입니다. 상대에게 의견을 말하거나 제안할 때, 혹은 상대는 모르고 있는 것을 말할 때, 문장 처음에 쓸 수 있습니다. 우리말의 '있잖아~' 정도에 해당되며, Let me tell you something.과 비슷한 의미입니다. 상황에 따라 조금 다른 의미가 될 수 있지만 You know what? I'll call you later. (있잖아, 나중에 내가 전화할게.)처럼 흔하게 많이 쓰는 표현이니 잘 익혀두시기 바랍니다.

❷ • flirt: 바람둥이   • lie like it's the truth: 그럴듯하게 거짓말하다

357. I'll tell you what.

이렇게 하자.

A: **I'll tell you what.**① Everything went wrong from the beginning. We'll have to straighten things out before it gets worse.
이렇게 하자. 모든 게 처음부터 잘못돼 가고 있어.
일이 더 악화되기 전에 바로 잡아야 해!

A: I don't think we can get there today. We're totally lost②.
우리 오늘 안에 도착하지 못할 거 같아. 완전히 길을 잃었어.

B: Right! **I'll tell you what!** You go that way, and I'll go this way. Call me when you find something!
맞아! 이렇게 하자. 너는 저 길로 가고 나는 이 길로 갈게. 뭔가 찾으면 전화해.

more

① 해결하지 못하거나 결정하지 못하는 일이 있을 때, 제안을 하기 위해 주위를 환기시키고 싶을 때 주로 사용합니다. I'll tell you what. Let's go on a trip to Japan during our vacation.이라고 하면 이제껏 결정을 내리지 못하고 우왕좌왕하는 상황에서 '휴가 때 일본으로 여행가자.'라는 제안을 하려고 I'll tell you what.으로 먼저 주위를 환기시키는 것입니다. Open your ears!나 Look!도 비슷한 상황에서 쓸 수 있습니다.

② lost는 '길을 잃은'이라는 의미로 be[get] lost라고 하면 길을 잃었다는 의미입니다.

Unit 13 | Feelings

358 | I'm at peace.
편안해요.

A: **Are you still feeling frustrated?**
아직도 좌절감을 느끼니?

B: **No, I'm at peace❶ now.
I already overcame many difficulties.**
아니야, 이젠 편안해. 벌써 많은 난관을 극복했어.

more

❶ at peace나 at ease는 '(몸이나 마음이) 편한'이라는 뜻으로 힘든 시간을 겪어내고 이제는 편안하다는 의미입니다. My mind's at ease.(내 마음이 편하다), I cannot ease my mind.(마음을 진정시킬 수가 없다.)가 모두 ease를 사용한 표현입니다.

359 | What a relief!
정말 안심이 돼.

A: **You don't know what a relief❶ it is to hear that. I've been so concerned about that.**
그 말을 들으니 얼마나 안심이 되는지 넌 모를 거야. 나 많이 걱정했어.

more

❶ relief는 고통, 걱정, 근심 등으로부터의 '해방, 구제, 제거'라는 의미로 다양하게 사용됩니다.

ex • This will bring quick relief to your pain. (이게 고통을 없애는 데 즉효야.)
• He got relief from anxiety. (그는 걱정이 없어졌다.)

360. You look so happy.
기분이 좋아 보여요.

A: **Do you have any good news?
You look so happy❶ today.**
무슨 좋은 소식이라도 있니? 너 오늘 기분이 좋아 보인다.

B: **Not really. But it's a lovely day.**
별로. 근데 날씨가 좋잖아.

more

❶ 〈look+형용사〉: '(~해) 보인다'
- **ex**
  - You look pretty. (너 예뻐 보인다.)
  - You look different today. (너 오늘 뭔가 달라 보인다.)
  - You look like you're on top of the world. (너 붕 떠 있는 거 같다.)
  - You look like you just won the lottery or something.
    (너 꼭 복권이라도 당첨된 거 같다.)

361. I'm so glad to hear that.
그 말을 들으니 정말 기쁘다.

A: **How's your father?**
아빠 좀 어떠시니?

B: **The surgery❷ was a success.
He is recovering now.**
성공적으로 수술했고, 지금 회복 중이셔.

A: **I'm so happy to hear that.❶**
그 말을 들으니 정말 기쁘다.

B: **Thanks for asking me.**
물어봐 줘서 고마워.

more

❶ 상대에게 걱정이 될 만한 일이 있었는데 잘 해결됐다는 얘기를 들은 경우, I'm so glad to hear that.을 쓰고, 반대로 '참 유감이다'라고 할 때는 I'm sorry to hear that.을 쓰면 됩니다.

❷ 수술은 보통 operation이나 surgery를 쓰는데, surgery는 '외과 수술'에 주로 쓰입니다. recover는 '회복하다'는 의미입니다.

362. I'm embarrassed.
부끄럽네요.[당황스럽군요./창피해요.]

A: **I was so embarrassed** with my language barrier.
나는 언어의 장벽으로 너무 당황스러웠다.

A: **Ann's boyfriend embarrassed her by teasing her in front of others.**
Ann의 남자 친구는 다른 사람들 앞에서 그녀를 놀려대서 그녀를 난처하게 했어.

B: **She must be so embarrassed.**
그녀가 무척이나 무안했겠다.

more

❶ shy는 성격적으로 '수줍은, 숫기 없는, 부끄럼 타는'이고 embarrassed는 얼굴이 붉어질 정도로 창피하고 당황한 경우에 보통 많이 쓰입니다. 속어적인 표현으로는 '쪽팔리다'에 가깝습니다. I'm embarrassed.는 내가 부끄럽다는 것이고 It's embarrassing.은 그것이 나를 부끄럽게 만든다는 의미로 두 표현은 같은 의미입니다.

관련표현 감정을 나타내는 형용사

• annoyed (짜증난, 성가신)	• bored (지루한)
• confused (혼란스러운)	• disappointed (실망한)
• depressed (우울한)	• disgusted (역겨운)
• distracted (다른 데 정신 팔린)	• embarrassed (창피한)
• excited (신나는, 흥분된)	• exhausted (지친)
• frightened (무서운)	• frustrated (좌절한, 답답한)
• impressed (감명 받은)	• interested (흥미 있는)
• irritated (짜증난, 성가신)	• moved (감동 받은)
• overwhelmed (기죽은, 압도당한)	• pissed (off) (열 받은)
• pleased (흡족한)	• satisfied (만족한)
• scared (무서운)	• shocked (충격 받은)
• stressed (out) (스트레스 받은)	• surprised (놀란)
• tired (피곤한)	• touched (감동 받은)
• upset (심난한)	• worried (걱정하는)

❷ language barrier는 '언어 장벽'을 뜻하는데 다른 나라 말을 잘하지 못할 때 우리는 흔히 'I don't speak ~'라고 하는데 이보다 I have language barrier.라고 하는 것이 더 유창한 표현입니다.

❸ tease는 '놀리다, 조롱하다' 등의 뜻으로 Stop teasing me!라고 하면 '그만 놀려!'라는 뜻입니다.

363. I feel guilty.
나 양심에 찔려.

A: **Are you OK?**
괜찮니?

B: **Do you think I'm OK?** I feel guilty.❶
내가 괜찮을 거라 생각하니? 나 찔려.

A: **You have nothing to be ashamed of.**
너는 부끄러워 할 것이 없어!

more

❶ guilty란 '유죄의, 죄를 저지른'의 뜻 이외에 '죄책감을 느끼는, 가책이 드는'이라는 뜻이 있어서 Do you feel guilty?라고 하면 '가책을 느끼니?'라는 의미가 됩니다. 반대로 nothing to be ashamed of는 '부끄러운 것이 없는, 양심의 가책을 느끼지 않는'이라는 뜻입니다.

364. I feel obligated.
부담스럽네요.

A: **Why don't you get married?**
결혼하는 게 어때?

B: **I don't wanna get married for now because** I feel so obligated❶ **to support**❷ **a husband and kids.**
지금은 결혼하고 싶지 않아. 남편과 아이들 뒷바라지하는 게 부담스러워.

more

❶ obligate는 보통 수동형으로 '의무가 있다, 강요당하다'라는 의미로 쓰입니다. 예를 들면 Parents are obligated to support their children.(부모는 자녀를 양육할 의무가 있다.)와 같이 표현합니다. 그래서 feel obligated라고 하면 '부담을 느끼다'라는 뜻이 되며, '짐을 지우다', '부담시키다'라는 의미의 또 다른 단어인 burden을 사용해서 I was burdened with debt.(나는 빚으로 시달렸다.)와 같이 표현해도 같은 의미가 됩니다. 반대로 '편안함을 느끼다'는 feel comfortable이라고 표현합니다.

❷ support는 '부양하다', '원조·후원하다' 등의 뜻으로 미국에서 이혼할 때 아이를 키우는 양육비를 child support라고 한다는 것도 참고하세요.

365. My position is very uncomfortable.
내 입장이 정말 난처해.

A: I beg❷ you to take care of this problem.
이 문제를 처리해 주시길 부탁드립니다.

B: You know my position is very uncomfortable here.❶
지금 내 입장이 정말 난처하다는 거 알죠?

more

❶ '입장'은 보통 영어로 position으로 표현되며, '난처하다'는 uncomfortable을 쓰면 됩니다. 비슷한 표현으로 I'm placed in delicate position.(나는 미묘한 입장에 처해 있다.), I'm in an awkward[difficult] situation.(나는 곤란한 처지에 있다.)가 있습니다.

❷ beg는 '구걸하다, 부탁하다, 간청하다'의 뜻으로 I'm begging you.(부탁드립니다.)와 같이 사용할 수 있습니다.

366. I have butterflies in my stomach.
나 너무 떨려.

A: Are you ready for the test?
시험 준비 다 됐지?

B: Not really. Even though I've prepared for it so hard, I have butterflies in my stomach.❶
별로야. 그렇게 열심히 준비했는데도 나 너무 떨려.

A: I understand, but it will be alright. Just do your best.❷
이해해, 하지만 괜찮을 거야. 그냥 최선을 다해.

more

❶ butterfly는 '나비'라는 뜻의 단어이지만, have butterflies (in your stomach)이라고 쓰면 긴장, 걱정 등으로 불안한 마음이나 초조감을 나타냅니다. 이 표현은 '(긴장해서) 가슴이 울렁거리다'라는 뜻입니다. I'm so nervous that my stomach is turning upside down.과도 같은 뜻입니다.

❷ '최선을 다하다'는 do the best이고, '열심히 하다'는 try hard를 쓴다는 것도 기억하세요.

367. What a surprise!
놀랍군요!

A: You look a lot different. Did you get plastic surgery® or something?
너 정말 달라 보인다. 성형수술 같은 거 한 거야?

B: Oh, no! You know I can't afford that. I've been working out, and I lost 20 lbs® lately.
오, 아니야! 너 알듯이 난 그럴 형편이 못 돼. 최근에 운동해서 20파운드 빠진 거야.

A: Wow! What a surprise!®
왜 놀라운데!

more

❶ 놀라운 일이 생겨 감탄하는 말로, That is amazing!이나 Wonderful! 정도로 바꿔 써도 좋습니다.
❷ plastic surgery는 '성형수술'을 말합니다.
❸ lbs(엘비에스)는 'pound'의 약자로 미국에서는 몸무게부터 마트에서 사는 식품까지 모두 이 단위를 사용합니다.

368. How time flies!
시간이 정말 빨리 가네!

A: How time flies!® Time flies like an arrow®.
시간이 정말 빨리 간다! 시간이 쏜살 같이 흘러가네.

more

❶ How time flies!는 시간이 빨리 흐른다는 것을 감탄의 형식으로 말하는 것으로 Time flies.와 같은 의미입니다. 반대로 '시간이 정말 안 간다'는 Time is really dragging.이라고 합니다.

[관련표현]
- Time passes. (시간이 흐르다.)
- Time's up. (시간이 다 되다.)
- Time and tide wait for no one. (세월은 사람을 기다리지 않는다.)
- He just wastes time. (그는 시간을 낭비한다.)

❷ arrow는 '화살'이니 시간이 화살처럼 빨리 간다고 이해하면 됩니다.

369. It was so touching, I almost cried.
너무 감격해서 눈물이 날 뻔했다.

A: **How was the movie you saw yesterday?**
어제 본 영화는 어땠어?

B: **It was so touching[1], I almost[2] cried.**
너무 감동적이어서 울 뻔했어.

more

[1] '감동받다'라는 표현은 be moved, be touched, be impressed 등으로 다양하게 표현할 수 있습니다.

   ex
   - I was deeply moved by his manner. (나는 그의 매너에 깊이 감동했다.)
   - We were touched by their friendship. (우리는 그들의 우정에 감동했다.)
   - It was a dramatic scene. (그것은 감격적인 장면이었다.)

[2] 우리말로 '(~할) 뻔하다'라는 뉘앙스를 살리기 위해 almost를 사용하면 좋습니다. '네가 거의 날 칠 뻔했다.'는 You almost hit me!라고 하고 '하마터면 그걸 잊을 뻔했다.'는 I'd almost forgotten that.이라고 표현하면 됩니다.

370. I can't ease my mind.
마음을 진정시킬 수가 없어.

A: **I can't ease my mind[1] after that accident.**
그 사고 이후로 마음을 진정시킬 수가 없어.

B: **Why don't you listen to music?**
I felt the same way before, and
music eased my mind.
음악을 좀 들어보는 게 어떨까? 나도 전에 그런 적이 있었는데, 음악이 내 마음을 진정시키더라고.

more

[1] 동사 ease는 '진정시키다, 편해지다' 혹은 '(통증 등을) 덜어주다'라는 의미입니다. 그래서 I can't ease my mind.는 좋아서 흥분한 때보다는 걱정, 공포, 긴장, 불안 등의 마음이 생겼을 때 '마음을 진정시킬 수가 없다.'라는 의미로 많이 사용합니다. 비슷한 표현으로 I feel so unsure.가 있습니다.

371. I have no regrets.
후회는 없다.

A: Even though I lost so many things, I have no regrets❶.
정말 많은 것을 잃었지만, 나 후회는 안 해.

B: I totally agree with you. If I were you,❷ I would do the same thing 'cause it was worth❸ it.
난 전적으로 네 말에 동의해. 내가 너였어도 똑같이 했을 거야. 그건 그만한 가치가 있었어.

more

❶ regret ⑧ 후회하다, 유감을 표하다 ⑲ 유감
- I regret what I have done. (나는 내가 한 짓에 후회한다.)
- I have regret. (후회가 있다.)
- I expressed regret. (유감을 표했다.)

❷ If I were you는 '내가 너였어도, 내가 너였으면'이라는 가정법 표현으로 많이 쓰이므로 익혀두기 바랍니다.

❸ 〈be worthy of ~〉와 〈be worth ~〉는 '(~의) 가치가 있다'라는 뜻으로 같은 표현입니다.

372. I'm so bored to death.
심심해 죽겠어요.

A: I'm so bored to death.❶ Do you wanna go out?
심심해 죽겠다. 나갈래?

B: Come here and watch this movie with me. It's not bad.
이리 와서 나랑 이 영화 같이 봐. 괜찮네.

more

❶ bored는 '지루하다, 심심하다'의 뜻으로 거기에 to death를 함께 쓰면 '(~해서) 죽겠다'의 뜻이 됩니다. I'm tired to death.는 '피곤해서 죽겠다.'이고 I'm hungry to death.는 '배고파서 죽겠다.'는 의미입니다.

373. You make me sick.
난 네가 지긋지긋해.

A: I told him to his face, but he didn't listen to me. He really turned me off.❶
대놓고 말해도 그는 듣지 않았어. 그 남자한테 질렸어.

Stop nagging❷ me.
You make me sick.❶
잔소리 좀 그만해. 정말 지긋지긋해.

more

❶ '(~에) 질리다, 지긋지긋하다'라는 의미의 〈turn sb off〉가 사람에 대해 많이 쓰이는 것에 비해 〈sick and tired of〉는 사람뿐 아니라 음식이나 물건, 환경에도 쓸 수 있습니다. 예를 들어 '나는 라면에 질렸다'는 I'm sick and tired of instant noodles.라고 하면 됩니다.

❷ nag는 '잔소리하다, 들볶다, 바가지 긁다' 등의 의미입니다.

374. I've seen enough.
지겹도록 봤어.

A: I'm sick and tired of that.
I've seen that enough.❶
지긋지긋해. 저건 지겹도록 봤어.

B: Hey, calm down.
It's not gonna work that way.❷
야, 진정해. 그런 식으로는 해결되지 않아.

more

❶ have seen enough는 '충분히 봤다' 즉, '지겹도록 봤다'의 뜻으로 I'm sick and tired of it.과 자주 같이 쓰입니다.

❷ It's not gonna work that way.는 '그런 식으로는 해결이 안 돼.'라는 의미로, 자주 쓰이는 표현입니다. '이런 식'은 this way, '저런 식'은 that way라는 것도 함께 알아두세요.

375. Whatever! I don't care.

뭐든! 난 상관 안 해.

A: Did you hear that your ex❷-boyfriend will get married❸ next month?
네 전 남자 친구가 다음 달에 결혼한다는 소식 들었어?

B: Whatever! I don't care.❶
그러거나 말거나. 상관 안 해.

more

❶ '상관 안 해, 관심 없어.'의 의미인 I don't care.는 정말 많이 쓰이는데 이와 비슷한 표현인 I don't give a shit.은 가깝고 편한 사이에서 쓸 수 있는 표현입니다. It doesn't matter.도 '어쨌거나 나는 상관 안 하겠다.'는 뉘앙스이므로 비슷한 의미의 표현이며, Whatever!는 '그러거나 말거나'라는 의미로 I don't care.와 함께 쓰면 좋습니다. 여기서 care는 '상관하다, 관심을 가지다'라는 의미이지만 care for는 '좋아하다, 선호하다'는 의미로 Would you care for coffee[another drink]?라고도 많이 쓰이니 함께 알아두세요.

❷ 'ex-'는 '전'이라는 의미로 ex-wife는 '전 부인'이고 ex-president는 '전 대통령'입니다.

❸ '결혼하다'는 be[get] married to이며 He's married to a model.(그는 모델과 결혼했다.)처럼 표현하면 됩니다. '그는 결혼한 지 3년 되었어.'라고 할 땐 He has been married for 3 years.라고 합니다.

376. I can't stand it (any longer).

(더 이상은) 못 참겠다.

A: Why are you shivering like that?
왜 그렇게 떨어?

B: It's too cold.
I can't stand❶ much more of this.
너무 추워. 더는 못 참겠어.

more

❶ can't stand는 의미상 bear나 endure와 같은 단어로 바꿔 쓸 수도 있지만 구어에서는 stand를 많이 씁니다. 쉽게 I can't take it anymore.라고 표현할 수 있으며 견디기 힘든 상황이나 지치고 짜증나는 경우에 사용합니다.

377. I have my heart in my mouth.

너무너무 걱정돼.

A: Did he call you?
I'm really wondering how it went❷.
그에게 전화 왔어요? 어떻게 됐는지 정말 궁금하네요.

B: Me, too. But don't worry.
He'll solve the problem.
나도요. 그렇지만 걱정 마세요. 그가 잘 해결할 거예요.

A: You know what? I have my heart in my mouth❶ now because the result will affect the fate of our company.
그거 알아요? 지금 너무나 걱정돼요. 그 결과에 우리 회사의 운명이 달려있잖아요.

more

❶ 은유적인 표현으로 입 속에서 내 심장이 쿵쿵 뛰는 듯 애타고 절박하게 걱정하는 상황을 나타냅니다. 간단히 I'm worried so much.로 표현할 수 있습니다.

❷ How it goes는 '일이 어떻게 되어가다'라는 의미입니다.

378. That pisses me off!

그것 때문에 화가 나요[열 받쳐].

A: Did he say that to you?
그가 네게 그렇게 말했어?

B: Yes, he did.
그래, 그랬어.

A: That pisses me off!❶
How could he say that to you?
정말 열받네! 어떻게 네게 그런 소리를 할 수 있는 거니?

more

❶ piss off는 '화나게 하다, 열받게 하다' 등의 의미로 상대에게 You piss me off!라고 하면 '너는 나를 화나게 만들어.'라는 뜻이 됩니다. 자신이 화가 났을 때는 I'm pissed off.라고 말하는데 이는 I'm angry! 보다 더 많이 쓰이고 조금 더 강한 표현입니다. 사실 piss는 '소변', '소변을 보다'라는 뜻이지만 off와 함께 쓰여 속어적인 표현인 '뚜껑이 열린다, 열받는다'와 같은 의미가 된 것입니다. My head is about to blow off some steam.도 너무 화가 나 있는 상태를 나타내는 같은 의미의 표현입니다.

379 I can't calm down.
진정할 수가 없어.

A: **Calm down!**
We all know that he is an S.O.B❷.
진정해! 우리 모두가 저 인간 개XX인 것 알잖아.

B: **I know he's an ill-natured❷ person,**
but I can't calm❶ down.
나도 그가 질이 나쁜 사람인 것은 알아,
그런데 화를 누를 수가 없네.

more

❶ '침착한, 차분한'의 의미로 많이 쓰이는 calm은 동사로 '진정시키다'라는 의미가 있습니다.

❷ S.O.B.는 son of a bitch의 줄임말로 아주 못되고 나쁜 남자를 두고 쓰는 속어입니다. ill-natured 역시 '질이 나쁜'이라는 의미로 사람의 성품을 두고 묘사할 때 쓸 수 있는 표현입니다.

관련표현 • I've never been so mad in my life. (내 인생에 이보다 더 화가 난 적은 없었어.)
• Don't get your shirt off! (화내지 마!)

380 I'm out of my mind.
제정신이 아니에요.

A: **Are you out of your mind?❶**
제정신이 아니지?

B: **I don't know. I guess I'm not myself.**
Leave me alone.
모르겠어. 나 제정신이 아닌 것 같아. 내버려둬.

more

❶ out of one's mind는 '제정신이 아닌, 약간 미친' 등의 뜻으로 이해가 안 가는 행동이나 말을 하는 상대에게 쓰면 됩니다. 비슷한 표현으로 I'm not myself today.라고 하면 '난 오늘 내 정신이 아니야.'이고, I don't know whether I'm going or coming.은 '나는 아무것도 모르겠다.' 정도의 의미가 됩니다.

381. I'm going to freak.
미쳐버리겠어.

A: **When my car was carried away by a flood, I was freaked out.**[1]
홍수로 내 차가 떠내려갔을 때 나는 기겁했어.

A: **What is your hobby?**
취미가 뭐예요?

B: **I'm a computer freak**[2].
난 컴퓨터광이에요.

more

[1] freak out은 '몹시 놀라다, 기겁하다, 미치다, 몹시 흥분하다'의 뜻으로 너무 놀라 기겁하거나 화가 나서 미쳐버릴 것 같을 때 회화에서 많이 쓰는 표현입니다. I'm going crazy. 혹은 I'm going nuts.와 비슷한 의미가 됩니다. 사랑에 미치든지, 일에 미치든지, 무언가를 갖고 싶은 욕심에 제정신이 아닐 때 I'm going to freak.이라는 표현도 쓸 수 있습니다.

[2] freak은 형용사로 '광적인', 명사로는 '열광자'라는 뜻으로 정상이 아닐 정도로 흠뻑 빠진 상태를 두고 씁니다. 그래서 무언가의 뒤에 freak을 붙이면 '그것의 광'이라는 표현으로 I'm a jazz freak.이라고 하면 '나는 재즈광이다.'는 뜻이 됩니다.

382. It's scary!
무서워!

A: **How could that happen? It's so scary**[1]**!**
어떻게 그런 일이 생길 수 있지? 너무 무서워!

We were lost in the dark, and it was very scary.
우리는 어둠 속에서 길을 잃었는데 너무 무서웠다.

more

[1] creepy가 '소름 끼치게 징그러운'이라면 scary는 '무서운'이라는 의미로 awful과 비슷한 느낌입니다. 상대가 나를 놀라게 해서 무서움을 느꼈을 때 You scared me!라고 하면 됩니다.

383. It's creepy!
소름 끼쳐!

A: He is a creepy❶ guy with an evil look.
그는 사악하게 생긴 섬뜩한 사람이다.

more

❶ creepy는 '오싹한, 소름이 끼치는'이라는 의미로 공포감을 느끼거나 징그러울 때 주로 씁니다. 예를 들어 creepy insect라고 하면 '징그러운 벌레'가 됩니다. 참고로, 추위 혹은 공포를 느낄 때 돋는 '소름, 닭살'을 영어로 goose bumps라고 하며, '소름이 돋았다, 닭살이 돋았다'는 표현은 get goose bumps라고 하면 됩니다.

384. What a shock!
정말 충격이야!

A: What a shock!❶
Did you really say that to her?
충격이야! 네가 정말 그녀에게 그 말을 한 거야?

B: Yes, I did. I tried not to, but I couldn't help it❷. She was so stuck-up❷.
응, 그랬어. 안 그러려고 했는데 어쩔 수가 없었어.
그 여자는 너무나 거만하더라.

more

❶ What a shock!은 What a surprise!와 마찬가지로 놀랐을 때 쓰는 표현이지만 놀란 정도가 보다 강해서 충격적일 때 쓰는 표현입니다. 황당하거나 혹은 믿어지지 않을 정도의 대담하고 획기적인 일에 대한 반응으로 할 수 있는 표현입니다.

❷ '난 어쩔 수가 없었다.'는 I couldn't help it.이라고 표현하며 stuck-up은 구어로 '거드름 부리는, 거만한'이라는 뜻입니다.

385. Everything shows.
다 티 난다.

A: **You lied to me.**
너 나한테 거짓말했지.

B: **How can you tell? It shows on my face.❶ I can't hide❷ it.**
어떻게 알아? 내 얼굴에 다 나타나는구나. 난 숨길 수가 없어.

A: **Stop trying to hide it! You can't hide it. It's too obvious.❶**
숨기려고 하지 매 넌 숨길 수가 없어. 다 티나.

B: **Will you please keep it a secret? I really don't know what to do. I'm in a panic❸.**
제발 비밀로 해줄래? 정말 어떻게 해야 할지 모르겠어. 나 너무 무서워.

more

❶ Everything shows.는 '다 보인다', obvious는 '명백한'이라는 뜻으로, 겉으로 다 드러나 보이고 명백한데도 우기는 사람에게 Everything shows.나 It's too obvious. 또는 You can't hide it.이라고 말할 수 있습니다.

❷ hide는 cover up처럼 '가리다, 감추다'라는 뜻도 있고, '몸을 숨기다'라는 의미로도 쓰입니다.

❸ panic은 '(갑작스러운) 극심한 공포, 공황'이라는 뜻이며 in a panic은 '공포에 휩싸여, 겁에 질려'라는 뜻입니다.

Unit 14
Compliments & Gratitude

386. Thanks for your tip.
귀띔해 줘서 고마워요.

A: Hey, don't forget that she's a vegetarian. OK?
이봐, 그 사모님은 채식주의자라는 것 잊지 마. 응?

B: Oh, I almost forgot that.
Thanks for your tip.❶
아, 깜빡할 뻔했네. 귀띔해 줘서 고마워요.

more

❶ tip은 '사례금' 혹은 '끝'이라는 뜻 이외에도 '정보, 힌트(hint), 귀띔'과 같은 의미로 쓸 수 있습니다. My friend gave me a tip on the stock market.이라는 표현에서 보면 tip은 '정보'라는 의미로 '친구가 나에게 증시에 관해 정보를 주었다.'는 뜻이 됩니다.

387. I can't thank you enough.
어떻게 감사해야 할지 모르겠어요.

A: Did you really do that for me?
I don't know how to thank you enough.❶
날 위해서 정말 그런 거야?
어떻게 고맙다는 말을 해야 할지 모르겠다.

B: No, you don't really have to.
It was my pleasure.
아니야, 정말 그럴 필요는 없어. 내가 좋아서 한 거야.

more

❶ 정말 고마워서 '고맙다'는 말로 부족할 때 위의 표현을 쓰면 됩니다. How sweet of you!(친절하기도 해라)는 감탄문인데 상황에 따라 고마움을 표현할 수 있습니다.

388. I really appreciate it.
정말 감사합니다.

A: I appreciate your help.❶
도와주셔서 정말 감사합니다.

B: Oh, no, it was my pleasure!❷
아니에요, 천만에요.

more

❶ Thank you.보다 더 정중하게 격식을 차려 감사의 표현을 할 때 appreciate를 쓰는 것이 좋습니다. '감사하다'는 표현에는 Thanks, Thank you, Thanks a lot, Thank you very much. 등이 있지만 appreciate를 사용하면 좀 더 점잖게 느껴집니다.

❷ My pleasure.는 You're welcome.과 같은 의미의 표현이지만 훨씬 정중하고 따뜻한 표현입니다. 흔히 고맙다는 말에 대한 답으로 쓸 수 있습니다.

389. Thank God!
다행이다!

A: Isn't this your purse?
I found it in the parking lot.
이거 네 지갑 아니야? 주차장에서 찾았어.

B: Really? Oh, thank God❶!
I lost it, and I was looking for it.
정말? 아, 다행이다! 잃어버려서 찾던 중이었어.

A: Thank God that's finished!
저게 끝나서 다행이야!

B: I'll second that.❷
동감이야.

more

❶ 힘겹고 간절한 상황에서 일이 잘 해결되었을 때, 잘 끝났을 때 쓰면 됩니다. 우리가 잘 알고 있는 family restaurant 중에도 TGIF가 있는데 이는 Thank God It's Friday의 줄임 말로 '금요일이어서 다행이다, 드디어 금요일이구나'라는 의미입니다.

❷ I (will) second that.은 I agree.와 같은 뜻입니다. second를 동사로 쓰면 '지지하다, 찬성하다'라는 뜻입니다.

390. Good for you!
잘했어!

A: How was your final exam❶?
기말고사 어땠니?

B: I've got 90 out of 100❸.
100점 만점에 90점 받았어요.

A: Wow! You did a good job!
Good for you!❶ I'm so happy for you!
와! 잘해냈구나! 잘했어! 너 때문에 나도 정말 기쁘구나!

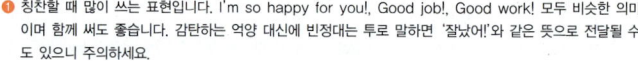

more

❶ 칭찬할 때 많이 쓰는 표현입니다. I'm so happy for you!, Good job!, Good work! 모두 비슷한 의미이며 함께 써도 좋습니다. 감탄하는 억양 대신에 빈정대는 투로 말하면 '잘났어!'와 같은 뜻으로 전달될 수도 있으니 주의하세요.

❷ final exam은 '기말고사'이고, '중간고사'는 midterm입니다.

❸ 몇 점 만점에 몇 점을 표현할 때는 '(~out of 만점)'으로 표현하면 됩니다. 가요 중에 '10점 만점에 10점'이란 노래 제목이 있는데 ten out of ten이라고 쓸 수 있겠죠. 물론 꼭 점수에만 쓰는 게 아니라 '몇 명 중 몇 명', '몇 가구 중 몇 가구'와 같이 유사한 표현에 모두 쓸 수 있습니다.

391. You're very good at this.
너 이건 정말 잘해.

A: I think you're very good at this.❶
이건 네가 정말 잘하는 거 같아.

B: You think so? I'm happy to hear that.
그렇게 생각해? 그런 소리 들으니까 기분 좋은데.

more

❶ be good at은 '(~을) 잘하다'라는 뜻으로 뒤에 명사 또는 동명사가 와야 합니다. 반대말은 be poor at으로 He is poor at English.(그는 영어를 잘 못한다.)와 같이 쓰면 됩니다. 뉘앙스의 차이는 조금 있지만 be not good at을 더 자주 사용합니다.

392. I think you look pretty good as you are.
지금 있는 그대로가 참 보기 좋은 것 같아.

A: **Why don't you have some more?**
좀 더 먹지 그래?

B: **I can't. I'm on a diet❷ now.**
안 돼. 다이어트 중이야.

A: **What for?❸**
You look pretty good as you are❶.
왜? 지금 그대로가 예쁜데.

more

❶ as you are는 '지금 있는 그대로'라는 뜻으로 as는 '(~와) 같이, (~)처럼, (~)만큼' 등의 의미입니다. 예를 들어 As you know는 '네가 알고 있는 것처럼'이라는 의미가 됩니다.

❷ 〈be on a diet〉는 '다이어트 중이다'라는 의미입니다.

❸ What for?는 Why?와 비슷한 의미로 '무엇 때문에?'라는 뉘앙스입니다.

393. I've still got it!
아직 옛날 실력 안 죽었어.

A: **Wow, you're so good at this!**
You've still got it!❶ It is amazing!
와, 너 이거 정말 잘하는구나!
아직 옛날 실력이 안 죽었네. 놀라워!

B: **Yep! Don't underestimate❷ me.**
그럼! 나를 과소평가하지 마.

more

❶ '실력이 있다'는 can이나 be able to, be capable of를 써서 '할 수 있다'는 의미로 나타낼 수 있지만, '실력이 죽지 않았다'는 '아직 그 실력을 갖고 있다'는 의미에서 have still got it으로 씁니다.

❷ underestimate는 '과소평가하다'라는 의미이며, 반대로 '과대평가하다'는 overestimate입니다.

394. Nobody is as good as her.
그녀만한 사람은 없어.

A: I've been trying to find someone else, but nobody is as good as her.❶
다른 누군가를 찾아보려 했지만 그녀만한 사람은 없어.

A: Did she pass the exam?
그녀는 시험에 합격했니?

B: No, she failed again. No one is as smart as you.
아니, 또 떨어졌대. 누구도 너만큼 똑똑한 애는 없어.

more

❶ 칭찬할 때 쓸 수 있는 좋은 표현입니다. 〈as+형용사+as+비교 대상〉의 구문이 '(~)만큼 (~)하다'라는 의미이므로 앞에 nobody나 no one을 써서 '(~)만큼 (~한) 사람은 없다'는 표현을 만드는 것이죠. Nobody is as pretty as her.라고 하면 '누구도 그녀만큼 예쁘지 않다.'는 의미가 됩니다.

395. You're so adorable!
정말 사랑스러워!

A: Is it your puppy? Oh, it is so adorable❶! Is it a boy or a girl?
이거 네 강아지니? 너무 귀엽다! 남자야, 여자야?

B: It's a male❷.
남자야.

A: Can I pet him?
쓰다듬어도 돼?

more

❶ adorable은 love나 like와는 조금 다르게 '반할만큼 귀여운, 사랑스러운'이라는 뜻으로 주로 어린 아이, 강아지, 여성에게 쓰며, 마음에서 우러나와 진심으로 사랑스러울 때 쓰는 표현입니다.

❷ 강아지라 해도 boy, girl이라고 쓸 수 있으며, male(남자), female(여자)이라고 표현하기도 합니다.

Unit 15 Asking

396. Could you do me a favor?
부탁 하나 들어줄래?

A: **Hello.**
여보세요.

B: **Hey, it's me.**
야, 나야.

A: **Who's this?**
누구신데요?

B: **This is your sister. How come you don't recognize my voice? Anyway, hey, do me a favor❶!**
누나야. 어떻게 내 목소리도 못 알아듣니? 아무튼, 부탁 좀 들어줘.

A: **It's 3 o'clock in the morning! What is it?**
새벽 3시에 무슨 일인데?

B: **I've got a flat tire❷. Can❸ you come over and pick me up?**
타이어가 펑크가 났어. 와서 나 좀 태워다 줄래?

more

❶ favor는 '호의, 친절'이라는 뜻 이외에 '청, 부탁'이라는 의미가 있어서 Do me a favor.라는 표현은 '내 부탁 좀 들어줘라.'라는 약간의 명령조이지만 편한 사이에서 많이 쓰는 표현입니다.

❷ flat tire는 '펑크난 타이어'입니다. flat이 '평평한, 납작한'이라는 의미이므로 타이어에 바람이 빠져서 탱탱한 상태가 아니라는 것을 표현할 때 flat tire라고 합니다.

❸ could가 항상 can의 과거형은 아닙니다. 예의를 갖추어 정중하게 말할 때도 쓰는데 똑같은 의미이긴 해도 Can you do me a favor? 보다는 'Could'를 쓰는 것이 격식이 있는 표현이 됩니다.

397. Can you give me a hand?
좀 거들어 줄래요?

A: **Are you sure you can do that by yourself?**
정말 너 혼자 할 수 있겠어?

B: **No, I don't think I can do this alone. Can you give me a hand?**❶
아니, 혼자는 못하겠다. 좀 도와줄래?

more

❶ '돕다'는 표현에는 흔히 help라는 단어를 떠올리지만 hand에도 '도움(의 손길)'이라는 의미가 있어서 give one a hand는 '도와주다'는 의미가 되고 '도와줄까?'라고 묻고 싶을 때는 Do you need a hand?라고 하면 됩니다. 물론 동사 help를 사용한 Can you help me out please?(좀 도와주실 수 있어요?)도 마찬가지로 자주 쓰는 표현이니 함께 알아두세요.

398. You don't want to do that, do you?
안 그럴 거지, 그렇지?

A: **I'm thinking about leaving my job these days.**
난 요즘 일을 그만둘까 생각하고 있어.

B: **Oh, no. You don't want to do that, do you?**❶
안 돼. 안 그럴 거지, 그지?

more

❶ 상대방이 내린 어떤 결정이나 판단에 대해 안타까움을 표시하거나 그러지 말라고 설득할 때 쓸 수 있는 표현으로 '설마 진짜 그러려는 것은 아니지?'라는 뉘앙스가 내포되어 있습니다. Don't do that.과 같은 의미이지만 설득이나 부탁의 뉘앙스가 들어있다고 이해하면 됩니다.

399. Do you mind if I use your bathroom?
화장실 좀 써도 될까요?

A: **Do you mind if I smoke?❶**
담배 좀 피워도 될까요?

B: **Oh, no. Not at all.❷ Go ahead!**
아, 네. 그럼요. 피우세요.

more

❶ mind라는 동사에는 '신경 쓰다, 꺼림칙하게 생각하다'라는 의미와 함께 '조심하다, 주의하다'라는 뜻이 있습니다. 그래서 Never mind!는 '신경 쓰지 매'라는 의미가 되고 Mind! You'll fall!는 '조심해! 넘어지겠다'라는 의미가 됩니다. 또한, 위의 표현은 Can I smoke?라고 바꾸어 사용할 수도 있지만 May I ~?나 Do you mind ~?를 사용하는 것이 훨씬 더 격식을 갖춘 정중한 표현이 된다는 것도 함께 알아두세요.

❷ Do you mind if ~?라고 질문했을 경우에는 정말 싫은 경우를 제외하고는 보통 Not at all.로 답하며 그렇게 답하기를 권합니다. 물론 No, I don't.나 No, I don't mind.라고 답해도 무방합니다.

400. Put yourself in my shoes.
너도 내 입장이 돼 봐.

A: **Put yourself in my shoes❶. If you were me, what would you do?**
내 입장이 되어 봐. 네가 나라면 어떻게 했겠니?

B: **Well, if I were you❷, I would choose the other way.**
글쎄, 나라면 다른 길을 택했을 거야.

more

❶ 우리말로 내가 처한 '상황'이나 '입장'을 영어로 shoes로 표현할 수 있습니다. 다른 어휘로는 ground, place, position 등이 있습니다.

❷ If I were you는 '내가 당신이라면'이라는 의미의 가정법 표현입니다.

401. Please don't lose your temper.

화내지 말아요.

A: Please don't lose your temper!❶ You don't have to. I'm sure he's gonna pay for❷ it someday.
제발 성질 부리지 말아요! 화낼 필요 없어요. 언젠가 그는 대가를 치르게 될 거예요.

more

❶ lose one's temper는 '화를 내다, 흥분하다'라는 의미로 상대가 화가 나서 흥분을 가라앉히지 못할 때 Please don't lose your temper.라고 하면서 진정시키면 좋겠습니다. 비슷한 표현으로 Keep your temper.나 Don't get angry. 또는 Don't get pissed off.가 있습니다.

❷ pay for는 '어떤 일에 대한 대가를 치르다'라는 의미입니다.

402. For God's sake, stop doing that.

제발, 하지 마요.

A: Speak it, for God's sake❶.
말 좀 해 봐, 제발.

B: Alright, let me organize my thoughts first.
알았어, 먼저 생각 좀 정리할게.

more

❶ For God's sake는 Please와 비슷한 뜻이지만, 애절하게 부탁하는 것이 아니라 약간 다그치듯이 하는 부탁의 표현입니다. 어려운 표현이 아니니 많이 쓰시길 권합니다.

403. We'd better keep it down for now.
지금은 조용히 하는 게 좋겠어요.

A: **Hey guys! It's 3 o'clock in the morning! I have to wake up early in the morning! You'd better keep it down.**❶
얘들아! 지금 새벽 3시야! 나 아침 일찍 일어나야 해!
너희들 좀 조용히 하는 게 좋겠어.

B: **Sorry!**
미안!

more

❶ keep it down을 직역하면 '소리를 낮추다'라는 의미이므로 '조용히 하다'라는 뜻이 됩니다.
〈S+had better+ⓥ〉는 '(~)하는 게 낫다'라는 뜻으로 많이 쓰이는 표현입니다. I'd better eat now. (난 지금 먹는 게 낫겠다.)처럼 쓰면 됩니다.

404. You should keep it to yourself.
너만 알고 있어.

A: **Come out and say it. What is it?**
털어놔 봐. 뭐야?

B: **Alright, but you should keep it to yourself.**❶
알았어. 근데 너만 알고 있어.

more

❶ keep은 '간직하다, 보관하다'의 뜻으로 keep it to yourself라고 하면 '그것을 너의 안에 보관하다'라는 의미로 비밀로 해달라는 뜻이 됩니다. '비밀'은 secret가 많이 쓰이지만, '비밀로 간직하다'라고 말하고 싶을 때는 위의 표현을 자주 사용합니다. secret를 넣어서 〈keep ~ secret〉라고 써도 됩니다.

관련표현
- Will you please keep this just between you and me?
  (이건 우리만 아는 비밀로 해줄 거지?)
- It's a secret between you and me. (너와 나 사이의 비밀이야.)
- It's just between us. (우리만의 비밀이야.)

405 Give me a break.
(나 좀) 내버려 둬![한 번만 봐줘요. / 그만 좀 해.]

A: **Please give me a break.❶**
I can make it this time.
제발 한 번만 봐줘요. 이번엔 할 수 있어요.

A: **"Give me a break!" shouted my brother.**
"Get lost❷ and stop bothering me!"
형은 "이제 그만해! 꺼져, 그만 귀찮게 하고!"라고 소리쳤다.

more

❶ '잠깐만, 한 번만 더 기회를 줘, 괴롭히지 마, 그냥 날 내버려 둬.' 등의 의미로 괴롭힘이나 시달림을 당할 때 쓸 수 있는 표현입니다. 어떤 사람이 힘들게 만들거나 말이 안 통할 때도 Give me a break, you still don't get it.(잠깐만! 넌 아직도 이해 못했어.)와 같이 쓸 수 있으며 상대가 너무 웃기거나, 기막힌 얘기를 했을 때도 Give me a break!라고 말할 수 있습니다. 이럴 땐 '웃기지 마.(말도 안 되는 소리 하지 마.)'라는 뜻입니다. 이렇게 Give me a break.는 상황에 따라 다양하게 사용할 수 있으며 그때그때마다 조금씩 다르게 해석됩니다.

❷ Get lost는 '저리 가! 꺼제!'의 의미로 Get out of here.보다 더 강한 표현입니다.

406 Let me go!
날 보내주세요!

A: **He grabbed hold of❷ me and wouldn't**
let go of me❶.
그는 날 붙들더니 놓아주질 않았어.

more

❶ Let은 '(~하게) 해주다'라는 뜻으로, 예를 들어서 Let me think about it.이라고 하면 '내가 생각 좀 해보게 해줘'라는 뜻이 됩니다. I will let you stay here.(내가 너를 여기에서 지내게 해줄게.)와 같은 문장도 자주 쓰이는 표현입니다. Let me go!는 명령형은 아니지만 강한 의지가 들어간 표현이며 let go of는 '(~을) 놓다'라는 뜻입니다.

❷ 〈grab hold of ~〉는 '꼭 붙들어 놓다, 꼭 붙잡다'라는 의미의 숙어입니다.

407. Be my guest.
좋을 대로[편할 대로] 하세요.

A: **Be my guest**[1] and help yourself to everything.
편하게 어느 것이든 맘껏 가져다 드세요.

A: I'd rather not go.[2]
난 안 가는 게 좋겠어.

B: I see. **Suit yourself.**[1]
알겠어. 마음대로 해.

more

[1] Be my guest! 또는 Suit yourself!는 상대에게 편할 대로 하라고 권할 때 많이 쓰는 표현입니다. Can I order something expensive?(나 뭐 비싼 거 주문해도 돼?)와 같이 부탁이나 요청을 할 때나 I'm sorry. I think I have to take a nap while you're driving.(미안하지만 네가 운전하는 동안 나는 좀 졸아야겠어.)와 같이 양해를 구할 때 답으로 Suit yourself.를 쓸 수 있습니다.

[2] 〈would rather+ⓥ〉는 '차라리 ⓥ하는 게 낫다'라는 의미입니다.

408. Make yourself at home.
당신 집처럼 편하게 있어요.

A: It's really hot outside. I'm all sweaty. Can I take a shower?[2]
밖에 너무 더워. 땀투성이가 됐네. 샤워 좀 해도 될까?

B: Sure. **Make yourself at home.**[1]
I'll get you a clean towel.
그럼. 집처럼 편하게 있어. 깨끗한 타월 갖다 줄게.

more

[1] 상대를 많이 배려해 주는 표현으로 집을 방문한 손님에게 사용하면 좋습니다.

[2] • be all sweaty: 땀으로 흠뻑 젖다
• take a shower: 샤워를 하다

409. It's up to you!
당신 뜻대로 해요.

A: So do you wanna make a contract❷?
계약하길 원하세요?

B: Well, I don't know. Can you give me a few more days to decide?
음, 모르겠어요. 결정할 때까지 며칠만 더 주세요.

A: OK. Whether you sign or not❸, it is all up to you.❶
알겠어요. 서명을 하는 건 모두 당신에게 달려 있어요.

more

❶ '당신한테 달리다, 당신 뜻대로 하다'라는 의미로 상대를 배려하는 표현입니다. 꼭 기억해두고 회화에서 많이 쓰길 권합니다.
❷ make a contract는 '계약을 하다'라는 의미입니다.
❸ 〈whether~or not〉은 '(~)인지 아닌지'라는 뜻으로 I don't know whether he can speak Chinese or not.(그가 중국어를 하는지 모르겠네.)처럼 사용할 수 있습니다.

410. Go ahead.
먼저 하세요.

A: Go ahead.❶
먼저 하세요.

B: No, you go first.
아니요, 먼저 하세요.

more

❶ '먼저 (~을) 해라'의 뜻으로 After you, Go ahead, You go first.를 모두 쓸 수 있으며, 예의를 갖추거나 상대를 배려하는 경우에 쓰면 좋습니다. 또는 동시에 같은 행동을 했을 경우에도 상대에게 먼저 하라는 양보의 의미로 사용할 수 있습니다. 반대의 뜻을 가진 표현으로는 First come, first served.(먼저 오는 순서대로)가 있습니다.

411. Don't get me wrong.
오해하지 마세요.

A: **Don't get me wrong.**
   I didn't mean it personally.
   오해는 하지 마세요. 개인적인 감정으로 한 일은 아니었어요.

more

❶ 같은 뜻의 표현으로 Don't misunderstand me.나 Don't take it the wrong way.가 있습니다. Don't get me wrong. 대신 Don't get me the wrong way.라고 해도 무방합니다. 일상생활에서 자주 쓰는 표현이니 꼭 알아두세요.

❷ I didn't mean it personally. 대신에 Don't take it personally.(개인적으로 받아들이지 마.)라고 말해도 같은 의미를 전달할 수 있습니다. 물론, Don't take it the wrong way.라고 해도 상관없습니다.

412. Don't take it personally.
개인적으로 받아들이지 마세요.

A: I think you have to take night duty today. You know you have to finish all this by today.
   당신 오늘 야근해야 할 것 같아요. 오늘까지 그거 마쳐야 하는 거 알잖아요.

B: I'll stay to get this done.
   이거 다 마칠 때까지 있을게요.

A: **Don't take it personally.** Those are the rules here.
   개인적으로 받아들이지 마세요. 여기 방침이 그렇습니다.

more

❶ personally는 '사적으로, 개인적으로'라는 의미의 부사로 take와 함께 써서 개인적인 감정이 들어간 것이 아니니 오해하지 말라는 뜻을 나타낼 때 쓰는 표현입니다.

Unit 16. Apology & Comfort

413. I didn't mean to do that.
결코 고의가 아니었어.

A: I waited for you for about 3 hours yesterday. Why didn't you show up❷?
나 어제 너 3시간 정도 기다렸어. 왜 나 바람맞힌 거니?

B: I'm so sorry, but I didn't mean❶ to do that. Something urgent came up.❸
정말 미안해. 그런데 고의는 아니었어. 다급한 일이 생겼었어.

A: Well, at least you could call me!
글쎄, 적어도 전화는 할 수 있었잖아!

more

❶ mean: 의미하다, 의도하다
- I mean it. (=I'm serious., I'm not kidding.) (진심이다.)
- I didn't mean it. (=I didn't mean to do that.) (그러려던 것은 아니었어.)
- I didn't mean to say that. (그 말을 하려던 것은 아니었어.)

❷ didn't show up은 약속 장소에 나타나지 않았다는 것이므로 '바람맞혔다'는 의미입니다.

❸ '(무슨 일이) 갑자기 생기다'라는 표현은 come up이라는 동사를 사용해서 Something came up.이라고 합니다.

414 Sorry, I forgot.
미안, 까먹었어.

A: **Don't you remember you promised you would come home early today?**
오늘 집에 일찍 오겠다고 약속한 거 기억 못해요?

B: **Sorry, I forgot.❶**
미안, 깜빡했어.

more

❶ forgot은 'forget'의 과거형으로 '잊다'라는 의미입니다. 따라서 '잊지 마!'는 Don't forget (about it)!이나 Remember it!으로 표현합니다.

415 Sorry for the trouble.
번거롭게 해서 미안합니다.

A: **Can you refill my coffee again?**
커피 리필 한 번 더 해주실래요?

B: **Sure.**
그러죠.

A: **Sorry for the trouble.❶**
번거롭게 해드려서 죄송해요.

more

❶ trouble은 '불편, 폐'라는 의미입니다. Sorry for the trouble.은 상대에게 불편, 수고를 끼치게 해서 미안하다는 뜻의 표현으로 뭔가를 부탁하며 이 말을 덧붙이면 듣는 상대도 즐겁고 내 입장도 점잖아지니 자주 쓰길 권합니다.

416. I was hard on you.
내가 널 힘들게 했어.

A: You look depressed❷. What's up?
우울해 보여. 무슨 일 있어?

B: I'm having a hard time with my boyfriend.
He is hard on me.❶
남자 친구 때문에 힘들어. 그가 나를 힘들게 해.

more

❶ '힘들다'는 표현은 간단히 have a hard time을 쓰지만 누구를 심하게 대한다는 표현은 〈be hard on + 사람〉을 쓰면 됩니다. '난 요즘 힘들어.'는 I'm having a hard time these days.이고, '널 심하게 대한 거 같아'라는 표현은 I think I was hard on you.라고 합니다.

❷ depressed는 '우울한'이라는 뜻으로 look과 함께 써서 '우울하게 보인다'는 의미가 되는데 depressed 대신에 blue를 써도 좋습니다.

417. I'll make it up to you.
보상할게.

A: Please forgive me.
I'll make it up❶ to you somehow.
Give me a second chance.
제발 용서해줘요. 어떻게든 내가 더 잘할게요.
한 번만 더 기회를 줘요.

B: This is the last chance I'm giving you.
Don't mess up anymore!
이게 내가 주는 마지막 기회에요. 더 이상 일을 그르치지 말아요!

more

❶ make up에 있는 여러 가지 뜻 중에서 '보상하다'라는 의미로 쓰여 아직 하지 못한 일 또는 지키지 못한 약속을 완수하거나, 잘못한 일을 보상하겠다는 의미로 사용할 수 있습니다. 또한, make up에는 '마음의 결정을 내리다'라는 의미도 있어 Let me know when you make up your mind.(마음이 정해지면 알려줘.)처럼 사용할 수 있습니다.

418. I won't disturb you.
방해 안 할게.

A: **Do you mind if we talk it over later? I have to study now.**
우리 나중에 얘기하면 안 될까? 나 지금 공부해야 돼.

B: **Oh, I'm sorry.
I won't disturb you from now on.❶**
아, 미안. 이제부터는 방해 안 할게.

more

❶ I won't disturb you.는 상대방의 사생활을 방해해서 미안함을 표현할 때 쓸 수 있는 표현으로 I will leave you alone.과 같은 의미가 됩니다. 상황을 바꿔서 자신이 이런 표현을 쓸 때는 Don't disturb me, Leave me alone. 혹은 Don't bother me.라고 할 수 있으며 상황에 따라 간섭을 받기 싫은 경우라면 It's none of your business.나 It is my privacy.도 함께 사용할 수 있습니다.

419. I dropped the ball.
내가 실수했어.

A: **I was supposed to submit all the documents by yesterday, but I dropped the ball.❶ Could you please give me another chance❷?**
어제까지 이 서류들을 다 제출하기로 되어 있었는데 제가 실수했습니다. 제게 한 번만 더 기회를 주시면 안될까요?

more

❶ '실수하다'는 흔히 make a mistake로 쓰지만 구어로 drop the ball도 '실수하다'라는 의미입니다. 단어 그대로 해석하면 '공을 떨어뜨리다'이지만 실수를 저질렀을 때 쓰는 말이기도 하니 기억해 두세요.
❷ another chance는 '또 다른 기회'라는 의미로 second chance와도 같은 뜻이 됩니다.

420. I'm so sorry I couldn't help you all the way.
끝까지 다 도와주지 못해서 정말 미안해요.

A: I have to leave now. I'm sorry I couldn't help you all the way.❶
지금 가봐야 해요. 끝까지 도와주지 못해서 미안해요.

B: Oh, no. You were a great help. I don't know how to thank you.
아니에요. 정말 많은 도움이 되었어요.
어떻게 감사드려야 할지 모르겠습니다.

more

❶ '끝까지, 전부 다'라는 표현은 영어로 all the way라고 합니다. 그래서 I cannot do this with you all the way.라고 하면 '끝까지 너와 함께 이것을 하지 못해.'라는 의미가 됩니다. '끝까지 데려다 주지 못해서 미안하다.'라고 하면 Sorry, I can't take you all the way.처럼 쓰면 됩니다.

421. I'm sorry I'm not much help.
별 도움이 못 되서 미안해.

A: If I had money, I would help you. I'm sorry I'm not much help.❶
내게 돈이 있다면 내가 널 도와줄 텐데.
별 도움이 못 되어서 미안해.

A: How's that book?
그 책 어때요?

B: It wasn't much help.
별 도움이 안 되던데요.

more

❶ not much help는 '별 도움 안 되는'이라는 뜻으로 도움을 주고 싶었지만 주지 못한 경우나 도움이 되기를 기대했던 어떤 것에 실망했을 때 예문에 쓰인 것처럼 It wasn't much help.라고 하면 됩니다.

422. Don't worry.
걱정 마세요.

A: **Don't worry.**[1] Everything's gonna be alright. If it doesn't kill you, it will just make you stronger!
걱정 마. 다 잘될 거야.
널 죽이는 일이 아니라면 널 더 강하게 만들 거야.

more

[1] Don't worry.는 '걱정하지 말라'는 뜻뿐만 아니라, Don't worry, it's not a big deal.처럼 '신경 쓰지 마, 심각하게 생각할 것 없다, 별 일 아니다'라는 의미로 이해해도 됩니다. 그래서 I'll take care of it. Don't worry about it.은 '내가 처리할 테니 신경 쓰지 마'라는 의미가 됩니다.

유사표현
- Don't mind it at all. (전혀 신경 쓸 거 없어요.)
- Forget about it. (잊어버려요.)
- Let it go. (그냥 놔둬.)

423. Keep your chin up!
기운 내요!

A: **Keep your chin up!**[1]
You'll do well on the exam.
기운 내요! 당신은 시험을 잘 볼 거예요.

Keep your chin up and play fair[2]**!**
기죽지 말고 당당히 싸워라!

more

[1] Keep your chin up.은 '용기 잃지 말고 기운을 내라, 당당해라'라는 뜻인데, chin이 '아래턱, 턱 끝'이라는 뜻이니 고개를 숙이거나 기가 죽어 턱이 내려가게 하지 말라는 뜻으로 이해하면 됩니다. 흔히 아는 Cheer up!과 비슷한 의미의 표현입니다.
[2] play fair는 '정정당당히 싸우다'라는 의미로 fight fair 또는 act fair로 표현해도 같은 의미가 됩니다.

424. Don't go to pieces.
절망하지 말아요.

A: I feel despair in my life. I kind of feel like I'm standing on the edge of a precipice❷.
난 내 인생에 절망했어. 벼랑 끝에 서있는 듯한 기분이야.

B: I've been there before. I know exactly how you feel now, but it's OK. It's not an end. Don't go to pieces.❶
나도 그런 적이 있었어. 지금 네 심정 잘 알아. 하지만 괜찮아. 이게 끝은 아니야. 절망하지 마.

more

❶ '절망'을 나타낼 때는 despair라는 어휘를 많이 쓰지만 Don't go to pieces.는 주로 구어체에서 많이 쓰는 표현입니다. 비슷한 의미의 다른 표현으로는 Don't be hopeless. Never say die. 혹은 Don't give way to despair.가 있습니다.

❷ 예문의 precipice는 '절벽, 낭떠러지'를 뜻하며, cliff를 써도 됩니다. stand on the edge of a precipice 는 '벼랑 끝에 서다'라는 의미입니다.

425. There's still some hope.
아직 희망은 있어요.

A: Please don't get frustrated❷ with yourself by this. There is still some hope.❶
제발 이 일로 좌절하지 마. 아직 희망은 있어.

more

❶ 좌절하거나 절망하는 사람에게 따뜻한 위로의 말을 건넬 때 아주 유용한 표현입니다. 참고로, '고생 끝에 낙이 온다.(No pain, no gain.)'라는 표현이 있는데 위의 표현과 연결하여 써도 좋습니다.

❷ '좌절하다'는 get[be] frustrated, be upset으로 표현하면 됩니다.

426. Don't blame yourself.
자책하지 말아요.

A: Why am I so foolish❷ all the time?
왜 나는 늘 그리 어리석을까요?

B: You shouldn't have done that, but don't blame yourself.❶
It's just one of those things,❸ and everything's gonna be alright.
I know you will make it someday.
그러지 말지 그랬어. 그렇다고 자책하지는 마. 얼마든지 있을 수 있는 일이고 다 좋아질 거야. 언젠가 넌 해낼 거야.

more

❶ blame은 '비난하다'라는 뜻으로 I'm the one to blame.이라고 하면 '내가 비난 받을 사람이다'라는 의미이고 Don't blame yourself.는 '너 자신을 비난하지 마'라는 뜻이 됩니다.

❷ do foolish things는 '못난 짓을 하다'로 foolish는 stupid로 바꿔 써도 무방합니다.

❸ just one of those things는 '살면서 일어나고 겪을 많은 일들 중의 하나'라는 뜻입니다.

427. It's not your fault.
너의 잘못이 아니야.

A: I'm really sorry. But I didn't mean to cause you any damage.
정말 미안해. 하지만 네게 피해를 주려던 것은 아니었어.

B: Oh no, it's not your fault❶.
아니야, 네 잘못도 아닌데 뭐.

more

❶ • fault: 성격, 행동, 습관에서 오는 잘못이나 결점
• mistake: 착각, 오해, 실수로 생긴 잘못

428. You've got to stand tall.
기죽지 말고 힘내요.

A: **It is obvious that I will fail.**
내가 실패할 게 확실해.

B: **There's no reason to be frustrated❷. You're young and strong. You've got to stand tall❶.**
좌절할 이유가 없어. 너는 젊고 건강하잖아. 기죽지 마.

more

❶ stand tall은 '자신만만해[당당해] 보이다'라는 뜻으로 구부정하게 기죽어 있지 말라는 의미입니다. lose faith 역시 '기죽다'라는 뜻으로 Don't lose faith.라고 하면 '기죽지 마'라는 의미가 됩니다.

❷ frustrate는 '좌절감을 주다, 방해하다' 등의 의미로 be frustrated는 '좌절되다, 좌절감을 느끼다'라는 의미가 됩니다. 예를 들어 The weather frustrates my plan.이라고 하면 '날씨가 내 계획을 좌절시킨다.'는 의미가 됩니다.

429. Don't let it get you down!
기죽지 마!

A: **It's not your fault. Don't let it get you down!❶ They will feel sorry afterwards.❷**
네 잘못이 아니야. 기죽지 마! 저 사람들 나중에 후회할 거야.

B: **I worked my hardest, but all just to fail.**
난 기를 쓰고 최선을 다했는데, 전부 실패했어.

more

❶ get down은 '몸을 낮추다'의 뜻으로 감정과 관련될 때는 '기가 죽다, 풀이 죽다'의 의미가 됩니다. 따라서 Don't let it get you down.은 Keep your chin up!이나 '자신감을 가져라'라는 의미의 Be confident! 또는 Have confidence in yourself!로 바꿔 써도 됩니다. 반대로 '고개 숙이다, 기죽다'는 hang one's head나 lower one's head로 표현합니다.

❷ feel sorry는 '후회하다'이며 afterwards는 later처럼 '나중에, 후에'라는 뜻입니다.

430. Don't panic.
당황하지 마요.

A: **Did you hear the thunderstorm last night?**
지난밤 천둥 번개 소리 들었니?

B: **Thunderstorm? Really? Darn, I didn't even notice. I was sleeping.**
천둥 번개? 진짜? 이런, 난 알아채지도 못했네. 자고 있었어.

A: **How could you sleep with such noise? I was in a panic.**❶
너 어떻게 그런 소음에 잘 수 있니? 나는 공포에 사로잡혀 있었어.

more

❶ panic은 '공포'와 '공황'의 상태에서 씁니다. in a panic은 '공포에 싸여'라는 뜻으로 I couldn't say anything in a panic.이라고 말하면 '공포에 싸여 아무 말도 할 수 없었다.'가 됩니다. 비슷한 표현으로 I was scared.가 있습니다.

431. There's nothing to be sorry about.
미안해할 건 없어요.

A: **I'm really sorry. I don't know how to apologize to you.**
정말 미안해요. 당신에게 어떻게 사과해야 할지 모르겠어요.

B: **That's all right. It's not a big deal, so there's nothing to be sorry about.**❶
괜찮아요. 별 것도 아닌데 미안해할 건 없어요.

more

❶ nothing 대신에 no reason을 넣어 There's no reason to be sorry about it.라고 해도 무방합니다. 〈There is(are) ~〉는 '(~이) 있다'는 뜻으로 많이 사용하는 구문입니다.
ex There is a big tree in my back yard. (내 뒤뜰에는 큰 나무가 있다.)

432. You can count on me.
나한테 의지해요.

A: Come on, what are friends for?
You can count on[1] me.
야, 친구 좋다는 게 뭐야. 나한테 의지해.

B: Thanks, buddy. You're the man.[2]
고맙다, 친구야. 너는 진짜 남자다.

more

[1] count on은 '의지하다, 믿다'라는 뜻으로, 같은 뜻의 표현으로는 rely on, lean on이 있습니다.
   ex I rely on my parents for tuition. (나는 학비를 부모님께 의지하고 있다.)
[2] 친구나 가까운 사이에 buddy라는 호칭을 많이 씁니다. You're the man.은 남자다운 사람에게 쓰면 '멋지다'라는 뜻으로 통하는 표현입니다.

433. Trust me on this!
이건 날 믿어요!

A: Are you sure you're good at it?
정말 이거 잘해요?

B: **Trust me on this![1]** Believe it or not, I'm an expert[2].
이건 날 믿어요! 믿거나 말거나, 내가 전문가예요.

more

[1] 간단하게 Trust me.라고 써도 되지만 on this를 붙이면 특정한 어떤 상황이나 문제에 관해서 나를 믿어도 좋다는 뜻이 됩니다. 내 말에 책임을 진다는 뜻이니 함부로 사용하면 안 됩니다. I'll give you my word. 라는 표현도 나를 믿으라는 의미로 사용할 수 있습니다.
[2] expert는 어떤 분야의 전문가를 뜻합니다.

434. You've got me.
너에겐 내가 있잖아.

A: **How's it going with your boyfriend?**
남자 친구와 어떻게 되어가?

B: **We broke up.**❷
헤어졌어.

A: **Oh my god! I'm sorry to hear that. Cheer up! You've got❶ me!**
어머나! 유감이야. 힘내! 너에겐 내가 있잖아!

more

❶ got은 '가지다'의 뜻으로, 예를 들어 He's got a girlfriend.(그는 여자 친구가 있다.)처럼 쓸 수 있습니다. 꼭 물건이나 재산을 갖고 있을 때뿐 아니라 사람에게도 쓸 수 있습니다.

❷ broke up은 남녀가 헤어졌을 때 쓰는 표현이며 한쪽이 상대방을 차거나 버렸을 때는 She dumped him.(그녀가 그를 찼다.)으로 표현할 수 있습니다.

435. What are friends for?
친구 좋다는 게 뭐야!

A: **Thank you for saying that. But I don't wanna burden you.**
말은 고마운데 너한테 부담을 주기 싫어.

B: **Come on, what are friends for?**❶
야, 친구 좋다는 게 뭐야?

more

❶ 〈What ~ for〉는 '(~을) 위해, (~) 때문에'라는 뜻으로 예를 들어 What do you need that for?라고 하면 '너 무엇 때문에 그것이 필요하니?'라는 의미가 됩니다. 그래서 What are friends for?는 '친구 뒀다가 뭐에 쓸래?'라는 의미로 '내가 네 친구니 이렇게 하는 게 당연해'라는 뜻을 내포하고 있습니다.

436. You name it!
말만 해요!

A: **Where do you wanna go? You name it.** ❶
I'll go anywhere you want.
어디 갈래? 말만 해! 네가 가고 싶은 곳 어디든지 갈게.

A: **What are you gonna get me for my birthday?**
내 생일 선물로 뭐 사줄 거야?

B: **What do you want to have? Just name it!**
뭐 받고 싶어? 그냥 말만 해!

more

❶ You name it.에서 name은 동사로 쓰여 '말하다, 제시하다'라는 뜻입니다. 예를 들어 '이유를 대다'라는 표현도 Name the reasons!라고 할 수 있으며, '말만 해!'라는 표현도 say나 tell보다는 You name it! 이라고 쓰는 것이 좋습니다.

437. You don't really have to if you don't want to.
싫으면 꼭 할 건 없어.

A: **You don't have to if you don't want to,** ❶
but if I were you, I would do it.
만일 네가 원하지 않으면 하지 않아도 되지만,
내가 너라면 난 할 거야.

A: **Do I have to go?**
내가 꼭 가야 해?

B: **You don't really have to go if you don't want to.**
원하지 않으면 꼭 가지 않아도 돼.

more

❶ 〈You don't have to+ⓥ〉는 '넌 꼭 ⓥ하지 않아도 돼'라는 의미로 She doesn't have to go there. (그녀는 꼭 그곳에 갈 필요는 없어요.)처럼 쓰면 됩니다. 간단히 Not necessarily!로 표현할 수도 있지만, '싫으면 하지 마'라는 뉘앙스를 전달하려면 You don't really have to if you don't want to.를 쓰는 것이 좋습니다.

438. What's up?
무슨 일이에요?

A: Are you sick? You look miserable② today.
  What's up?①
  어디 아파? 너 오늘 얼굴이 말이 아니다. 무슨 일이야?

B: I'm not sick.
  I'm just depressed these days.
  아프진 않아. 그냥 요즘 좀 우울해.

more

① What's up?은 '무슨 일 있니?, 별일 없니?'라는 뜻으로 편한 사이에 인사로 많이 쓰입니다. What's up? 이라고 물었을 때 특별한 일이 없는 경우 Not much.나 Nothing. 정도로 답하면 좋습니다. 아무 일이 없어서 지루하고 심심할 때는 농담처럼 God damn nothing.이라고 하는데 이 표현은 친한 사이에서만 쓰는 것이 좋겠습니다.

  ex A: Hey, what's up? (야, 어떻게 지내니?)
    B: Not much. What's up with you? (별일 없지. 너는?)

② miserable은 '불쌍한, 비참한, 아주 딱한, 가엾은' 등의 의미로 look miserable은 얼굴이나 모습이 안쓰러워 보일 때 쓰면 됩니다.

439. What's eating you?
뭐가 고민이야?

A: Just leave me alone. Go away.
  그냥 혼자 있게 해줘. 가.

B: What's eating you?①
  Come on, talk to me.
  무슨 걱정이라도 있니? 야, 나한테 얘기해 봐.

more

① What's bothering you?나 Is something wrong with you?와 비슷한 표현입니다. '무엇 때문에 속을 태우고 있니?'라는 뜻으로 구어적 표현이니 기억해 두면 들었을 때 당황하지 않고 답할 수 있을 겁니다. eat은 '먹다'라는 뜻이지만, Don't eat me!라고 하면 '좀 진정해!'라는 의미로 그렇게 잡아먹을 듯이 굴지 말라는 표현이 되기도 합니다.

440. What's on your mind?
무슨 걱정[일] 있어요?[무슨 생각하고 있어?]

A: **What's on your mind?❶ You look blue.❷**
무슨 일 있어요? 우울해 보여요.

B: **Yeah, my nerves are strained these days because of my financial difficulty❸.**
네, 요즘 경제적인 어려움으로 신경이 곤두서 있어요.

more

❶ What's on your mind?는 가족, 친구나 동료 등 주변에 있는 사람들이 걱정이나 근심이 있어 보이거나 우울해 보일 때 쓰는 표현입니다. What's bothering you?, What's wrong with you?도 이와 비슷한 표현들로 많이 쓰이니 함께 활용하면 좋습니다.

❷ look blue는 '우울해 보인다'라는 의미이고 I feel blue.라고 하면 '난 우울해'라는 문장이 됩니다. 이렇게 blue와 long-faced는 비슷하게 '우울한, 침울한'이라는 의미입니다.

❸ financial difficulty는 '경제적인 어려움'이라는 뜻이니 돈과 관련된 문제가 있는 경우에 사용할 수 있습니다.

441. Are you OK to drive?
운전할 수 있겠어?

A: **You got here by car, didn't you? Are you OK to drive?❶**
너 차로 여기 왔지? 운전 괜찮겠어?

B: **No, I'll leave my car here, and my husband will come to pick me up.**
아니, 여기에 차 두고 갈 거야. 남편이 데리러 올 거야.

more

❶ 그냥 Are you OK?만 쓰면 '괜찮니?'라는 의미가 되지만 뒤에 〈to ⓥ〉가 오면 'ⓥ하기 괜찮니?'라는 의미가 되어 구체적으로 상대의 안부를 묻거나 걱정을 표현합니다. Are you OK~?는 Can you~?로 바꾸어 쓸 수 있습니다.

442. Are you hiding something?
뭐 감추는 거 있어요?

A: Why do you stammer❶?
   Are you hiding something?
   왜 말을 더듬어? 뭐 감추는 거 있니?

B: No, I'm not. Will you please leave me alone for now?❷
   아니야. 지금은 그냥 혼자 있게 해줄래?

more
❶ stammer는 '말을 더듬다, 더듬으며 말하다'라는 의미의 동사이며 명사로 쓰면 '말더듬기'라는 뜻입니다. '말더듬이'는 stammerer입니다.

❷ Will you please~?는 부탁할 때 사용할 수 있는 표현이며 leave me alone은 '혼자 두다', '내버려 두다.'라는 뜻으로 자주 쓰이는 표현입니다.

443. Come out and say it.
걱정 말고 말해봐요.[솔직하게 털어놔 봐요.]

A: You know I will never betray a secret❷ to others. Come out and say it.❶
   알다시피 나는 절대 다른 사람에게 비밀을 누설하지 않아. 솔직하게 털어놔 봐.

B: Maybe later. I don't feel like talking right now.
   나중에요. 지금은 말하기 싫어요.

more
❶ 털어놓으라는 뜻의 Come out and say.는 '맘 놓고 얘기해도 좋다'는 의미로 쓰면 됩니다.

❷ betray는 '배신하다'라는 뜻으로 How can you betray me like this?(어떻게 네가 나를 이렇게 배신할 수가 있니?)와 같이 사용하며 betray a secret (to)는 '(~에게) 비밀을 누설하다'라는 뜻입니다.

444. Better than nothing.

없는 것보다는 낫다.

A: **What brought you here?**❷
무슨 일로 여기 왔어?

B: Do you have any **pain killers**❸? My back is killing me, but every drugstore is closed at this time. Do you have one?
진통제 있니? 허리가 아파서 죽겠는데, 이 시간엔 연 약국이 없어서. 약 있니?

A: Well, I think I have a patch. Will that **work**❹?
글쎄, 내 생각에 파스는 있는 거 같다. 그거라도 도움이 되겠어?

B: Yeah, sure. **It's better than nothing.**❶ Thank you so much.
그럼. 없는 것보다 낫지. 정말 고마워.

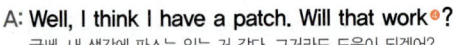

more

❶ 원하는 것이 마음에 차지 않지만 급한 대로 이용할 수 있을 때 이 표현을 쓸 수 있습니다.
❷ What brought you here?은 Why did you come here?로 바꾸어 말할 수 있습니다.
❸ pain killer는 '아스피린'이나 '타이레놀' 같은 진통제를 말하며, patch는 '파스'를 가리킵니다.
❹ work에는 '(어떤 결실을) 가져오다, 낳다'라는 의미가 있어서 Will it be working?이라고 하면 '그것이 효과가 있을까?'라는 의미이고 It's not gonna work.라고 하면 '그건 소용이 없을 거야'라는 의미가 됩니다.

445. It could've been worse than that.

(그래도) 그만하길 다행이다.

A: Thank God! **It could've been worse than that!**❶
다행이다! 그래도 그만하길 다행이야!

B: I know. I was lucky.
알아. 운이 좋았지.

more

❶ 위로나 격려가 담긴 '더 나쁠 수도 있었어'의 뜻으로 주로 안 좋은 일이 생긴 사람에게 위로를 표현할 때 쓰면 좋습니다. could've been을 could be로 써도 됩니다.

446 I'm sorry to hear that.
그런 소리를 들어 유감이네요.[듣고 보니 안됐네요.]

A: **My husband has been battling cancer for years.**
내 남편은 몇 년째 암으로 투병하고 있어요.

B: **Oh, I'm sorry to hear that.**❶
아, 그거 안됐네요.

more

❶ sorry는 미안하다는 사과의 표현으로 주로 쓰이지만 '유감스럽다' 라는 뜻으로 안타까운 마음을 표현할 때에도 많이 씁니다. 상황에 따라 두 가지 의미로 다양하게 쓰이니 잘 익혀두세요.

ex
- I'm terribly sorry. (대단히 죄송합니다.)
- I'm sorry to trouble you. (폐를 끼쳐서 미안합니다.)
- I'm sorry for you. (참 안됐습니다.)
- I feel sorry for her. (그녀가 참 안됐어요.)
- I was sorry to hear about your accident. (당신의 사고 소식에 유감스러웠어요.)

447 I'll always be on your side.
언제나 너의 편에 있을게.[난 항상 네 편이 되어줄게.]

A: **Don't feel lonely. I'll always be on your side.**❶
외로워하지 마. 내가 언제나 네 편이 되어줄게.

B: **Thanks for caring about me, but come to think of it**❷**, it was the last chance that I had. I cannot believe that I blew**❸ **it.**
신경 써 줘서 고마워. 그런데 생각해 보니까, 그게 나의 마지막 기회였던 거 같아. 그걸 망쳐버렸다니 믿을 수가 없어.

more

❶ I'll always be on your side.와 비슷한 의미로 I will stand by you.를 쓸 수 있습니다.
❷ come to think of it은 '생각해 보니까' 라는 뜻입니다.
❸ blew는 blow의 과거형으로 fail, spoil과 비슷하게 '실패하다, 망치다' 라는 의미로 회화에서 많이 씁니다.

448. It's just one of those things.
흔히 있을 수 있는 일이야.

A: **My boyfriend dumped me. It hurts so much. My heart is broken.**
내 남자 친구가 나 찼어. 마음이 너무 아파. 심장이 찢어지는 거 같아.

B: **Jesus, how could he do that to you? I don't know how to comfort you. Just take it like it's just one of those things.❶ Everybody has experience in❷ that.**
맙소사, 그 남자가 어떻게 네게 그럴 수가 있니? 널 어떻게 위로해야 할지 모르겠지만 그냥 있을 수도 있는 일이라고 생각해. 모두가 그런 경험은 하잖아.

more

❶ '살다보면 누구라도 겪을 수 있는 일이다, 흔히 있는 일이다.'라는 뉘앙스의 표현으로 상대를 위로하거나 힘내라고 격려할 때 쓸 수 있습니다. 비슷한 표현으로 That's the way it goes.(사는 게 다 그렇다.)라는 것도 있고, 사고 등을 겪어서 놀라고 힘겨워하는 사람에게 It happens.(그런 일도 생기는 거지 뭐.)라고 말하는 것도 모두 비슷한 표현입니다.

❷ '(~에) 경험이 있다'는 〈have experience in ~〉이라고 표현하면 됩니다.

449. I will look into it.
내가 자세히 알아볼게.

A: **Hey, I cannot get used to❷ it. Can you help me on this?**
이봐요, 난 이것에 익숙해지지가 않네요. 당신이 이것 좀 도와줄 수 있어요?

B: **Sorry, I'm not familiar with that stuff. I will look into it.❶**
미안해요. 난 그것에 익숙하지가 않아요. 내가 알아볼게요.

more

❶ 〈look into〉는 '살펴보다, (자세히) 알아보다'라는 뜻으로 지금까지는 몰랐지만 배워서라도 도움을 주려고 하는 경우에 이 표현을 쓸 수 있습니다. 새로운 소식이나 사회의 이슈 등을 알아보겠다고 할 때도 쓸 수 있습니다.

❷ 〈get used to〉는 '(~에) 익숙해지다'라는 뜻으로 I got used to this area.라고 하면 '난 이 지역에 익숙해졌다.'라는 의미가 됩니다.

450. I know how you feel.
네 기분 알아.

A: **I'm trying hard to get along with** my **senior** but it doesn't work. I'm under a lot of stress because of him.
난 상사와 잘 지내보려고 열심히 노력하고 있는데, 잘 안 돼. 그 사람 때문에 스트레스를 많이 받고 있어.

B: **I know exactly how you feel.** Everybody says that he's not an **easy-going** person.
네 심정 잘 알아. 다들 그는 쉬운 사람 아니라고 그러더라.

more

❶ I know how you feel.은 상대의 기분을 이해한다는 표현으로 I feel the same way.와도 비슷한 의미입니다.
문장 안에 의문문이 동사의 목적어로 올 때, 의문문의 어순은 〈의문사+주어+동사〉로 바뀌게 됩니다. 예를 들어, How do you feel?이라는 의문문이 I know의 목적어로 오면 how you feel로 어순이 바뀌게 되는 거죠. I know [what you want].(난 네가 원하는 것을 안다.), He knows [where she wants to go]. (그는 그녀가 어디를 가고 싶어하는지 안다.) 등이 모두 여기에 속하는 예입니다.

❷ get along with는 '(누구와) 사이좋게 잘 지내다'라는 의미입니다.

❸ senior는 '상사'라는 뜻도 있지만 대개는 노인이나 대학교 4학년생을 일컫는 말로 쓰입니다. 미국의 대학에서는 한국처럼 1, 2, 3, 4학년으로 부르지 않습니다. 1학년은 freshman, 2학년은 sophomore, 3학년은 junior, 4학년은 senior 그리고 학사 학위는 bachelor's degree, 석사 학위는 master's degree, 박사 학위는 doctor's degree로 나타냅니다.

❹ 성격이 easy-going하다는 것은 털털하고 구김살 없는 편한 성격을 말합니다.

Unit 17 Worries & Regrets

451. I expected that something like that could happen.

그런 일이 일어나리라고 생각했어요.[그와 같은 일이 일어날수도 있겠다고 예상했어요.]

A: He was arrested for a DUI last night.
그는 어젯밤에 음주 운전으로 잡혔어.

B: I expected that something like that could happen.❶
난 그런 일이 일어날 수도 있겠다고 예상했어.

more

❶ '저러다가 무슨 일 생기지.'라고 걱정하는 상황에서 쓰면 됩니다. expect는 '예상하다, 기대하다'라는 뜻으로 He is expecting you. (그가 당신을 기다리고 있습니다.)와 같이 쓰입니다.

452. You are dead meat!

넌 이제 죽었다!

A: My boss lost his temper. Man, I'm dead❶ now!
사장이 화를 냈어. 젠장, 난 이제 죽었다!

B: Come on, nobody got fired for that kind of thing. Don't frustrate yourself!
에이, 아무도 그런 일로 해고당하진 않았어. 좌절하지 마!

more

❶ dead meat 혹은 be dead는 '난 이제 죽었다, 끝장났다'의 의미로 쓰면 됩니다. 정말 죽는 게 아니라 너무나 난감한 상황에서 하는 푸념 정도입니다.

453. What am I supposed to do?
나 어떡하죠?

A: I tried to do my best to stop her, but it didn't work. What am I supposed to do now?❶

그녀를 막아보려고 최선을 다했는데 실패했어. 이제 나는 어떡하지?

I'm in trouble. What am I gonna do?❷
나는 곤란한 상황에 있어요. 어떻게 해야 할까요?

more

❶ 문제, 사고 등 곤란한 일이 생겼을 때 자신의 답답하고 절박한 상황을 호소하는 표현입니다.
❷ What am I gonna do?와 비슷한 표현으로 I don't know what to do.(어떻게 해야 할지 모르겠어.)가 있습니다.

> ex I have a financial difficulty right now, and I don't know what to do.
> (나 지금 재정적인 문제가 있어서 어떻게 해야 할지 모르겠어.)

454. I don't know what to do.
어떻게 해야 할지 모르겠어요.

A: I don't know what to say❶.
뭐라 말해야 할지 모르겠어

I don't know where to go.
어디로 가야 할지 모르겠어.

I don't know how to do this.
이걸 어떻게 해야 하는지 모르겠어.

I don't know who that is.
저 사람 누구인지 모르겠어.

I don't understand why I have to do this.
내가 왜 이걸 해야만 하는지 이해를 못하겠어.

more

❶ 〈의문사+to ⓥ〉의 구문은 회화에서도 많이 쓰는 표현이므로 다양하게 응용하여 사용하면 좋습니다.

455. There's nothing I can do.
(내가) 할 수 있는 게 없어요.

A: Is there any other way you can do this?
이걸 할 수 있는 어떤 다른 방법이 없을까요?

B: The die is cast.❶
주사위는 이미 던져졌어요.

more

❶ '내 능력 밖이다.'라는 뜻의 There's nothing I can do.는 많이 쓰는 표현이며 The die is cast.(주사위는 이미 던져졌다.)도 같은 의미로 사용할 수 있습니다.
die는 '주사위'이고 '주사위를 던지다'라고 할 때는 cast를 주로 씁니다.

참고
- cast a die (주사위를 던지다)
- flip the coin (동전을 던지다)
- head (동전의 앞면)
- tail (동전의 뒷면)

456. I shouldn't have done that.
그러지 말았어야 했어.

A: Why did you do that?
You just made it worse❷.
왜 그랬어? 더 악화만 시켜놨잖아.

B: Please pardon me.
I shouldn't have done that.❶
용서해 줘. 하지 말았어야 했어.

more

❶ I should not have done that.은 내가 한 일을 후회할 때 쓰는 표현입니다. 자신이 한 일에 대해 하지 말았어야 한다는 후회를 나타내는 다른 표현으로는 What have I done? I'm so mad at myself.(나 무슨 짓을 한 거니? 나 자신에게 너무 화가 난다.) I regret what I have done.(내가 한 일을 난 후회한다.) 등이 있습니다.

❷ worse는 bad의 비교급 표현입니다.

참고
- good-better-best (좋은-더 좋은-가장 좋은)
- bad-worse-worst (나쁜-더 나쁜-최악의)

457. You can't turn it back now.
이젠 돌이킬 수 없다.

A: Let bygones be bygones.❷
You can't turn it back.❶
지나간 일은 잊어버려. 돌이킬 수 없어.

You came too far to turn back now.
You can't turn it back now.
이제 돌아가기엔 너무 멀리 왔어.
이제 돌이킬 수 없어.

more

❶ turn back은 '되돌리다'라는 뜻이므로 can't turn it back이라고 하면 그것을 돌이킬 수가 없다는 표현이 됩니다. 상황에 따라 You cannot make me change my mind.(너는 내 마음을 돌이킬 수 없어.)라고 표현해도 비슷한 의미가 됩니다. What is done cannot be undone.(저지른 일은 돌이킬 수가 없다.)도 비슷하게 후회를 나타내는 표현이니 함께 알아두면 좋겠습니다.

❷ Let bygones be bygones.는 속담입니다. bygone은 '과거' 또는 '과거의'라는 뜻으로 bygone days라고 하면 '지난날, 옛날'이라는 의미입니다. bygone을 명사로 쓸 때에는 보통 복수 형태로 써서 bygones라 하며 이것은 '과거의 일'이라는 뜻을 가지고 있습니다.

458. I take it back.
취소할게요.

A: Are you gonna take back❶ what you said about Simon?
Simon에 대해서 한 말 취소할 거야?

B: Why should I? He deserves it.
왜 내가 그래야 하지? 그는 그런 말 들을만 해.

more

❶ take it back은 이미 뱉어버린 말에 대해 정중하게 사과를 하기보다 '됐다, 그만두자'라는 뉘앙스로 쓰는 표현입니다. 물론 진심으로 실수를 인정하는 경우에도 쓸 수 있으며, Never mind.나 Forget it.으로 써도 비슷한 의미가 됩니다.

또한 take back은 '취소하다'라는 의미 이외에도 '돌아가다, 가지고 가다' 등의 의미가 있어서 If it doesn't fit, take it back.이라고 하면 '잘 안 맞으면 다시 가져오세요.'라는 표현이 됩니다.

석 달에 끝내는 552 실생활 표현

Unit 18. Advice & Orders

459. Make it count!
순간을 소중히 해라.

A: **Make it count!**❶ **Time is money.**
순간을 소중히 여겨라. 시간은 돈이다.

more

❶ 비슷한 의미의 valued, be the first consideration 등도 함께 익혀두세요.
   ex • a valued friend (소중한 친구)
   • Health should be the first consideration. (건강이 최고다.)

460. You must bear it well in your mind.
명심해야 해요.

A: **This comes from the wisdom of age**❷.
You must bear it well in your mind.❶
이것은 연륜으로부터 나오는 말이니 반드시 기억해라.

more

❶ bear가 '품다, 지니다'라는 의미로 〈bear ~ in mind〉는 '마음과 머리에 담아두다'라는 뜻이 됩니다. 간단히 remember로 써도 되지만 bear에는 '이해하고 마음에 새기다'라는 뉘앙스가 포함되어 있습니다.
❷ wisdom of age는 '연륜'이라는 의미입니다.

461. Hang in there!
버텨!

A: **My car is stuck in the mud.**
내 차가 진흙탕에 빠졌어.

B: **What? Hang in there!❶
I'm on my way to help you!**
뭐? 버티고 있어! 너를 도와주러 가고 있어!

more

❶ Hang in there!라는 표현은 '버텨내라, 힘내라, 참고 견뎌봐라'라는 의미로 비슷한 표현에는 Bear with me! 또는 Stick it out! 등이 있습니다. 모두 힘, 의지, 인내력이 필요한 상황에 쓸 수 있는 표현입니다.

462. Do your best!
최선을 다해!

A: **Do your best❶ now, otherwise you will feel sorry afterwards.❷**
지금 최선을 다하지 않으면 나중에 후회할 거야.

A: **I don't think I can finish this by the deadline.**
난 마감 시간까지 이걸 끝내지 못할 것 같아.

B: **Just do the best you can.**
그냥 최선을 다해 봐.

more

❶ Do your best.는 Try your best.와 비슷한 뜻입니다.
❷ otherwise는 '그렇지 않으면, 아니면'이라는 의미의 접속사입니다. feel sorry는 '후회하다'이고 afterwards는 later와 같은 의미로 '나중에'라는 뜻입니다.

463. Spit it out!
고백해 봐![숨기지 말고 다 털어놔 봐!]

A: **Don't even try to hide that.
It's written all over your face.❷
What is it? Spit it out!❶**
숨길 생각은 하지도 마. 네 얼굴에 다 쓰여 있단 말이야.
뭔데? 숨기지 말고 다 털어놔!

He finally spit out the truth.
그는 결국 진실을 털어놨다.

> **more**
>
> ❶ spit out은 '(입안에 있는 무언가를 혹은 침 등을) 뱉다'라는 의미로 주로 쓰이지만 우물쭈물 말을 못하거나 숨기려고 애쓰는 상대에게 Spit it out!이라고 하면 '털어놔라, 고백해라'라는 의미가 됩니다.
> ❷ be written all over the face는 '얼굴에 쓰여 있다'는 뜻으로 감추려고 해도 감춰지지 않을 만큼 얼굴에 다 나타나 있는 경우를 말합니다.

464. You have to do this on your own.
이건 너 스스로 해야만 해.

A: **I cannot get it done❷ by myself❶.
Would you do this with me please?**
나 이거 혼자 할 수가 없어. 제발 나랑 같이 좀 해줄래?

B: **I wish I could, but you have to do this on your own❶, otherwise❸ you will never get better.**
나도 그러면 좋겠는데, 이건 너 스스로 해야만 해, 안 그러면 좋아지지 않을 거야.

> **more**
>
> ❶ on one's own과 by oneself는 '스스로, 혼자서'라는 뜻으로 She lives by herself.라고 하면 '그녀는 혼자 삽니다.'라는 의미가 됩니다.
> ❷ 〈get ~ done〉은 finish처럼 '(일을) 마치다'라는 뜻입니다.
> ❸ otherwise는 '그렇지 않으면'이란 뜻의 접속사로 You have to get up now, otherwise you'll be late.(너 지금 일어나지 않으면 늦을 거다.)처럼 쓰면 됩니다.

465. You gotta work on that.
연습해 봐.

A: **I have lots of patience.**
난 끈기가 있어.

B: **Oh, no. You get discouraged easily. You gotta work on that.**
아니야. 너는 쉽게 좌절하잖아. 연습을 해야지.

more

❶ work on은 '일하다'라는 뜻으로 주로 쓰지만 공부나 어떤 일에 노력한다는 의미로도 많이 씁니다. gotta는 got to의 줄임말로 의미는 have to와 비슷합니다. '계속 반복해서 해봐라'라고 말하고 싶다면 You gotta work on it by repeating.이라고 하면 됩니다.

466. You'll get hurt if you try to know too much!
너무 많은 걸 알려고 하면 다친다!

A: **Stop asking! You'll get hurt if you try to know too much!**
그만 좀 물어! 너무 많이 알려고 하면 다쳐!

B: **Is that a secret or something?**
뭐 비밀이라도 되는 거야?

more

❶ too much는 '너무 많은'이라는 의미로 too many와 뜻이 같지만 too much는 셀 수 없는 명사와, too many는 셀 수 있는 명사와 함께 쓰인다는 점도 알아두세요.

❷ 〈~ or something〉은 '뭐 그런 어떤 것'이라는 뜻으로 구어에서 많이 쓰이는 표현입니다. 그래서 Are you crazy or something?이라고 하면 '미치기라도 한 거니?'라는 의미가 됩니다. '뭐 그런 거니?'라는 뜻으로 어느 문장 끝에나 붙여서 쓸 수 있습니다.

467. Chill out!
진정해요!

A: **What kind of person is that?
He really pissed me off!**❷
무슨 사람이 저래? 그는 정말 나를 열받게 해!

B: **Chill out,**❶ **buddy! He is always like that.
You'd better get used to**❸ **him.**
진정해, 친구야. 그는 항상 저래.
그에게 익숙해지는 게 나을 거야.

more

❶ 상대가 흥분하거나 이성적이지 못할 때 쓰는 표현입니다. Chill out! Calm down! Take it easy! 모두 같은 의미입니다. 또한, Please relax!(긴장을 푸세요!)도 비슷한 의미로 같이 사용할 수 있습니다.

❷ piss off는 '화나게 하다, 열받게 하다'라는 의미의 숙어로 piss me off처럼 동사와 부사로 이루어진 숙어의 경우, 목적격을 중간에 써야 합니다. 예를 들어 pick up(끌라잡다, 차에 태우다)의 경우, pick me up이나 pick him up으로 써야 한다는 것입니다.

❸ 〈get used to ~〉는 '(~에) 익숙해지다'라는 의미입니다.

468. Get down!
몸을 낮춰!

A: **Get down!**❶ **I gotta move this over.
I don't wanna get you hurt.**
몸을 낮춰봐! 나 이것 좀 옮겨야 하거든.
너를 다치게 하고 싶지 않아.

more

❶ Get down은 몸을 낮추라는 의미 외에도 '착수하다, 내려오다' 등의 뜻도 있습니다.

ex • Let's get down to business. (사업 얘기를 시작해 보죠.)
• Which is the best way to get down to downtown?
(시내로 내려 가려면 어떤 길이 가장 좋은가요?)

469. Forget it!
잊어버려요!

A: **I'm sorry, what did you say?**
미안, 뭐라고?

B: **You didn't hear what I said? How many times do I have to explain this to you? Never mind! Just forget it!**❶
내 말 못 들었어? 이걸 몇 번이나 너에게 설명해야 하니? 됐어! 잊어버려!

more

❶ forget it은 더 이상 집착하지 말라는 뜻으로 쓰이거나 대화 도중에 '됐다, 그만두자'라는 의미로 얘기를 마무리 지을 때도 씁니다. 그런 의미에서는 Never mind!도 비슷한 뜻으로 쓰일 수 있습니다. forget it에서 get은 억양을 높이고 it은 낮추어 살짝만 들리게 발음하는 것이 자연스럽습니다.

470. Be nice!
상냥하게 굴어라.

A: **How come he is so mean to his mom? He's just a spoiled brat**❶**!**
어떻게 걔는 엄마에게 그렇게 못되게 구니? 정말 버릇없는 애야!

B: **He's just a mere kid. Be nice!**❶
아무 것도 모르는 아이일 뿐이잖아. 잘해줘!

more

❶ '상냥하다'는 be nice 이외에도 be gentle, be tender, be kind라고 표현할 수 있습니다.
❷ spoiled: 망친, 상한, 성격을 버린, 버릇이 없는
 • brat: 버릇없는 녀석[애새끼]

471. Leave him alone!
놔둬![내버려 둬!]

A: He's never listened to me. What am I supposed to do with this spoiled❷ kid?
아이가 내 말을 절대 안 들어.
이 버릇없는 애를 어떻게 해야 하는 거니?

B: Just leave him alone!❶ He'll stop eventually.
그냥 놔둬! 저러다 말 거야.

Leave him alone!

A: My son won't leave me alone. He's really getting in my hair.❸
내 아들은 나를 혼자 놔두질 않아. 정말 나를 성가시게 해.

more

❶ Leave him alone.은 '그를 좀 내버려둬.'라는 의미로 Don't bother him.(방해하지 마.)으로 바꾸어 쓸 수 있습니다.

❷ spoiled는 '망쳐진, 못쓰게 된' 등의 뜻으로 귀여움을 많이 받아서 버릇이 없어진 사람에게 사용합니다. 또한, 동사 spoil은 '(음식 등이) 상하다'라는 뜻으로도 많이 쓰이니 함께 알아두세요.

❸ get in one's hair는 '귀찮고 성가시게 하다'라는 의미로 사람이나 사물이 머리에 끼어 불편하고 귀찮을 것이라는 상황을 잘 생각하면 뜻을 유추할 수 있을 것입니다. 누군가 귀찮게 굴 때 잘 활용해 보세요.

472. Don't move!
움직이지 매

A: Pieces of broken glass are on the floor, so don't move❶! Stay still, alright?
유리 파편들이 바닥에 있으니 움직이지 매!
그대로 있어, 알았지?

Don't move!

more

❶ Don't move!는 '꼼짝 마!', Stay still.은 '움직이지 말고 가만히 있어.'라는 의미로 비슷한 상황에서 쓸 수 있습니다.

473. Don't give up!
포기하지 마!

A: **I failed it again.**
나 또 떨어졌어.

B: **It's OK. Just don't give up!❶**
You've come too far❷ to give up now.
괜찮아. 포기하지 마! 이제 포기하기엔 너무 멀리 왔잖아.

more
❶ Don't give up.은 '포기하지 말라'는 의미로 Try hard!(더 열심히 노력해라!)나 Keep trying!(계속 노력해!)과 비슷한 의미로 쓸 수 있으니 같이 알아두세요. 참고로, 〈keep+ⓥ-ing〉는 '(~을) 계속하다'라는 의미로 Keep doing.이라고 하면 '(하던 일)을 계속 해'라는 뜻이 됩니다.

❷ too far는 '너무 멀리'라는 뜻으로 I'm too far away from them.이라고 말하면 '나는 그들에게서 너무 멀리 떨어져 있다.'라는 의미입니다.

474. Don't be long.
꾸물거리지 마세요.

A: **How long is it gonna take to get ready?**
준비하는데 얼마나 걸려?

B: **Soon!**
곧!

A: **Don't be too long!❶**
너무 기다리게 하지 마!

more
❶ 오래 걸리지 않게 서두르라는 뜻으로 Hurry up!, Don't move slowly!, Make it (in a) hurry!도 같은 상황에서 사용할 수 있는 표현입니다.

475. Put it down!
내려놔!

A: You have big luggage.
Put it down° over there.
너 짐이 크구나. 거기에 내려놔.

B: It's gonna take up a lot of space. Do you have any storage?
공간을 많이 차지할 텐데, 창고가 있니?

more

❶ put은 보통 '놓다'라는 의미이므로 down과 함께 쓰면 '내려놓다'라는 의미가 됩니다. 간단히 'Put that down over there.(그걸 거기에 내려 놓아 주세요.)'처럼 쓰면 됩니다.

476. Drop your accent!
사투리 좀 쓰지 마!

A: Don't you understand what I'm saying?
내 말이 무슨 말인지 이해 안 가?

B: Not really.
Why don't you drop your accent°?
별로, 사투리 좀 안 쓰는 게 어때?

more

❶ accent는 특이한 억양 정도로 생각하면 좋겠습니다. 미국에서도 남부와 북부의 발음에는 차이가 있는데 특히 남부 쪽이 accent가 심합니다. 알아듣기 힘들 정도의 억양이 심할 때 불평하는 말로 사용할 수 있습니다. dialect는 '(지방) 사투리'라는 뜻이지만 우리말처럼 어휘 자체의 변화가 아니라, intonation(억양)의 차이가 있는 경우를 말합니다.

　ex She speaks English with a foreign accent.
　　(그녀는 외국인[낯선] 말투로 영어를 한다.)

477. Look out!
조심해!

A: **Look out!**[1] **He's got a gun!**
조심해! 그는 총을 갖고 있어!

---
more

[1] 몸이 아프거나 깨지기 쉬운 물건을 다루는 상황에서 주의를 기울여 조심스럽게 하라는 충고의 뉘앙스로 Be careful!이 많이 쓰입니다. 이와 달리 Look out!이나 Watch out!은 갑자기 생긴 위급한 상황 등에서 몸조심하라는 경고의 의미로 쓰입니다.

Unit 19 Complaining

478. Did you already forget?
벌써 잊었어요?

A: You remember that we have a college reunion tomorrow, right?
내일 대학 동창회 있는 거 알지?

B: What?
뭐?

A: Did you already forget?❶ I told you last week.
벌써 잊어버린 거야? 지난주에 말했잖아.

more

❶ forget은 '잊다'라는 뜻으로 already(이미, 벌써)와 함께 쓰면 벌써 잊어버린 상대를 향해 약간의 비난, 원망을 담은 표현이 됩니다. Don't you remember?도 같은 의미입니다.

479. Why are you always like that?
넌 왜 만날 그 모양이니?

A: I was late for work. I overslept again.
직장에 지각했어. 또 늦잠 잤어.

B: Again? Why are you always like that❶?
또? 넌 왜 만날 그러니?

more

❶ like가 '(~)처럼, (~)같이'라는 뜻으로 like that은 '그렇게'라는 의미가 됩니다. I'm always like this.는 '난 항상 이래.'라는 의미입니다.

480. Don't you think you're too harsh?
너무 심한 것 아니에요?

A: **Finish all this in 3 hours!**
3시간 안에 이거 다 마쳐 놔요!

B: **You mean 3 hours? No way!
Don't you think you're too harsh❶?**
3시간이요? 말도 안돼요! 저한테 너무 심한 것 아니에요?

more

❶ harsh는 '(성격·태도 등이) 엄격한, 가혹한'이란 뜻으로 비슷한 단어로는 severe가 있습니다. 참고로, 말을 심하게 하는 것은 use abusive language라고 표현합니다.

ex He used abusive language in front of his parents.
(그는 부모 앞에서 욕을 했다.)

481. Do I look like I am easy?
내가 만만하게 보여요?

A: **I don't think I can come today.
Can we meet tomorrow?**
오늘 못 갈 거 같아요. 우리 내일 만날 수 있나요?

B: **Hey, it's the 3rd time you postponed our appointment. Do I look❷ like I am easy❶?
Let's close our deal.**
이보세요. 약속을 미룬 게 세 번째에요. 내가 그렇게 만만해 보여요? 우리 계약은 그만둡시다.

more

❶ easy는 '쉬운'이란 뜻을 갖고 있으므로 사람에게 쓰이면 '만만한'의 의미를 갖습니다. 다른 표현으로 She makes light of a person.이 있는데 '그녀는 사람을 만만하게 본다.'라는 의미입니다.

❷ look은 뒤에 형용사가 오거나 〈look like+명사(절)〉로 쓰여 '(~하게) 보이다'라는 표현이 됩니다.

ex • How do I look? (나 어때 보여?)
• You look different today. (너 오늘 달라 보인다.)

482. Isn't he a pervert?
저 사람 변태 아니에요?

A: **Isn't he a pervert?❶**
저 사람 변태 아니야?

B: **I suppose so.❷ You're not the first one❸ who says that.**
그런 거 같아. 그렇게 말하는 사람이 네가 처음은 아니야.

more

❶ pervert는 동사로는 '왜곡하다'라는 의미이지만 명사로 '변태'라는 뜻이 있습니다. 물론 Isn't he abnormal (변태의, 변태적인)?이라고 해도 같은 의미가 됩니다.

❷ 예문에 쓰인 I suppose so.는 I think so.(내 생각도 그래.)로 '나도 그런 거 같다.'라는 의미입니다.

❸ You're not the first one.은 You're not the only one.(너 하나만이 아니야.)으로 바꾸어 쓸 수 있습니다.

483. Did you do it on purpose?
의도적으로 그런 겁니까?

A: **Did you do it on purpose?❶**
의도적으로 그런 거니?

B: **Absolutely not. Please understand me. I really didn't mean it.**
절대 아니야. 이해해 줘. 난 정말 그러려던 게 아니었어.

more

❶ on purpose는 '고의로, 목적을 가지고'라는 뜻으로 He stepped on my foot on purpose.(그는 고의적으로 내 발을 밟았다.)와 같이 쓸 수 있습니다. 반대로 '내가 의도한 것은 아니었어.'라고 할 때는 I didn't mean it.이라고 하면 됩니다. 비슷한 표현으로 '계획된 것이다, 함정이다'라는 말은 set up이라고 표현하는데 You set me up.이라고 하면 '넌 나를 함정에 빠뜨렸어.'라는 의미로 미드를 보다보면 흔하게 나오는 표현 중에 하나입니다.

484. How could you do that to me?

당신이 나한테 어떻게 그럴 수 있어요?

A: I trusted you. I've never ever been doubtful about you, then how could you do that to me?①

난 너를 믿었어. 난 너에 대해 단 한 번도 의심을 품은 적이 없는데, 네가 나한테 어떻게 그럴 수 있니?

B: You bring misfortune on yourself!②

네가 화를 자초한 거지.

more

① How could you do that to me?에서 How가 '어떻게'라는 뜻이므로 원망, 분노의 뉘앙스가 들어있는 표현입니다. How dare you do that to me?(어떻게 감히 내게 그렇게 할 수 있어요?)도 비슷한 표현으로, dare는 '감히 (~)하다'라는 뜻입니다. dare(감히)라고 해서 어른이 아이들에게만 쓸 수 있는 것은 아니고 남녀 관계나 친구 사이에서도 참기 힘든 상황이라면 쓸 수 있습니다.

② 〈bring misfortune on oneself〉는 '(~에게) 화를 자초하다'라는 의미입니다.

485. How come you never called me?

어떻게 나에게 한 번도 전화를 안 할 수 있어요?

A: How come① you ruined it again?

어떻게 또 망칠 수가 있니?

B: Stop rebuking② me. I did my best anyway.

그만 질책해. 어쨌든 나도 최선을 다했어.

more

① How come ~?은 Why ~?와는 조금 다르게 약간의 비난, 분노의 뉘앙스가 들어간 표현입니다. come 대신에 dare를 써도 '네가 감히 ~?'라는 비슷한 뉘앙스를 나타낼 수 있습니다.

② • rebuke: 질책하다
• 〈stop+to ⓥ〉: ⓥ하기 위해 (하던 일을) 멈추다
• 〈stop+ⓥ-ing〉: ⓥ하는 것을 멈추다

486. What am I supposed to say?
내가 무슨 말을 할 수 있겠어요?[내가 무슨 말을 해야 하나요?]

A: **Say something!**
뭐라고 말 좀 해봐!

B: **What am I supposed to say?** ❶
내가 무슨 말을 해야 하나요?

A: **I think he's so ugly, but she said he's a fine-looking young man. What am I supposed to say to her? Love sure makes people blind, doesn't it?**
내 생각에는 그 남자 정말 못생긴 것 같은데 그녀는 잘생겼다고 그러는 거야.
내가 뭐라고 말을 해야 하니? 제 눈에 안경이지, 안 그래?

more

❶ 어이가 없고 황당하거나 당황스러울 때 씁니다. '도대체 내가 뭐라고 말해야 하니?'라는 불평이 섞인 표현입니다. What can I say?라고 말해도 같은 의미입니다.
〈be supposed to ⓥ〉는 'ⓥ하기로 되어 있다'라는 의미로 상대가 말하는 것이 이해되지 않을 때 무슨 뜻인지 몰라서 묻는 경우에는 What's that supposed to mean?(그게 무슨 뜻이야?)라고 말할 수 있습니다.

487. It serves you right.
행동한 대로 돌려받는다.[쌤통이다. / 넌 그래도 싸.]

A: **Are you OK?**
괜찮니?

B: **Do you think I'm OK? You feel guilty?** ❷ **It serves you right.** ❶
내가 괜찮을 거라 생각하니? 찔리긴 하니?
자업자득이야.

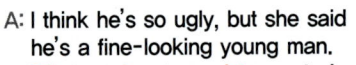

more

❶ (It) Serves you right.는 '꼴 좋다, 쌤통이다, 그래도 싸다' 등의 의미로 쓸 수 있습니다.
❷ guilty란 '유죄의, 죄를 저지른'이라는 뜻 이외에 '죄책감을 느끼는, 가책이 드는'이라는 뜻이 있어서 Do you feel guilty?라고 하면 '양심의 가책을 느끼니?'라는 의미가 됩니다.

488. Why are you mad at me?
왜 나한테 화난 거야?

A: **Did I do something wrong?**
   Why are you mad at me?❶
   내가 뭐 잘못했니? 왜 나한테 화난 거야?

B: **Yeah, I don't wanna see your face now,
   and I don't wanna talk to you.**
   그래, 나 지금 당신 얼굴 보기도 싫고, 말하기도 싫어.

more

❶ 앞에 why라는 의문사가 와서 이유를 묻는 표현이 됐지만, 그냥 '나한테 화났니?'라고 할 때는 Are you mad at me?라고 하면 됩니다. be angry with나 be upset with도 '(~에게) 화가 나다'라는 의미입니다. 그래서 '나 너에게 화났다.'라는 말은 I'm mad at you.나 I'm angry with you. 또는 I'm upset with you.와 같이 표현할 수 있습니다.

489. Why are you taking it out on me?
왜 나한테 화풀이야?

A: **Come on, you shouldn't take it out
   on him!**❶ **Was he annoying**❷ **you?**
   뭐야, 너 그에게 화풀이할 거 없잖아.
   그가 너를 괴롭히기라도 했니?

B: **I don't know.
   Just everything is a hassle.**❸
   몰라. 다 귀찮아.

more

❶ 〈take it out on somebody〉는 '(~에게) 화풀이하다'라는 뜻으로 그냥 Are you angry with me?나 Are you mad at me?라고 묻는 거보다 훨씬 원어민다운 표현입니다.

❷ annoy는 '성가시게 굴다, 짜증나게 하다, 귀찮게 하다'는 의미로 You really annoy me with those stupid questions.(너는 정말 나를 그 바보 같은 질문들로 짜증나게 해.)와 같이 쓸 수 있습니다.

❸ Everything is a hassle.은 '만사가 귀찮아.'라는 표현으로 hassle은 '귀찮은 상황[일]' 또는 동사로 '괴롭히다, 들볶다, 말다툼하다'로도 쓰입니다.

490. With whose permission?
누구 맘대로?

A: **With whose permission?**❶
누구 맘대로?

B: Come on, I'm not a kid! I'm old enough to do❷ whatever I decide to!
왜 그래, 난 어린 애가 아니야! 내가 결정한 거면 뭐든지 할 만큼 나이를 먹었다고!

more

❶ permission은 '허락'이라는 뜻으로 With whose permission?은 '누구의 허락으로?'라는 뜻이 됩니다.

❷ 〈형용사+enough+to ⓥ〉는 'ⓥ할 만큼 충분히 (~)한'의 의미로 strong enough to lift weights(역기를 들만큼 충분히 건장한), smart enough to solve the difficult problem(어려운 문제를 풀 만큼 충분히 영리한)과 같이 쓰세요.

491. So what?
그래서 뭐?

A: I know you lost your job, broke up with your girlfriend, and you have a hard time with so many other things. But so what?❶ You're still young and healthy. You can get over it, buddy.
네가 직업도 잃고 여자 친구와도 헤어지고, 다른 많은 일들로 힘든 거 알아. 근데 뭐? 너는 아직 젊고 건강하잖아. 넌 극복할 수 있어, 친구야.

A: You were a fool enough to believe that.
그걸 믿다니 넌 너무 바보 같았어.

B: So what? Haven't you ever done such a thing?
그래서 뭐? 너는 그런 적 없었니?

more

❶ So what?은 '그래서?, 근데?' 정도의 So what happens?와 같은 뉘앙스로 생각하면 됩니다. 상대에게 설득의 의도로 그런 것쯤은 괜찮다고 용기를 줄 때 사용할 수 있습니다. 물론 화가 나서 상대에게 '그래서 뭐?'와 같이 공격적인 느낌을 나타낼 때도 쓸 수 있습니다.

492. Nobody can stop you.
아무도 넌 못 말린다.

A: **Why didn't you persuade her?**
왜 그녀를 설득해 보지 않았니?

B: **I did, but she was so stubborn②.
You know no one can stop① her.**
해 봤지만 완전 고집불통이었어.
알잖아, 아무도 그녀는 못 말려.

more
① '멈추다'의 뜻인 stop은 '말리다, 막다'의 의미로 쓰여 Nothing can stop me.라고 말하면 '무엇도 나를 막지 못한다.'는 의미가 됩니다.
② stubborn은 '고집 센, 완고한'의 뜻으로 긍정적인 의미보다 약간 비난하는 부정의 뉘앙스가 풍기는 어휘입니다.

493. You are building a castle in the air.
제발 꿈 좀 깨요.

A: **Who knows?
Maybe I'll win the jackpot.②**
누가 알아? 나도 대박이 날지.

B: **Come on, stop building a castle in the air!①**
이봐, 그만 꿈 좀 깨지!

more
① 공중에 성을 짓는다는 것은 터무니없는 꿈을 꾸고 있다는 것을 의미합니다. 비슷한 표현으로는 Only in your dream.(꿈 깨.)이 있습니다.
② jackpot이라는 단어는 구어로 '뜻밖의 횡재, 큰 성공'이라는 의미로 win the jackpot은 '거액의 상금을 받다, 대박이 나다'라는 의미입니다.

관련표현 What would you do if you win the lottery? (복권에 당첨되면 뭐 할 거야?)

494. Who's to blame? I'm the one to blame.
누구를 탓해? 내 탓이지.

A: **Either he or I❷ am to blame❶.**
그나 나 둘 중 하나가 잘못한 것이다.

more

❶ blame은 잘못을 비난하고 책임을 물을 때 쓰는 동사로 '나무라다, 비난하다'라는 뜻입니다. 비슷한 의미의 어휘에는 criticize가 있습니다.

관련표현
- I take the blame for it. (내가 그것에 대한 책임을 진다.)
- Don't blame it on me. (그걸 내 탓으로 돌리지 마.)
- I don't mean to blame you, but... (너를 비난하려는 것은 아니지만…)

❷ either A or B (A 또는 B)가 주어로 쓰이면 뒤에 오는 B에 맞추어 동사를 써야 합니다. 예를 들어, Either you or he has to go.에서 have 동사는 he에 맞게 has로 써야 합니다.

495. His jokes are too harsh.
장난이 좀 심하군.

A: **His jokes are too harsh❶, and that was not funny at all. Do not bring❷ him again.**
그의 말장난은 너무 심해. 재미도 하나도 없고. 쟤 다시는 데려오지 마.

more

❶ 매너도 없고 말도 안되는 농담으로 불쾌하게 만드는 사람에게 쓰는 표현으로 harsh는 '거친, 가혹한, 귀에 거슬리는'이라는 의미입니다. Don't you think you're too harsh?라고 말하면 '너무 심한 거 아니야?'라는 의미입니다.

❷ bring은 '데려오다'라는 뜻이고, '데려가다'는 take로 표현합니다.

496. You are nobody!
넌 아무것도 아니야![넌 별 볼 일 없는 사람이야!]

A: **None of your cheek!** Who do you think you are? You are nobody!
건방진 소리 하지 마! 네가 뭔데? 넌 별 볼 일 없는 사람이야!

B: Don't you think you are too harsh?
너무 심한 거 아니야?

more

① 상대의 행동이 지나쳐서 화가 많이 났을 때 쓸 수 있는 표현입니다. You're nobody.나 조금 더 심한 뉘앙스의 You're nothing.과 같은 표현에는 '너는 보잘 것 없다, 하찮다, 쓸모없다'는 무시, 경멸, 분노 등의 감정이 모두 포함되어 있으므로 조심해서 써야 합니다.

② 우리는 흔히 cheek을 '볼, 뺨'으로 알고 있지만 cheek에는 '무례, 뻔뻔함'이라는 뜻이 있어서 None of your cheek.은 '건방진 소리 하지 마라, 까불지 마라'라는 의미가 됩니다.

497. You will see.
두고 봐.

A: Don't look down on me! You will see!
나 무시하지 마! 두고 봐!

B: No, I don't look down on you.
I just feel uneasy about your future.
무시한 거 아니야. 그냥 네 앞날이 걱정이 돼서.

more

① You will see.는 '너는 보게 될 거야.' 즉, '두고 봐.'라는 뜻으로 자신만만함이나 오기가 섞인 자신감을 나타내는 표현입니다.

② 〈look down on〉은 ignore와 같이 '(~을) 무시하다'라는 의미로 쓰이는 숙어입니다.

③ feel uneasy는 be anxious와 같은 뜻으로 '걱정·염려된다'라는 뜻입니다.

498. How dare you!
네가 어떻게 감히!

A: **Don't break into° our conversation. Who do you think you are?**
우리 얘기에 끼어들지 마세요. 당신이 뭐라도 되는 줄 알아요?

B: **How dare° you say such a thing?**
당신이 감히 어떻게 그런 말을 할 수 있죠?

A: **Don't you dare do that again!**
다시는 감히 그런 짓 하지 마라!

> **more**
>
> ❶ dare는 '감히 (~)하다', '건방지게도 (~)하다' 또는 '네가 뭐라고 감히'라는 뜻으로 How could you ~? 라는 표현도 비슷한 의미지만 dare에 보다 강한 분노가 들어가 있습니다.
> ❷ break into에는 '침입하다', '시작하다', '(고액의 지폐를) 헐다' 등의 다양한 의미가 있는데 break into a conversation이라고 하면 '대화에 끼어들다'라는 의미가 됩니다.

499. This is no help!
이것은 도움이 안 돼!

A: **This pain killer° is no help.°**
이 진통제는 도움이 안 된다.

> **more**
>
> ❶ 비슷한 표현으로 This[It] doesn't work.가 있는데 위의 예문을 바꿔 쓴다면 I took pain killer, but it doesn't work.가 됩니다. 반대로 '도움이 되다'는 This[It] helps me.라고 표현합니다.
> ❷ pain killer는 '진통제'를 말하며 약을 먹는 것은 늘 take 동사를 씁니다.

500. Shame on you.
부끄러운 줄 아세요.

A: Did you fail again? Shame on you!❶
또 실패한 거니? 부끄러운 줄 알아!

B: Don't blame me.
I have another chance next❷ Friday.
비난하지 마. 다음 금요일에 다른 기회가 있어.

more

❶ shame on you.는 상대방이 한심하고 부끄러운 짓을 했을 때 쓰는 표현입니다. shame은 동사로 '부끄럽게 하다', '창피를 주다'라는 의미이고 명사로는 '부끄러움, 수치'라는 뜻입니다. 그래서, without shame 이라고 하면 '수치심 없이'라는 의미가 되고 be shamed라고 하면 '창피를 당하다'가 됩니다. He was shamed before the whole school.이라고 하면 '그는 모든 학생들 앞에서 창피를 당했다.'라는 뜻입니다.

❷ this나 next 등과 요일을 함께 쓸 때는 전치사가 필요 없지만 일반적으로 요일, 달, 시간, 해는 다음과 같은 전치사와 함께 씁니다.

ex
- 월요일에: on Monday
- 7월에: in July
- 10시에: at 10 o'clock
- 2003년에: in 2003

501. Use your noodle!
머리 좀 써라.

A: It's too difficult for me to solve.
내가 풀기에 이건 너무 어려워요.

B: You can figure❷ it out.
Just use your noodle.❶
넌 그것을 풀 수 있어. 머리를 쓰란 말이야.

more

❶ noodle은 '면, 국수'라는 의미이지만 속어로는 '머리'라는 뜻입니다. 어려운 표현이 아니니 기억해 두면 좋겠습니다.

❷ 예문에서 쓰인 figure out은 동사로 '계산하다, 판단하다'라는 의미로 쓰이지만 figure가 명사로 쓰일 땐 '몸매'라는 의미가 있어서 She has a model's figure.라고 말하면 '그녀는 모델의 몸매를 가졌다'라는 뜻이 됩니다.

502. Just wait! I'll pay you back!
두고 보자! 내가 꼭 갚아 주겠어.

A: If you deceive me like that,
you will pay for it.
You'd better prepare for that!
그렇게 날 속이면, 대가를 치르게 될 거야!
각오해 두는 게 좋을 거야!

B: OK! I've already braced myself for it.
I can't wait!
그래! 나는 이미 각오가 되어 있어. 정말 기대된다!

more

❶ pay back은 '돈을 갚다'의 뜻으로 많이 쓰이지만, 반드시 돈에만 쓰는 게 아니고 '복수'와 같이 '받은 대로 갚아준다'라는 의미로도 쓰입니다. 한편, pay for는 '(~에 대한) 대가를 치르다'라는 의미입니다.

❷ brace는 동사로 '보강하다, 긴장시키다'라는 의미이며 명사로는 '치아교정기'로 많이 쓰입니다. 〈brace oneself〉라고 하면 '(마음의) 준비를 하다, 준비하고 있다'라는 의미입니다.

503. Are you out of your mind?
제정신이니?[너 정신이 나갔니?]

A: Are you out of your mind?
You don't have to do all that!
너 정신이 나갔니? 그렇게까지 할 필요는 없잖아.

B: Don't go too far!
You never understand how I feel.
너무 심하게 말하지 마. 너는 절대 내 기분 몰라.

more

❶ Are you out of your mind?는 다음 표현들과 바꾸어 사용할 수 있습니다.
= Have you lost your mind?
= You're not yourself today. (너는 오늘 네 정신이 아니다.)
= You don't know whether you're going or coming.
   (너는 이건지 저건지 아무것도 모른다.)

❷ go too far는 말, 행동 등의 정도가 지나칠 때 쓰는 표현이며 주로 You're going too far.(너 너무 지나치다.)라고 많이 씁니다.

504. I'm having a hard time with him.
나 그 애 때문에 힘들어.

A: **I'm having a hard time with my sister.**
난 여동생 때문에 힘들어.

**She is stressed because of her boss.
I think he gives her a hard time.**❶
그녀는 상사 때문에 스트레스를 받아.
내가 보기엔 그 사람이 그녀를 힘들게 하는 거 같아.

more

❶ 〈A give B a hard time: A는 B를 힘들게 한다.〉라고 표현할 수 있으며 반대로 '(~와) 잘 지낸다'는 표현은 get along with를 사용하면 됩니다.

관련표현
- have a hard time with + 사람/일: 사람/일로 인해 힘들다, 스트레스를 받는다
- have a hard time (in) + 동명사: ~하느라 힘들다, 어려움을 겪다
- have a hard time of it: 고생을 하다, 욕보다, 혼이 나다

505. He's a real flake.
걔는 경박스러워.

A: **He looks like a loser.**
그 사람 바보 같아.

B: **No, he's clever, but he's a real flake.**❶
아니야, 똑똑하지만 경박스러워.

more

❶ flake는 '얇은 조각'을 뜻하는데 우리가 잘 아는 'corn flake'의 flake가 이 의미로 쓰인 것입니다. flake를 사람에 쓰면 '가볍고 경박한'이라는 의미입니다. 비슷한 단어로 light가 있습니다.

506. I cannot pinpoint it, but somehow something smells fishy.
딱 꼬집어 말할 수는 없지만 (왠지) 뭔가 수상하다.

A: **Don't you feel that something smells fishy?
I'm sure they're hiding something.**
뭔가 수상쩍다고 느껴지지 않아?
내가 확신하는데 그들은 뭔가 숨기고 있어.

B: **I think so. I cannot pinpoint❷ it, but I feel suspicious about❶ them.**
내 생각도 그래. 딱 꼬집어 말할 수는 없지만 저 사람들 수상해.

more

❶ feel suspicious about는 '(~에게) 수상스러움을 느끼다'의 의미인데 동사 suspect를 사용해서 I suspect them.(난 쟤들이 수상하다.)이라고 표현할 수도 있습니다. 또한 회화에서는 smell fishy라는 표현으로 '(어쩐지) 수상쩍다'를 나타내기도 합니다. fishy smell은 '비린내'지만 smell fish는 '수상하다'는 의미로 쓰인다는 것을 기억하세요. 비슷한 뉘앙스의 He's up to something.(저 남자 뭔가 꿍꿍이가 있다.)과 He does something in people's back.(그는 뒤에서 호박씨 깐다.) 등의 표현도 함께 알아두세요.

❷ pinpoint는 '이유를 정확하게 지적하다, 정확하게 묘사하다'라는 뜻입니다.

507. Thanks for the history lesson.
뒷북치고 있네.

A: **Did you hear that she got divorced?**
그녀가 이혼했다는 거 들었어?

B: **Yeah, 3 years ago. Thanks for the history lesson.❶**
응, 3년 전에 들었어. 다시 알게 해주는구나.

more

❶ 이미 다 알고 있는 얘기를 나중에 새로운 얘기처럼 하는 사람에게 장난조로 하는 표현입니다. 우리말에 있는 '뒷북치다'와 같은 뉘앙스입니다. history가 역사이므로 표현을 직역하면 '역사 수업 고맙다'인데 이는 이미 모두 다 아는 얘기를 했다는 의미가 되겠죠. 비슷한 의미의 다른 표현으로는 fuss around after the event가 있습니다.

508 I don't know what you're talking about.

도대체 무슨 소리를 하고 있는지 모르겠구나.

A: **What are you talking about?**[0]
  무슨 소리 하는 거야?

B: **I'm talking about your habit.
A bad habit is easy to get into
and hard to get rid of.**
  네 버릇에 대해 말하는 거잖아.
  나쁜 버릇은 생기기는 쉬워도 고치기는 어려운 거야.

more

[0] 회화에서 많이 쓰이는 표현으로 '뭔 소리하는 건지 모르겠어.'라는 의미입니다. 속어로는 여기에 hell을 넣어서 What the hell are you talking about?으로 좀 빈정대고 비꼬는 투로 쓰는 경우도 많습니다. 상스러운 욕은 아니지만 격식을 갖추어야 하는 경우에는 쓰지 않는 것이 좋습니다. 그냥 간단히 '뭐야, 이게!'라는 표현은 What the hell!이라고 합니다.

509 Talking to you is like talking to a wall.

당신에게 말하는 것은 벽에다 말하는 것 같아요.

A: **Didn't you say it's tomorrow?**
  내일이라고 하지 않았어요?

B: **I said it's today. You know sometimes
I feel like talking to you is like talking to
a wall.**[0]
  오늘이라고 했어요. 나 가끔씩 당신한테 말하는 게 마치 벽에다 말하는 것 같아요.

more

[0] 벽창호 같은 사람에게 하는 표현으로, 비슷한 단어에는 '고집 센, 완고한'의 의미를 갖는 pigheaded, stubborn 등이 있습니다.

510. That's what you always do.
네가 하는 일이 늘 그렇지 뭐.

A: **Did you get what I asked for?**
   내가 부탁한 거 사왔어?

B: **Oh, I forgot. I'm so forgetful.**
   아, 까먹었다. 나 너무 건망증이 심해.

A: **Yeah, right. That's what you always do.**❶
   그래, 맞아. 네가 하는 일이 늘 그렇지.

A: **Mike's got a new girlfriend.**
   마이크에게 새 여자 친구가 생겼더라.

B: **That's what he always does.
   I don't know how long that relationship will last.**
   늘 하는 짓이잖아. 이번엔 얼마나 갈지 모르겠군.

more

❶ That's what you always do.는 It is obvious.처럼 '뻔하다'는 의미로 자주 하는 행동을 두고 쓰는 표현입니다. 예를 들어 He didn't sleep last night and worked all night.(그는 어젯밤에 자지도 않고 밤새 일했다.)라고 한 경우에도 That's what he always does.라고 할 수 있습니다.

511. You're going too far.
당신 말이 좀 지나쳐요.

A: **I think you should stop seeing❷ him.**
   내 생각에는 너 그 남자 그만 사귀어야 한다고 봐.

B: **You're going too far.❶ It's my private life.**
   너무 지나치잖아. 내 사생활이야.

A: **I'm so sorry if I was going too far.
   I couldn't just watch with folded arms❷.**
   도가 지나쳤다면 정말 미안해.
   그냥 방관만 할 수가 없어서 그랬어.

more

❶ be going too far는 That is too much.의 의미로 정도가 지나친 말을 하거나 선을 넘어선 경우에 씁니다.
❷ '사귀다'는 주로 see나 go out으로 표현하며, with folded arms는 '팔짱을 끼고'라는 의미입니다.

512. You have no respect!
넌 싸가지가 없어!

A: **She has no respect for me.❶**
She always does me wrong.❷
그녀는 싸가지가 없어. 내게 늘 못되게 해.

B: Why is she always giving you a hard time?
I'm gonna give her what-for❸.
걔는 왜 만날 너를 힘들게 하니? 왜 그러는지 내가 따져 볼 거야.

more

❶ 사실 영어에는 '싸가지'라는 표현은 없지만, 비슷하게 have no manner나 rude, mean 등으로 표현합니다. respect는 '존경, 존중'의 의미인데 have no respect는 '존경하지 않는다' 보다는 상대에게 배려 없이 함부로 굴 때 쓸 수 있는 You're so rude!와 같은 의미입니다.

❷ do wrong: 못되게 굴다

❸ what-for는 '이유, 까닭' 또는 '꾸지람, 벌' 등의 의미로 give somebody what-for라고 하면 '누군가를 꾸짖다'는 의미가 됩니다.

513. What kind of person is this?
뭐 이런 사람이 다 있어!

A: Why are you bruised on your leg?
다리에 왜 멍들었어?

B: I was pushed and fell.
밀려서 넘어졌어.

A: Who did that to you?
What kind of person is that?❶
누가 그랬어? 뭐 그런 인간이 다 있니!

more

❶ What kind of ~ ?는 '어떤 종류의 ~ 입니까?'라는 의미로 What kind of music do you like?(어떤 종류의 음악을 좋아하세요?)와 같이 사용할 수 있습니다. 대화에서처럼 '어떤 종류의 사람이냐?'라는 뜻으로 사용하면 '뭐 그 따위 사람이 다 있나?'라는 비난의 의미가 됩니다.

514. You didn't listen to me, now look at you!
내 말 안 듣더니 꼴 좋다!

A: **I warned you. You didn't listen to me, now look at you!**
내가 경고했잖아. 내 말 안 듣더니 봐!

B: **I'm really upset. I wish I could set back the clock.**
정말 속상해. 시간을 되돌릴 수 있으면 좋겠어.

more

❶ hear와 다르게 listen to는 '주의 깊게 듣다'라는 의미로 귀 기울여서 경청하는 것을 의미합니다. 따라서 '내 말을 (귀 기울여) 듣지 않았다'는 didn't listen to me가 됩니다.

❷ Look at you!는 '널 좀 봐!, 꼴이 그게 뭐냐'라는 의미입니다. '꼴 좋다'는 It serves you right!라고 표현하는데 이는 '행동한 대로 돌려받는다'는 뜻입니다.

❸ 대화에서 be upset은 속이 상한다는 의미가 강하지만 '화나다'라는 표현에도 upset을 쓸 수 있습니다. be mad at[with] ~, be angry at[with, about] ~, be pissed off at[with] ~, drive A crazy 등은 모두 '화나다'라는 의미의 표현입니다.

> **ex**
> - I'm mad at you. (나 너에게 화났어.)
> - She is angry with me. (그녀는 내게 화나 있다.)
> - That really pisses me off. = I'm really pissed off. (나 정말 열 받쳐.)
> - That accident still upsets me. (그 사고는 아직도 나를 속상하게 해.)
> - He drives me crazy. (그는 나를 화나게 만들어.)

❹ set back the clock은 '시간을 뒤로 돌리다'라는 의미입니다.

515. You deserved it.
쌤통이다.

A: I'm afraid his business will fold❷ in a year or so.
유감스럽지만 그의 사업은 일 년쯤 안에 망하게 될 거야.

B: Too bad, but he's been so greedy. He deserves it.❶
안됐지만 그는 너무 욕심을 부렸어. 그렇게 될 만하지.

more

❶ deserve는 '(마땅히) ~할 만하다', '(상, 벌 등을) 받을 만하다'라는 의미로 까불고 멋대로 행동하더니 쌤통이라고 비난하는 경우나 노력의 대가로 좋은 결과가 있을 때 쓸 수 있습니다. 어떤 노력이나 의도한 결과에 대해 형용사 deserved를 '(상, 벌 등이) 자격이 있는'이라는 의미로 사용합니다.

ex
- She deserves help. (그녀는 도움을 받을 자격이 있다.)
- I shouldn't have done that, but it's too late to regret. I deserved it. (그러지 말아야 했어, 하지만 후회하기엔 늦었지. 난 이런 대가를 받을 만해.)
- You don't deserve it, do you? (너는 그런 대접을 받을 자격이 없어, 그렇지?)
- She deserves to be loved. (그녀는 사랑 받을 만하다.)

❷ fold는 '(사업·공연 등을) 접다, 중단하다'라는 의미로 쓰였습니다.

516. She doesn't know what she's talking about.
그녀는 자신이 뭐라고 말하고 있는지도 모른다.

A: Is she crazy or something? How can she say something like that?
저 애 미치거나 뭐 그런 거 아냐?
어떻게 저런 말을 할 수가 있어?

B: Never mind. She's pissed off. She doesn't even know what she's talking about.❶
신경 쓰지 마. 열 받아서 그래. 자기가 뭐라 하는지도 몰라.

more

❶ 이 표현에는 '멍청하다'라는 의미도 있지만 그보다는 흥분하거나 화가 나서 막 정신없이 퍼붓는 사람에게 많이 씁니다. 자신이 무슨 말을 하는지 모를 만큼 화가 나 있는 상대에게 쓰는 표현이니 비난의 의미가 내포되어 있습니다.

517. He drives me nuts.
그 사람이 날 미치게 만들어.

A: Who's that?
저 사람 누구야?

B: He's new here. He's a green❷ hand. Do you have a hard time with him?❸
새로 온 사람이야. 초보자야. 너 그 사람 때문에 힘드니?

A: I hate to say this, but he drives me nuts.❶ How am I gonna train him?
이런 말 하기 싫은데, 나 미치겠어. 어떻게 훈련을 시키지?

more

❶ nut은 구어로 '괴짜, 바보, 미치광이'라는 뜻이고 drive는 '(~하게) 내몰다, (~한) 상태에 빠뜨리다'라는 의미로 쓰여 dive somebody nuts[crazy]라고 하면 '누군가를 미치게 하다'라는 표현이 됩니다. 비슷한 표현으로 get to(괴롭히다)가 있는데 He really gets to me.라고 하면 '그는 날 돌게 만들어.'라는 의미가 됩니다. 참고로, Are you nuts?는 '너 미쳤니?'라는 뜻으로 'Are you crazy?'와 같은 뜻입니다.

❷ green은 '초보의, 풋내기의, 숙련되지 않은'이라는 뜻으로 a green hand는 '미숙한 사람'을 가리킵니다.

❸ 〈have a hard time with A〉는 'A 때문에 힘들다, 고생하다'라는 의미로 회화에서 자주 쓰이는 표현입니다.

518. It's none of your business.
네가 상관할 일은 아니야.

A: My private life is none of your business.❶
내 사생활은 상관하지 마.

B: I'm disappointed. I just worry about you.
섭섭하네. 단지 너를 걱정하는 건데.

more

❶ It's none of your business.는 간단히 None of your business.라고 많이 쓰며 '상관하지 마'라는 뜻으로 It's got nothing to do with you.와 같은 의미입니다. 입장을 바꿔서 I don't wanna get involved in this.라고 하면 '난 상관하고 싶지 않다'는 의미가 됩니다.

519. It's got nothing to do with me.
그건 나와 아무 상관이 없어.

A: **What did you do to my computer?**
내 컴퓨터에 무슨 짓을 한 거야?

B: **What? I didn't even touch your computer.**
뭐라고? 난 건드리지도 않았어.

A: **You are the only one who shares this room with me.**
이 방 나와 같이 쓰는 사람은 너뿐이잖아.

B: **Hey! It's got nothing to do with me!**
야! 그건 나와 아무 상관도 없거든!

more

❶ 이 표현은 자신의 결백을 주장하거나 오해에 대해 해명할 때 쓰는 표현입니다. 비슷한 표현으로는 have nothing to do with가 있으며 '상관이 있다'는 표현에는 have something to do with나 be related to, be involved in 등이 있어 여기에 not을 붙여도 비슷한 의미로 사용할 수 있습니다.

ex
- I don't have anything with that matter. (나는 그 문제와는 관련이 없다.)
- I'm not related to that. (나는 그것에 연관되지 않았다.)
- I'm not involved in that. (나는 그것에 연루되지 않았다.)

520. You are the boss!
잘났다!

A: **Hey, I don't do house work. You do the dishes!**
야, 난 집안일 안 해. 네가 설거지해!

B: **OK, you're the boss!**
네, 분부대로 하죠.

more

❶ boss는 '두목, 사장, 지배자'라는 뜻이므로 You're the boss!라고 하면 '당신이 사장님입니다.'라는 의미보다 약간 빈정거리거나 혹은 장난기를 섞어서 '당신 말씀대로 해야죠.' 혹은 '당신 말이 다 맞다.'라는 뜻이 됩니다.

❷ house work는 '집안일'을 말하며, '설거지하다'는 wash the dishes나 do the dishes로 표현합니다.

521. She really turns me off.
그녀는 정말 지긋지긋해.

A: He keeps doing that.
He really turns me off.❶
그 남자 계속 그러고 있다. 정말 지긋지긋해.

B: Bear and forbear.❷
He will be changed someday.
참고 또 참아라. 언젠가는 변할 거야.

more
❶ 〈A turn ~ off〉, 〈sick and tired of A〉는 'A가 지긋지긋하다, 질렸다'라는 뜻으로 I'm sick of A, A make(s) me sick.으로 써도 됩니다. '더 이상 견딜 수 없다.'는 I can't stand it anymore. I'm sick and tired of you.(더는 못 참겠어. 나는 네가 지긋지긋해.)와 같이 표현할 수 있습니다.

❷ bear와 forbear라는 '참다'라는 뜻입니다.

522. He's a pain in the neck.
그는 골칫덩이야.

A: Who smashed❶ the dishes on the floor?
바닥에 접시들은 누가 깨뜨려 놓은 거야?

B: My nephew❷ did. Sorry, I will clean up the mess. He's a pain in the neck.❶
내 조카가 그랬어. 미안해. 내가 치울게.
저 아이는 골칫덩이야.

more
❶ pain in the neck은 '골칫거리, 문제 인물'을 뜻합니다. 비슷한 표현으로 pain in the ass(구어적), make(s) me sick(골치 아프게 하다)이 있습니다.

❷ smash는 '때려 부수다, 깨뜨리다'로 접시나 유리잔 같은 것을 깨뜨렸을 때는 break을 써도 됩니다.

❸ **관련어휘**
- nephew: 남자 조카
- niece: 여자 조카
- uncle: 삼촌
- aunt: 이모, 고모, 숙모
- father-in-law: 시아버지, 장인
- mother-in-law: 시어머니, 장모

523. It's looks gross! / That's gross!
역겨워!

A: He behaved in a gross❶ manner, so I left him.
그가 상스럽게 굴어서 나는 그를 떠났어.

B: Good for you! Actually he was disgusting❷.
잘했어! 사실 그 남자 역겨웠어.

more

❶ gross에는 whole, total과 같이 '총, 모두 합친, 전체의'라는 의미가 있는 반면, '천한, 추잡한, 구역질 나는, 지긋지긋한, 불쾌한' 등의 의미도 있습니다.

❷ disgusting은 '역겨운'을 표현하는 가장 대표적이고 흔한 단어입니다. 행동이나 태도, 말투에 불쾌함을 느끼는 상황뿐 아니라 그와 유사한 상황에서도 쓸 수 있습니다.

> **ex**
> • What's that smell? It's so disgusting! (이거 무슨 냄새야? 너무 역겹다!)
> • It is so disgusting to see roaches in your kitchen.
>   (너희 집 주방에서 바퀴벌레를 보니 비위가 상해.)

524. It was wrong from the beginning.
기본부터 잘못됐다.[처음부터 잘못됐다.]

A: Try to improve your relationship with your girlfriend.
여자 친구와의 관계 좀 개선해 봐.

B: It's too late. It was wrong from the beginning.❶
너무 늦었어. 처음부터 잘못됐어.

more

❶ It was wrong from the beginning.은 '처음부터 잘못됐다' 혹은 '첫 단추가 잘못 채워졌다.'의 의미로 이제는 어쩔 수 없다는 포기의 뉘앙스입니다. You can't turn it back now.(이제는 돌이킬 수 없다.)와 비슷한 상황에서 쓸 수 있습니다.

525. It's not fair!
그건 공정치 않아!

A: Why does he always get more than me?
It's not fair[1]!
왜 그는 늘 나보다 많이 받지? 공정치 않아!

She's tall and pretty, and she even
inherited her father's property.
It's not fair!
그녀는 키도 크고 예쁘면서 심지어 아빠의 재산까지 물려받았어.
이건 공정치 않아!

more

[1] fair는 '공정한'이라는 뜻으로 스포츠에서도 많이 쓰입니다. 공정하지 못하다는 의사 표현을 하고 싶을 때 위의 표현을 사용할 수 있습니다. 또한, fair에는 '피부가 흰', '흠 없는, 결점 없는', '아름다운, 매력적인', '(바람이) 순조로운' 등의 여러 가지 뜻도 있으니 함께 알아두세요.

ex • a fair wind: 순풍   • a fair skin: (피부 톤이 좋은) 흰 살결

526. It's getting on my nerves.
(그게) 신경에 거슬려.

A: Kids are jumping up and down upstairs.
It's really getting on my nerves.[1]
위층에서 아이들이 뛰어다니는데 그게 정말 신경에 거슬려.

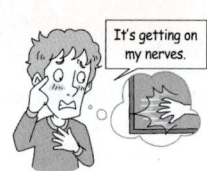

B: They're always like that.
I'll go complain to their parents.
걔네들 늘 그래. 내가 가서 그 부모한테 항의 좀 해야지.

more

[1] nerves는 '신경'이라는 뜻으로 I'm so nervous.는 '나는 너무 긴장했다.'의 의미가 되고 '신경에 거슬린다'는 표현은 get on my nerves라고 합니다.

관련표현 • His song is harsh to the ears. (그의 노래는 귀에 거슬려.)
• That spoiled boy is unpleasant to the eyes. (저 버릇없는 꼬마가 눈에 거슬려.)
• You hit my nerves. (너는 내 신경에 거슬려.)

527. Just because I love you, (it) doesn't mean (that) I can do everything for you.

내가 당신을 사랑한다고 해서 당신을 위해서 모든 걸 다 할 수 있는 것은 아닙니다.

A: **Just because** I don't complain, **doesn't mean** I'm satisfied.❶

내가 불평하지 않는다고 해서 내가 만족한다는 뜻은 아니야.

more

❶ 〈Just because S+V, doesn't mean S+V〉는 '(~)하기 때문에 (~)한 것은 아니다'라는 의미의 구어입니다. Just because you're older than me, doesn't mean you know everything.(당신이 나보다 나이가 많다고 해서 모든 것을 아는 것은 아닙니다.)와 같이 문장을 만들 수 있으므로 패턴을 잘 익혀서 활용하면 좋습니다.

528. What a (tough) life!

참 힘든 인생이다![인생 참 고단하다!]

A: It's really hard to earn money. I gave it my best shot, but can't stand your demands. **What a tough life!**❶

돈 벌기 정말 힘들어. 난 최선의 노력을 다했는데, 도저히 너의 요구를 견뎌낼 수가 없다. 인생 참 고단하다!

B: I know, but I've been placed in a fix. Please help me.

알아요, 하지만 나는 궁지에 빠졌어요. 제발 날 좀 도와주세요.

more

❶ 인생이 얼마나 힘든가를 한탄하듯 말하는 감탄문인 What a life!처럼 뒤에 나오는 주어와 동사는 생략할 수 있습니다.
  • 〈What+a(n)+형용사+명사+주어+동사!〉
  • 〈How+형용사+주어+동사!〉

529. It's not my day!
뭐 이런 날이 다 있을까![오늘 정말 일진이 안 좋아!]

A: Oh my God! This is the 3rd ticket❷ I got today! It's not my day!❶
맙소사! 이게 오늘 세 번째 끊은 딱지야! 뭐 이런 날이 다 있니!

B: You mean 3rd traffic ticket? You're out of luck today!
세 번째 교통 딱지라는 거야? 오늘 정말 재수가 없구나!

A: What a day!❶ I haven't got any chance to sit since this morning.
무슨 이런 날이! 아침부터 앉을 새도 없었어.

more

❶ 잘 안 풀리고 운이 없는 날에 기가 막힌다는 의미로 What a day!, It's not my day!로 기분을 표현할 수 있습니다.

❷ ticket은 '교통 위반 딱지'를 말하며 과속으로 끊게 되는 딱지는 speed ticket이라고 합니다.

530. That is ridiculous!
바보 같고 어이없어![어처구니 없어!]

A: Why are you wasting your time on such a worthless thing? That is ridiculous!❶
왜 쓸데없는 데 시간을 낭비하고 있니? 바보 같아!

more

❶ ridiculous는 우스꽝스럽고 터무니없는 상황이나 바보 같은 소리, 행동에 쓸 수 있습니다. Don't be ridiculous!라고 하면 '바보 같은 소리 하지 마라'로 funny의 의미도 있지만, ridiculous는 '재미있다'는 의미보다는 '우스꽝스럽다'는 뜻이 더 강해서 Don't be silly!와 비슷한 표현입니다. 약간은 빈정대고 비웃는 뉘앙스가 내포되어 있다고 생각하세요.

Unit 20 Anger

531. Get out of here!
(여기에서) 나가요!

A: I know she's crazy about me.
Am I that fascinating?
난 그녀가 나한테 홀딱 반했다는 걸 알아.
내가 그렇게 매혹적인가?

B: Oh, get out of here❶!
You're intoxicated with yourself!
야, 말도 안 돼! 너 자아도취에 빠졌구나!

more

❶ Get out of here.는 화가 난 상황뿐 아니라 정말 웃기거나, 기막힌 얘기를 들었을 때도 '그만 좀 해.'라는 뉘앙스로 편한 사이에서 쓸 수 있습니다. Get your ass out of here!나 Get the fuck out of here!는 같은 의미의 속어적인 표현입니다.

532. Let's drop it!
(말을) 관두자!

A: I'm trying to help you out.
If you don't want it, let's just drop it❶!
난 너를 도와주려고 하는 건데, 원하지 않는다면 그냥 그만 두자!

more

❶ drop은 '떨어뜨리다, 내려놓다', '(어떤 상태에) 빠뜨리다' 또는 '중단하다' 등의 의미를 가지고 있습니다. drop by라고 하면 '(어디에) 들르다'가 되며, drop off는 '(탈 것에서) 내려주다'라는 의미입니다. '그만두자'라는 의미의 drop it은 stop talking의 의미로 Knock it off!, Cut it out!(때려치워라!, 집어치워라!)과도 비슷한 표현입니다.

533 Let's stop playing word games.
말장난 그만하자.

A: **Stop playing word games!**[1] **It is unpleasant.**
말장난 그만해! 재미없어.

B: What! It is interesting!
뭐! 재미있잖아!

Let's stop playing word games.

more

[1] '말장난하다'는 play word games이나 speak in fun 또는 joke라고 표현합니다. '장난으로 말한 거다.'는 I meant it in fun.이라고 하면 됩니다. He took seriously what I meant as a joke.는 '내가 농담으로 한 말을 그는 진지하게 받아들였다.'라는 의미가 됩니다.

534 Watch your language!
말조심해!

A: Hey, **watch your mouth!**[1] How could you say such a thing in front of everyone? Where are your manners?
야, 입[말]조심해! 어떻게 그런 말을 모든 사람 앞에서 할 수가 있니? 매너도 없이!

B: **Look back**[2] at what you have done to me.
네가 나에게 한 짓을 되돌아봐.

Watch your language!

more

[1] watch는 '지켜보다, 주시하다' 등의 뜻이지만 Watch out!(조심해!)의 watch는 앞에 올만한 위험에 대한 경고의 의미가, Watch your mouth!에서의 watch는 경고와 분노의 의미가 담겨있습니다. Shut the mouth!(입 다물어!)보다는 다소 약한 뉘앙스의 표현이며 비슷한 의미로 Stop saying things that are rude!라고 하면 '싸가지 없는 소리 좀 그만해!'가 됩니다.

[2] look back은 '되돌아보다'라는 의미입니다.

535. Get off me!
저리 가![저리 비켸!]

A: You cannot carry them alone. I will give you a hand.
너 혼자 옮길 수 없어. 내가 도와줄게.

B: Get off me!❶ I'm strong enough to handle all of this by myself.
저리 가! 나는 이 모든 것을 혼자 할 수 있을 만큼 튼튼해.

more

❶ Get off me!라는 말은 귀찮고 싫어서 저리 가라는 의미로 쓰기도 하지만, get off에는 '(차 등에서) 내리다, (옷을) 벗다'의 뜻도 있으니 함께 알아두면 좋겠습니다.

536. Stop acting like you're all that!
제발 잘난 척 좀 그만해!

A: He always acts like he's all that!❶
그는 항상 잘난 척해!

B: I know. Everybody says that he's stuck-up❷.
알아. 모두들 그가 건방지다고 해.

more

❶ all that은 '자신이 모두 다 아는 척, 자신이 최고인 척'이라는 의미로 이해하면 됩니다. '잘난 체하다'의 다른 표현은 air를 사용한 put on airs, give oneself airs로 Stop putting yourself on airs!(잘난 체 좀 그만해.)와 같이 표현하면 됩니다.

❷ stuck-up은 구어로 '거드름 부리는, 거만한' 또는 '점잔을 빼는' 등의 의미로 쓰입니다.

537. Sue me!
배 째라!

A: **You were supposed to pay me back yesterday. What's going on?**❷
너 어제까지 돈 갚기로 했잖아. 어떻게 된 거야?

B: **I'm on the verge of bankruptcy**❸ **now. Give me some more time or sue me**❶**.**
나 지금 망하기 직전이야. 시간을 좀 주든지 마음대로 해. [배 째.]

more

❶ Sue me!는 말 그대로 '고소해라!'라는 의미인데 다그치거나 강요하는 상대방에게 '네 마음대로 해라.'라는 의미로 쓰이는 표현입니다. 같은 뜻으로 Do as you please!나 Have your own way!가 있습니다.

❷ What's going on?은 회화에서 많이 쓰이는 표현으로 '어떻게 되어가고 있니?'라는 의미입니다.

❸ on the verge of bankruptcy는 '파산 직전에'라는 의미이며 '파산하다'는 go (into) bankruptcy라고 표현합니다.

538. Shut up!
입 닥쳐!

A: **For God's sake, will you shut up**❶ **and get back to work?**
제발, 입 다물고 다시 일이나 하지 그래?

more

❶ 조금은 거친 표현이므로 필요한 상황에서만 쓰기를 권합니다. 예문에서의 For God's sake는 Please 정도의 의미이지만 조금 짜증난 상황에서 쓰기도 합니다. 예를 들어서, Oh, for God's sake, stop calling me, OK?(제발, 내게 전화하지 마, 알았니?)라는 상황을 보면 자꾸 전화해서 짜증이 난 상태로 '제발' 전화하지 말라고 화를 내는 뉘앙스가 들어 있습니다.

Shut up! 보다 조금 더 정중한 표현으로는 Keep it down!이나 (Please) Be quiet!가 있습니다.

539. Stop teasing me!
그만 놀려!

A: **How come you always tease❶ her? You are so mean❷.**
너는 어째서 쟤를 늘 놀려먹니? 너 참 못됐다.

He used to❸ tease me about my freckles❹ at school when we were young.
그는 어릴 때 학교에서 내 주근깨를 놀리곤 했어.

more

❶ • tease: 짓궂게 괴롭히다, 놀리다
  • tease for: 조르다
  • tease about (=make fun of): (~에) 대해 놀리다
❷ mean은 행동이나 성격이 버릇없고 심술궂고 못된 사람이나 동물에게 쓸 수 있는 형용사이고, 동사로 쓰면 '(~을) 의미하다'라는 뜻입니다.
❸ used to는 '(과거에) (~)하곤 했다, (~한) 적이 있다'라는 의미로 I used to live here.(난 여기에 산 적이 있다.)와 같이 사용할 수 있습니다.
❹ freckle은 복수로 써서 '주근깨'를 나타냅니다.

540. Go away!
가버려, 가!

A: **Please leave me alone! Just go away❶!**
제발 날 좀 내버려둬! 그냥 가!

more

❶ Go away는 leave(떠나다)와는 다르게 사라져 버리라는 뉘앙스이고 leave me alone은 날 내버려두라는 뜻입니다. 귀찮은 사람이나 자신을 화나게 만드는 사람을 물리칠 때 쓸 수 있는 강한 표현입니다.

541. Get lost!
꺼져!

A: **Get lost!**[1] I don't wanna see you anymore.
꺼져! 너를 더 이상 보고 싶지 않아.

more

[1] Get lost!는 Get out of here!보다 더 강한 표현입니다. 만일 ass라는 단어를 넣어 Get your ass out of here!이라고 하면 Get lost!와 비슷한 강도의 표현이 됩니다. 하지만 실제로 그렇게 말하면 별로 정중하지는 않은 표현이니 아무 곳에서나 쓰지 않도록 유의해야 합니다.

542. Don't give me that crap!
허튼 소리 하지 매[헛소리 집어치워!]

A: I'm gonna hit the **jackpot**[2] this time!
이번엔 대박날 거야!

B: **Cut that crap!**[1] You've been saying the same shit for 3 years.
헛소리 좀 그만해! 그 말도 안 되는 소리 3년째 하고 있잖아.

more

[1] crap은 '허튼소리, 거짓말, 허풍' 등의 뜻으로 nonsense와 비슷한 말입니다. 따라서 Don't give me that crap!이라고 하면 '허튼 소리 따위 하지 마!'라는 의미로 대화에 쓰인 cut that crap과 같은 의미가 됩니다.

[2] jackpot은 도박에서 최고로 터진 돈이나 복권의 당첨, 뜻밖에 거둔 큰 성공, 횡재를 말합니다.

543. Don't do that!
그러지 마!

A: **I'm gonna drop out of school.**
나 학교 중퇴하려 해.

B: **Why? Don't do that!**
You'll regret it someday!
왜? 그러지 마! 나중에 후회한다!

more

❶ Don't do that.보다 좀더 정중히 표현하고 싶을 때는 Will you please stop doing that?이라고 해도 됩니다. 또는 I don't want you to do that.이라고 할 수도 있습니다.

ex How come you make that loud noise in the middle of night? I don't want you to do that. Please... (한밤중에 어떻게 그런 큰 소음을 낼 수 있니? 난 네가 그러지 않았으면 좋겠어, 제발…)

544. Don't yell!
소리 지르지 마!

A: **Behave yourself!**
얌전하게 굴어!

B: **Stop yelling at me!**
나한테 소리 좀 지르지 마요!

more

❶ yell은 '큰소리를 지르다'라는 뜻으로 지나치게 호통을 치는 사람에게 쓸 수 있습니다. '(~)에게 소리치다'라고 하면 yell 뒤에 at을 써서 Why are you yelling at me?(왜 내게 소리치는 거야?)와 같이 표현하면 됩니다.

545. Don't come any closer!
더 이상 가까이 오지 말아요!

A: **Don't come any closer!❶**
Stay where you are!!!
더 이상 가까이 오지 마! 거기에 그대로 있어!!!

more

❶ Don't come any closer.는 거부나 경계의 표현이기도 하지만 두려울 때도 쓸 수 있습니다. 예문에 쓰인 Stay where you are!는 Just stay there!와 비슷한 표현입니다. 또는, 가까이 오지 말고 물러서라는 의미로 Back off!도 비슷하게 사용할 수 있습니다.

546. Don't even think about it!
그건 꿈도 꾸지 마!

A: **Can I borrow some money?**
나 돈 좀 빌릴 수 있을까?

B: **Don't even think about it!❶**
I can't afford❷ it right now.
꿈도 꾸지 마! 난 지금 경제적 여유가 없어.

A: **Mom, can I go play with Sam?**
엄마, 나 Sam이랑 나가 놀아도 돼?

B: **Don't even think about it, son.**
You've gotta prepare for the final exam.
생각도 하지 마라! 기말고사 준비해야지.

more

❶ 아주 단호하게 거부할 때, 절대 들어줄 수 없을 때 Don't even think about it!이라고 하면 됩니다. No way!와 비슷한 강도의 표현입니다.
❷ afford는 주로 재정적이나 시간적으로 '(~할) 여유가, 여력이 있다'라는 의미로 쓰며 할 만한 능력이 안될 때 I can't afford it.이라고 합니다.

547. Don't talk to me like that!
그런 식으로[그렇게] 내게 말하지 마!

A: **Is that all you can say with that stupid look?**
그게 그 멍청한 얼굴로 할 수 있는 말의 전부야?

B: **What? Don't talk to me like that!❶ I did my best!**
뭐? 그런 식으로 내게 말하지 마! 난 최선을 다했어!

more

❶ Don't talk to me like that.은 '그렇게 말하지 마.'라는 의미를 나타내고 like that 대신에 that way를 쓴다면 '그런 식'이라는 의미입니다. 상대의 말이 지나치게 여겨질 때 쓸 수 있는 말로 Don't give me that.(그런 말도 안 되는 소리 하지 마.)이라고 표현할 수도 있습니다.

548. Don't you try to lie!
시치미 떼지 마!

A: **Don't you try to lie to me!❶ I have got the lowdown❷.**
너 시치미 떼지 마! 나는 내막을 알고 있어.

B: **I didn't lie! What?! You can't trust me?**
거짓말 안 했어! 뭐야! 나 못 믿니?

more

❶ Don't you try to lie!는 문법적으로는 맞지 않는 표현이지만 you에 억양을 올려서 분노를 나타내 줍니다. 〈try to ⓥ〉는 '(~)을 하려 하다, 시도하다, 노력하다'라는 의미로 try to lie라고 하면 '거짓말 하려고 애쓰다'라는 의미로 '시치미 떼다'라는 뉘앙스가 포함되어 있습니다.
❷ lowdown은 '내막'이라는 뜻으로 다른 말로는 inside가 있습니다.

549. Don't try to butter me up!
아부하지 마!

A: Don't try to butter me up❶!
알랑거리지 마!

B: No, I'm not! I'm serious!
아니야, 난 진심이야!

A: He butters up his wife after he has stayed out overnight by giving her some money.
그는 외박한 뒤 그의 아내에게 돈을 좀 주며 아부한다.

more

❶ butter up은 '(~에게) 아부·아첨하다'라는 뜻으로 진심이 아닌 비위만 맞추려는 사람에게 쓰면 됩니다. 흔히 '아부하다'라고 하면 flatter라는 어휘를 써서 Don't flatter me!라고 쓰기도 합니다. I'm not trying to flatter you.라고 하면 '난 너에게 아부하려는 건 아니야.'라는 의미입니다.

550. Don't act like you're rich!
있는 척 좀 하지 말아요!

A: Yeah, that's not bad. Why don't you take❶ it? I'll get it for you if you want.
응, 뭐 나쁘지 않네. 사지 그래? 원하면 내가 사줄게.

B: Please don't act like you're rich. I know you can't afford it.
제발 있는 척 좀 하지 마. 너 그럴 형편 못 되는 것 알아.

more

❶ '사다'라는 의미를 나타낼 때는 buy, get, take를 쓸 수 있습니다.

551. Don't mess with me!
날 갖고 놀지 마요!

A: **It's not gonna happen again.**
다시는 그런 일 없을 거예요.

B: **No more excuses❷! Don't mess with me!❶**
핑계는 됐어! 날 갖고 놀지 마!

more

❶ mess는 '어지럽히다'라는 뜻으로 인간관계(relationship)에서 쓸 때는 불쾌하고 못되게 구는 태도에 대해 타이르는 표현으로 약간 화가 난 상태에서도 쓸 수 있습니다. mess가 '엉망진창인 상태'라는 뜻의 명사로도 쓰이는데, 예를 들어 His room is in a mess.라고 하면 '그의 방은 어질러져 있다.'라는 의미가 됩니다.

❷ excuse는 '변명, 핑계'라는 의미입니다.

552. Stay out of this!
참견하지 마!

A: **This is none of your business. Stay out of this!❶**
네가 참견할 일 아니야. 참견하지 마!

more

❶ '참견하다'라는 뜻의 interfere나 step in, meddle in을 사용해서 표현할 수도 있지만 '이 일에서 떨어져 있어라'라는 의미의 Stay out of this!는 특히 회화에서 많이 쓰입니다. 같은 의미의 속어로 Butt out!이라는 표현이 있으며, 참고로 참견하기 좋아하는 사람을 a meddler라고 합니다.

한국 사람들이 잘못 알고 있는 표현

틀린 표현	바른 표현	설명
last year July	last July	'작년 7월'이란 표현은 영어에선 잘 쓰지 않는다. 작년이 아니라 '지난'으로 표현하는데 마찬가지로 '지난주 월요일'은 last week Monday가 아니라 last Monday라고 한다.
슈퍼	grocery store	한국에서 흔히 쓰는 '슈퍼'는 market 또는 mart라고 하며 발음은 [슈퍼]가 아닌 [수퍼]라고 한다.
더치 페이	go dutch / split the bill	각자 낸다는 의미로 많이 쓰이는 '더치 페이'의 맞는 표현은 go dutch, split the bill 또는 go halves이다.
샐러리맨	office worker / business person	월급쟁이에 해당하는 '샐러리맨'은 office worker나 business person이라고 표현하는 것이 적절하다.
오바이트	throw up / vomit	'오바이트하다'는 throw up이나 vomit라고 표현한다.
바바리코트	trench coat	흔히 가을에 입는 코트를 우리는 바바리코트라 하는데 이는 'Burberry'라는 특정 상표가 잘못 전달되어서 쓰이는 것으로 trench coat라고 하는 것이 적절하다.
아르바이트	part-time job	'아르바이트'는 독일어이며 영어로는 part-time job이라고 한다. 출근해서 하루 종일 일하고 퇴근하는 경우에는 full-time job이라고 한다.
와이셔츠	business shirt / dress shirt	남자들이 넥타이를 맬 때 입는 셔츠를 한국에서는 Y-shirt라고 하는데, 옳게 쓰려면 business shirt나 dress shirt라고 해야 한다.
핸드폰	cellular phone / cell phone	'핸드폰'은 cellular phone이나 줄여서 cell phone 혹은 mobile phone이라고 한다.
츄리닝	sportswear	우리가 흔히 말하는 '츄리닝'은 sportswear라고 쓴다.
폴라 티	turtleneck	겨울에 목까지 올라오는 '폴라 티'는 잘못 쓰이는 표현으로 turtleneck (sweater)라고 쓰는 것이 옳다.
메이커	brand name	상표 있는 제품이란 뜻으로 '메이커'라는 표현을 많이 쓰는데, 말 그대로 maker는 '만드는 사람' 혹은 '제조 회사'를 뜻하므로 우리가 말하는 메이커는 brand name이라고 표현하는 것이 적절하다.

한국 사람들이 잘못 알고 있는 표현

short pants	→ shorts	'반바지'를 말 그대로 쓰면 short pants지만 '반바지'에 해당하는 단어는 shorts이다.
원피스	→ dress	'원피스'란 말은 쓰지 않으며 dress라고 하는 것이 적절하다.
오토바이	→ motorcycle	'오토바이'는 motorcycle이라고 하며 auto-cycle은 '원동기 달린 자전거'다.
open car	→ convertible	sedan, sports car, SUV 등 종류에 따라 자동차를 다양하게 부르며 뚜껑이 열리는 차는 open car가 아닌 convertible이다.
eye shopping	→ window-shopping	물건을 사지 않고 구경만 다니는 경우를 두고 우리는 eye shopping이라고 하지만 실제로는 'window-shopping'이라고 쓴다.
CF	→ TV commercial	TV 광고를 대개 'CF'라고 표현하는데 미국에서는 TV commercial이라고 주로 쓴다.
컨닝	→ cheating	cunning이라고 알고 있는 '부정행위'는 cheating이라고 쓰는 것이 적절하다.
오무라이스	→ omelet with rice	'오무라이스'와 비슷한 메뉴를 미국에서는 a rice omelet 또는 omelet with rice라고 한다.
비닐하우스	→ greenhouse	비닐하우스를 영어로는 'greenhouse'라고 한다. 참고로, 우리는 [비닐]이라고 발음하지만 실제로는 [바이늘]이라고 발음한다.
sign	→ autograph	sign은 signature와 함께 '서명'이라는 뜻으로 쓰이며, 우리가 흔히 말하는 유명 인사나 연예인에게 받는 것은 autograph라고 한다.
green color	→ green	한국어로는 '너의 빨간색 구두 참 멋지다.'라고 표현하지만 '빨간색'이라고 해서 red color라고 하지 않고 그냥 red라고 한다. 예를 들어 I like your black suit.(난 당신의 검은색 정장이 좋아요.)라는 표현에서 알 수 있듯이 '검은색 정장'을 black color suit가 아닌 black suit라고 쓴다.

알아두면 유용하게 쓸 수 있는 속담

- 01 집 같은 곳은 없다. → There's no place like home.
- 02 확률은 반반이에요. → You have a 50-50 chance.
- 03 식은 죽 먹기 → a piece of cake
- 04 죽지 않는 일이라면 너를 강하게 만들 것이다. → If it doesn't kill you, it will make you stronger.
- 05 돌다리도 두들겨 보고 건너라. → Look before you leap.
- 06 쥐구멍에도 볕들 날이 있다. → Every dog has its day.
- 07 눈에서 멀어지면 마음에서도 멀어진다. → Out of sight, out of mind.
- 08 고생 끝에 낙이 온다. → No pain, no gain.
- 09 쉽게 번 돈은 쉽게 나간다. → Easy come, easy go.
- 10 피는 물보다 진하다. → Blood is thicker than water.
- 11 찾는 사람이 임자 → Finders (are) keepers.
- 12 시작이 좋아야 결과도 좋은 법이다. → A good beginning makes a good ending.
- 13 너무 욕심 부리면 아무것도 얻지 못한다. → Grasps all, lose all.
- 14 돈이 최고다. → Money talks.
- 15 시작이 반이다. → Well begun is half done.
- 16 돈이 돈을 낳는다. → Money makes money.
- 17 백문이 불여일견 → Seeing is believing.
- 18 말은 행동보다 쉽다. → That's easier said than done.
- 19 시장이 반찬이다. → A good appetite is a good sauce.
- 20 연습을 하면 완벽해진다. → Practice makes perfect.
- 21 시간이 모든 슬픔을 치유한다. → Time heals all sorrows.
- 22 더디더라도 착실히 하는 편이 결국 이긴다. → Slow but steady wins the race.
- 23 제 몸보다 소중한 것은 없다. → Near is my shirt, but nearer is my skin.

석달에 끝내는 552 실생활 표현

A. 한국어는 영어로, 영어는 한국어로 적절하게 표현한 것을 고르세요.

01. 친하게 지내자!

A. Let's have a ball!
B. Let's get on the ball!
C. Let's break the ice!

02. 떠나자!

A. Let's get the ball rolling!
B. Let's have a ball!
C. Let's hit the road!

03. Keep your chin up!

A. 잠들지 마라!
B. 기운 내!
C. 머리 똑바로 들어!

04. Keep your eye on this!

A. 이거 좀 지켜줘!
B. 이거 좀 쳐다봐줘!
C. 눈뜨고 있어!

05. Keep the change.

A. 계속 변화해.
B. 바꿔.
C. 잔돈 다 가져.

06. Keep going.

A. 가자.
B. 계속 해봐.
C. 그대로 지켜.

07. 잊어버려.

A. Hang in there.
B. Go ahead.
C. Forget it.

08. 날 좀 내버려둬.

A. Be my guest.
B. Hang in there.
C. Leave me alone.

09. 먼저 하세요.

A. After you, please.
B. Do your best.
C. Go away.

10. 버텨내라.

A. Stop it.
B. Hang in there.
C. Do your best.

---

01. C   02. C   03. B   04. A   05. C   06. B   07. C   08. C
09. A   10. B

Quiz

11. 최선을 다해봐.
A. Do your best.
B. Try hard.
C. Be the best.

12. Come out and say it.
A. 밖으로 나가서 말해봐.
B. 솔직하게 털어놔봐.
C. 크게 말해봐.

13. Trust me on this.
A. 이것을 믿어봐.
B. 믿음을 가져.
C. 이번엔 날 믿어봐.

14. Call me.
A. 전화해.
B. 문자해.
C. 놀러와.

15. Be my guest.
A. 초대할게.
B. 손님이 오셨어.
C. 편할 대로 하세요.

16. 말만 해.
A. Speak.
B. You name it.
C. Go ahead.

17. 너에겐 내가 있잖아.
A. You know me.
B. Take me in.
C. You've got me.

18. 지금은 조용히 하는 게 좋겠어.
A. We'd better keep it down for now.
B. We'd better let down for now.
C. We'd better calm down for now.

19. 기죽지 말고 힘내.
A. You've got to stand tall.
B. You've got to stand up.
C. You've got to stand strong.

20. 제발 꿈 좀 깨라.
A. You are singing a castle in the air.
B. You are building a castle in the air.
C. You are dreaming in the air.

---

11. A 12. B 13. C 14. A 15. C 16. B 17. C 18. A
19. A 20. B

A. 한국어는 영어로, 영어는 한국어로 적절하게 표현한 것을 고르세요.

21. 너나 그녀 둘 중 한 사람은 가야 한다.
A. Neither you or she has to go.
B. Either you or she have to go.
C. Either you or she has to go.

22. 그만한 가치가 있다고 보니?
A. Do you think it's worth it?
B. Do you think it's to be paid?
C. Do you think it's counted?

23. 제때에 갔어요?
A. Did you have it on time?
B. Did you try it on time?
C. Did you make it on time?

24. 줄 서 있는 건가요?
A. Are you on line?
B. Are you in line?
C. Are you off line?

25. 너 화났니?
A. Are you pissed off?
B. Are you pissed on?
C. Are you pissed out?

26. 찍어둔 사람 있습니까?
A. Do you have someone in mind?
B. Do you see someone in mind?
C. Do you see someone in heart?

27. 오늘 날씨가 어떻습니까?
A. How's the weather like today?
B. What's the weather today?
C. What's the weather like today?

28. 서울 어때?
A. What do you like in Seoul?
B. What about going to Seoul?
C. How do you like Seoul?

29. 직위가 뭡니까?
A. What's your position?
B. What's your job?
C. What's your name?

30. 뭐가 고민이야?
A. What's your problem?
B. Who's eating you?
C. What are you doing?

| 21. C | 22. A | 23. C | 24. B | 25. A | 26. A | 27. C | 28. C |
| 29. A | 30. A | | | | | | |

Quiz

31. 왜 그렇지?
- A. Who is that?
- B. Why is that?
- C. Where is that?

32. 넌 왜 만날 그 모양이니?
- A. How are you always like that?
- B. Why are you always like that?
- C. What are you always like that?

33. 왜 나한테 화난 거야?
- A. Why are you mad at me?
- B. How are angry with me?
- C. Why do you angry at me?

34. 이름 좀 알려주실래요?
- A. Can I get your name, please?
- B. May I know your name, please?
- C. Can I put your name, please?

35. 부탁 하나 들어줄래?
- A. Could you do me a favorite?
- B. Could you do me a pardon?
- C. Could you do me a favor?

36. 예를 들면?
- A. Such as what?
- B. For an exercise?
- C. As far as I know?

37. 무슨 이런 날이 다 있을까!
- A. What a coincidence!
- B. It's not my day!
- C. What a pity!

38. 잘 못 알아듣겠어요.
- A. I don't think I follow you.
- B. I don't think you come with me.
- C. I don't think so.

39. 내가 해냈어!
- A. I could do that!
- B. I made it!
- C. I have to do it!

40. 그런 일이 일어날 수도 있겠다고 예상했어요.
- A. I thought that it will not be happened.
- B. I expected something like that could happen.
- C. It's something that I have never expected.

---

31. B   32. B   33. A   34. A   35. C   36. A   37. B   38. A
39. B   40. B

A. 한국어는 영어로, 영어는 한국어로 적절하게 표현한 것을 고르세요.

41. 30분을 때워야 해요.

A. I have 30 minutes.
B. I must go in 30 minutes.
C. I have 30 minutes to kill.

42. 금요일에는 아무 계획이 없어요.

A. I'm not available on Friday.
B. I'm free on Friday.
C. I plan to leave on Friday.

43. 넌 이제 죽었다!

A. You're dead meat.
B. You cannot avoid.
C. You're dying.

44. He lives from hand to mouth.

A. 그는 손과 입으로 산다.
B. 그는 손으로 밥을 먹는다.
C. 그는 하루 벌어서 하루 산다.

45. He sent his son on an errand.

A. 그는 아들을 일터로 보냈다.
B. 그는 아들을 심부름 보냈다.
C. 그는 아들을 유학을 보냈다.

46. 비가 억수같이 내리고 있어요.

A. It's raining birds.
B. It's raining like horses and cows.
C. It's raining like cats and dogs.

47. 비가 부슬부슬 내린다.

A. It is sparkling.
B. It is sprinkling.
C. It is straight.

48. 흔히 있을 수 있는 일이야.

A. That's the way.
B. It's just one of those things.
C. That's the way to do it.

49. 주사위는 이미 던져졌다.

A. The die is cast.
B. It's time to roll the dice.
C. The dice are loaded against you.

50. 배터리가 다 닳았어.

A. The battery is broken.
B. The battery is worn.
C. The battery is dead.

---

41. C   42. B   43. A   44. C   45. B   46. C   47. B   48. B
49. A   50. C

Quiz

51. 교통이 아주 복잡했어요.
A. The traffic was much.
B. The traffic was bumper-to-bumper.
C. The traffice was high.

52. 그럴 의도는 없었어.
A. I didn't mean to do that.
B. I didn't do that.
C. I didn't have to do that.

53. 난 이걸 타고났어.
A. I was born for this.
B. I like to do this.
C. I got this.

54. Give me a good deal.
A. 좋은 생각 있으면 말해줘.
B. 싸게 해줘.
C. 잘 대해줘.

55. 저 여자는 내가 찍었어.
A. I picked her up.
B. She is on my list.
C. I pointed at her with my finger.

56. 당연하지!
A. You will see.
B. You bet!
C. I knew it!

57. She really turns me off.
A. 그녀는 날 바꿨어.
B. 그녀는 정말 지긋지긋해.
C. 그녀는 정말 나의 희망이야.

58. 너 잘됐다!
A. Good job!
B. Good for you!
C. That's good enough!

59. 어떻게 감사해야 할지 모르겠어요.
A. Thanks a million.
B. What can I do for you?
C. I can't thank you enough.

60. She's a clumsy driver.
A. 그녀는 운전을 잘한다.
B. 그녀는 운전이 서툴다.
C. 그녀는 운전을 싫어한다.

---

51. B   52. A   53. A   54. B   55. B   56. B   57. B   58. B
59. C   60. B

A. 한국어는 영어로, 영어는 한국어로 적절하게 표현한 것을 고르세요.

61. 다 티 난다.
A. It's too obvious.
B. It shows everything.
C. Something's come up.

62. This show is the pits.
A. 이 공연 최악이야.
B. 이 공연 최고야.
C. 이 공연 없어졌어.

63. 역겨워!
A. It looks gorgeous.
B. It is disgusting.
C. I feel dizzy.

64. 니 기분 알아.
A. I know what you want.
B. I know how you feel.
C. I know what to do.

65. 창피해요.
A. I'm lost.
B. I'm confused.
C. I'm embarrassed.

66. 부담스럽네요.
A. I feel heavy.
B. I feel really down.
C. I feel obligated.

67. 나이가 든 걸 느껴요.
A. I'm feeling my age.
B. I'm feeling my weakness.
C. I'm feeling time.

68. 얼어 죽게 춥다.
A. I'm a freezer.
B. I'm an ice cube.
C. I'm freezing.

69. 굶어 죽을 만큼 배고프다.
A. I'm staring.
B. I'm starving.
C. I'm smearing.

70. 몸이 찌뿌둥하다.
A. I feel weight.
B. I feel burdened.
C. I feel heavy.

71. 나는 거의 아파 본 적이 없습니다.
A. I'm not sick.
B. I almost never get sick.
C. I almost got sick.

72. I feel like a wet noodle.
A. 난 국수가 먹고 싶어.
B. 난 완전히 지쳤어.
C. 난 땀으로 흠뻑 젖었어.

| 61. A | 62. A | 63. B | 64. B | 65. C | 66. C | 67. A | 68. C |
| 69. B | 70. C | 71. B | 72. B | | | | |

Quiz

73. 난 밤새 깨어 있었다.
   A. I've been down all night.
   B. I've been thru all night.
   C. I've been up all night.

74. 커피를 마시면 잠이 깨요.
   A. Coffee makes me sober.
   B. Coffee keeps me up.
   C. Coffee keeps me down.

75. 기분이 아주 좋아 보여요.
   A. You're so happy.
   B. You were so happy.
   C. You look so happy.

76. 후회는 없다.
   A. I have no regrets.
   B. I have no shame.
   C. I have no rejection.

77. 나 목소리가 갔어요.
   A. I've gone my voice.
   B. I've lost my voice.
   C. I have got my voice.

78. 원 샷!
   A. Bottoms up!
   B. One shot!
   C. Cheers!

79. 바늘로 콕콕 찌르는 거 같다.
   A. I feel like a needle.
   B. It feels like a needle picking me.
   C. It feels like a needle poking me.

80. 술 한잔하고 싶어.
   A. I am a heavy drinker.
   B. I feel like having a drink.
   C. I want something to drink.

81. 그녀는 술에 약하다.
   A. She doesn't like drinking.
   B. She never drinks.
   C. She gets drunk easily.

82. 운전할 수 있겠어?
   A. Do you feel like driving?
   B. Are you OK to drive?
   C. Do you drive?

83. 그녀는 만성 변비가 있다.
   A. She's sick in constipation.
   B. She has acute constipation.
   C. She's suffering from chronic constipation.

| 73. C | 74. B | 75. C | 76. A | 77. B | 78. A | 79. C | 80. B |
| 81. C | 82. B | 83. C | | | | | |

B. 우리말에 맞는 표현을 찾아 연결하세요.

01 일을 시작해 보자! • • a. Let's have a ball!
02 뭐 좀 먹자! • • b. Let's give him a big hand!
03 정신 차리고 하자! • • c. Let's call it a day!
04 이제 가자! • • d. Let's hit the books!
05 오늘 일은 이만 마칩시다! • • e. Let's get the ball rolling!
06 신나게 놀아보자! • • f. Let's take off!
07 열심히 공부하자! • • g. Let's get on the ball!
08 그에게 큰 박수를 줍시다! • • h. Let's grab something to eat!

09 나를 끼워줘. • • a. Take your time!
10 천천히 해. • • b. Better than nothing.
11 꼭 그런 건 아니야. • • c. Hurry up!
12 해봐! • • d. Try it!
13 서둘러! • • e. Not necessarily.
14 왜 이렇게 오래 걸렸어? • • f. What makes you think so?
15 왜 그렇게 생각하니? • • g. What took you so long?
16 없는 거 보다는 낫다. • • h. Count me in.

| 01. e | 02. h | 03. g | 04. f | 05. c | 06. a | 07. d | 08. b |
| 09. h | 10. a | 11. e | 12. d | 13. c | 14. g | 15. f | 16. b |

Quiz?

17. 여기요. · · a. There you are.
18. 좋을 대로 하세요. · · b. Impossible!
19. 여기에[거기에] 계셨군요. · · c. Here you go.
20. 설매[그럴리가 없어!] · · d. Long time no see.
21. 오랜만이야. · · e. What a coincidence!
22. 시간 다 됐다. · · f. What a surprise!
23. 우연의 일치네! · · g. Be my guest.
24. 놀랍군요! · · h. Time's up.

25. 정말 충격이야! · · a. Don't you try to lie!
26. 정말 안심이 된다! · · b. Don't do that!
27. 꿈도 꾸지 마! · · c. What a shock!
28. 그러지 마! · · d. Don't talk to me like that!
29. 소리 지르지 마! · · e. Don't give me that crap!
30. 나한테 그렇게 말하지 마! · · f. Don't even think about it!
31. 너 시치미 떼지 마! · · g. Don't yell!
32. 그런 허튼 소리 하지 마! · · h. What a relief!

| 17. c | 18. g | 19. a | 20. b | 21. d | 22. h | 23. e | 24. f |
| 25. c | 26. h | 27. f | 28. b | 29. g | 30. d | 31. a | 32. e |

B. 우리말에 맞는 표현을 찾아 연결하세요.

33 관두자! ·   · a. Speak up!
34 말장난 좀 그만하자! ·   · b. Stop acting like you're all that!
35 부끄러운 줄 좀 아세요! · · c. Sue me!
36 제발 잘난 척 좀 그만해! · · d. Shame on you!
37 배 째라! ·   · e. Let's stop playing word games!
38 말조심해! ·   · f. Watch your language.
39 크게 말해! ·   · g. Let's drop it!
40 서둘러! ·   · h. Hurry up!

41 조심해! ·   · a. Give me a break.
42 들어봐! ·   · b. Don't come any closer!
43 입 닥쳐! ·   · c. Stay still.
44 가버려! ·   · d. Be quiet!
45 조용히 해! ·   · e. Listen!
46 그만 좀 해![좀 봐줘요.] · · f. Shut up!
47 가만히 있어! ·   · g. Go away!
48 더 이상 가까이 오지 마! · · h. Look out!

| 33. g | 34. e | 35. d | 36. b | 37. c | 38. f | 39. a | 40. h |
| 41. h | 42. e | 43. f | 44. g | 45. d | 46. a | 47. c | 48. b |

Quiz?

49 날 놔줘![날 가게 해줘!]	•	• a. Get out of here!
50 친절하게 좀 해!	•	• b. That's what you always do!
51 연락할게요!	•	• c. I'll be in touch.
52 몸을 낮춰라!	•	• d. Get lost!
53 나가!	•	• e. Be nice!
54 꺼져!	•	• f. You're going too far!
55 네가 하는 일이 늘 그렇지 뭐!	•	• g. Get down!
56 당신 말이 좀 지나쳐요!	•	• h. Let go of me!

57 넌 싸가지가 없어!	•	• a. He's too green.
58 그래, 너 잘났다!	•	• b. You have no respect!
59 그는 똥배가 나왔어.	•	• c. He's all talk and no action.
60 그는 원래 그런 사람이야.	•	• d. He's usually like that.
61 그는 늘 험담을 해.	•	• e. You are the boss!
62 그는 풋내기야.	•	• f. He is always bad-mouthing.
63 그는 공짜를 너무 좋아해.	•	• g. He deserves it.
64 걔 쌤통이다.	•	• h. He is a freeloader.
65 그는 말만 하지 행동은 안 한다.	•	• i. He has a big belly.

---

49. h	50. e	51. c	52. g	53. a	54. d	55. b	56. f
57. b	58. e	59. i	60. d	61. f	62. a	63. h	64. g
65. c							

C. 우리말 표현에 맞도록 빈칸을 완성하세요.

01 Put _____. (이걸 입어.)

A. it off　　　　　B. this on　　　　　C. yourself in my shoes

02 Put _____. (너도 내 입장이 돼 봐.)

A. down　　　　　B. it off　　　　　C. yourself in my shoes

03 Put _____. (연기해.)

A. down　　　　　B. it off　　　　　C. this on

04 You look _____. What's up? (얼굴이 안돼 보인다. 무슨 일이야?)

A. happy　　　　　B. ugly　　　　　C. miserable

05 Did you do it _____? (의도적으로 그런 겁니까?)

A. on purpose　　　B. by accident　　　C. on time

06 Do you know _____ he's coming or not? (혹시 그가 오는지 아십니까?)

A. why　　　　　B. when　　　　　C. if

07 Don't you ever _____? (하루쯤 쉬는 날도 없나요?)

A. get off　　　　B. take a day off　　　C. break off

08 Don't you think you're _____? (너무 심한 것 아니에요?)

A. too many　　　B. too sweet　　　C. too harsh

---

01. B　　02. C　　03. B　　04. C　　05. A　　06. C　　07. B　　08. C

Quiz?

09. Are you _____ it or _____ it? (그것에 찬성입니까, 반대입니까?)

A. about; with B. to; for C. for; against

10. You've got somebody _____ you, huh? (너 믿는 구석이 있구나?)

A. beyond B. before C. behind

11. Are you _____ something? (너 뭐 감추는 거 있니?)

A. seeking B. hiding C. eating

12. I don't know what to _____. (어떻게 해야 할지 모르겠어.)

A. do B. see C. have

13. Do I look like I am _____? (내가 만만하게 보여?)

A. mean B. sad C. easy

14. How many are _____? (일행이 몇 명이십니까?)

A. in your party B. you C. your company

15. How can I _____ you? (어떻게 연락을 드리면 되지요?)

A. meet B. get in touch with C. see

16. _____ could it _____? (과연 얼마나 버틸 수 있을까?)

A. How much; last B. How long; stay C. How long; last

---

09. C   10. C   11. B   12. A   13. C   14. A   15. B   16. C

C. 우리말 표현에 맞도록 빈칸을 완성하세요.

17. How much is the _____ cost? (견적이 얼마나 나왔습니까?)

A. estimated   B. established   C. built

18. _____ dinner tonight? (오늘 저녁 어때?)

A. What   B. How about   C. Do you have

19. _____ could you do that to me? (네가 나한테 어떻게 그럴 수 있니?)

A. What   B. How   C. Why

20. _____ you've never called me? (어떻게 나에게 한 번도 전화를 안 할 수 있니?)

A. How come   B. Why   C. How

21. _____ do you go overseas? (얼마나 자주 해외에 나가십니까?)

A. How many   B. How far   C. How often

22. What's your _____? (하고 싶은 말이 뭐니?)

A. name   B. point   C. purpose

23. What _____ I _____ say? (내가 무슨 말을 해야 하니?)

A. am; supposed to   B. do; want to   C. can; do to

24. What _____ is it today? (오늘은 무슨 요일입니까?)

A. day   B. date   C. time

---

17. A   18. B   19. B   20. A   21. C   22. B   23. A   24. A

Quiz?

25. Can we have _____? (한 잔씩 더 주세요.)

A. more glass　　　B. another around　　　C. another round

26. I feel a little _____. (술이 좀 취하네.)

A. drink　　　B. dizzy　　　C. tipsy

27. What do you need that _____? (그게 뭐에 필요한 거지?)

A. for　　　B. of　　　C. from

28. What do you want to see me _____? (무슨 일로 날 만나려 하지요?)

A. to　　　B. in　　　C. about

29. What's that _____ mean? (그게 무슨 뜻이야?)

A. supposed to　　　B. going to　　　C. able to

30. _____ the rent? (월세는 얼마죠?)

A. How is　　　B. How much　　　C. What's

31. _____ is the book _____? (그 책은 무엇에 관한 거니?)

A. What; about　　　B. How; about　　　C. What; for

32. Where's your _____? (네 반쪽은 어디 있니?)

A. friend　　　B. better sibling　　　C. better half

---

25. C　　26. C　　27. A　　28. C　　29. A　　30. C　　31. A　　32. C

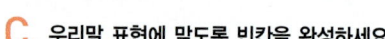

C. 우리말 표현에 맞도록 빈칸을 완성하세요.

33. Why are you _____ me? (왜 나한테 화풀이야?)

   A. taking it out on   B. putting up to   C. blaming on

34. Can I get _____? (담을 봉투 좀 주실래요?)

   A. a gift box   B. a doggy bag   C. a sanitary bag

35. Is he _____ someone? (그 남자 만나는 사람 있니?)

   A. meeting   B. seeing   C. having

36. I'll _____ you. Where are you _____ to? (내가 태워 줄게요. 어디로 가시나요?)

   A. pick, going   B. drive, heading   C. lift, going

37. Would you please _____? (옆으로 좀 가주실래요?)

   A. come over   B. move in   C. move over

38. Have you seen my cell phone _____? (내 핸드폰 혹시 못 봤어?)

   A. sometimes   B. by any chance   C. on purpose

39. I visit them just _____. (거의 찾아 뵙지 못해.)

   A. often   B. once in a blue moon   C. never

40. I just _____ to say hello. (그냥 인사하러 들렀어.)

   A. stopped by   B. called   C. wanted

---

33. A   34. B   35. B   36. B   37. C   38. B   39. B   40. A

Quiz?

41. I have a _____ her. (나는 그녀에게 반했어.)

A. shock from　　B. touch of　　C. crush on

42. I can't _____ it. (난 그럴 형편이 못 돼.)

A. apply　　B. afford　　C. adopt

43. Are you _____? (술 취했니?)

A. crazy　　B. intoxicated　　C. unconscious

44. _____ (진심이야.)

A. I'm serious.　　B. I didn't mean to tell a lie.
C. That's what I mean.

45. My pants are _____. (바지가 찢어지다.)

A. broken　　B. pissed off　　C. torn

46. Your _____ is open. (너 지퍼가 열렸어.)

A. front　　B. fry　　C. fly

47. Don't worry. I'm _____ now. (걱정 마. 술 다 깼어.)

A. woke up　　B. sober　　C. satisfied

48. She has had four girls _____. (그녀는 딸만 줄줄이 넷 낳았다.)

A. together　　B. at one time　　C. in a row

---

41. C　　42. B　　43. B　　44. A　　45. C　　46. C　　47. B　　48. C

C. 우리말 표현에 맞도록 빈칸을 완성하세요.

49 He didn't _____. (그에게 바람맞았다.)

   A. disappear   B. show up   C. go out

50 It's _____ my tongue. (뭔가 생각은 나는데 혀끝에서 맴돈다.)

   A. on the tip of   B. in front of   C. on the top of

51 He is a _____ drinker. (그는 술이 세다.)

   A. heavy   B. too much   C. powerful

52 It could've been _____ than that. (그래도 그만하길 다행이다.)

   A. better   B. worse   C. worst

53 There's a bus _____ 15 minutes. (버스는 15분마다 있어요.)

   A. for   B. per   C. every

54 Sorry, this seat is _____. (미안해요, 이 자리는 임자가 있어요.)

   A. over   B. taken   C. mine

55 The toilet doesn't _____. (변기 물이 안 내려간다.)

   A. fall   B. flush   C. drop

56 The airplane arrived 30 minutes _____. (비행기는 30분 늦게 도착했다.)

   A. back   B. below   C. behind

---

49. B   50. A   51. A   52. B   53. C   54. B   55. B   56. C

Quiz?

57. My computer is not _____. (컴퓨터가 안 켜져.)

  A. opening up   B. booting up   C. getting up

58. Don't _____ the booze. (술 너무 많이 마시지 마.)

  A. be drown   B. sunk into   C. soak up

59. I won't _____ you. (방해 안 할게.)

  A. disturb   B. care   C. stop

60. I don't wanna get _____ in this. (난 이 일에 말려들기 싫어.)

  A. done   B. involved   C. going

61. Sorry, I'll _____. Thanks. (미안해요. 다음 기회로 미룰게요.)

  A. take again   B. take a check later   C. take a rain check

62. I'll always be _____. (난 언제나 네 편이야.)

  A. in here   B. on your side   C. for you

63. I've still _____. (아직 옛날 실력 안 죽었어.)

  A. there   B. done it   C. got it

64. I _____ into it. (내 모든 걸 걸었어.)

  A. took anything   B. had nothing   C. put everything

---

57. B   58. C   59. A   60. B   61. C   62. B   63. C   64. C

C. 우리말 표현에 맞도록 빈칸을 완성하세요.

65. I'll _____ my schedule to _____ yours. (당신이 편한 시간으로 내가 맞추겠습니다.)

A. adjust; have   B. arrange; fit   C. approach; fit

66. I'll _____ it. (기대할게요.)

A. see through   B. look forward to   C. watch

67. I know _____ this. (이 이상은 난 몰라.)

A. anything behind   B. everything beyond   C. nothing beyond

68. I will _____ into it. (내가 살펴볼게.)

A. take   B. have   C. look

69. It's _____ but one of those things. (그건 그저 흔히 있을 수 있는 일이야.)

A. anything   B. everything   C. nothing

70. It's _____. (내가 쏠게.)

A. on me   B. up to me   C. about me

71. It will _____. (생각이 날 겁니다.)

A. come to me   B. see me   C. take me

72. The name _____. (그 이름 들어본 것 같아.)

A. wakes me up   B. rings a bell   C. has me

---

65. B   66. B   67. C   68. C   69. C   70. A   71. A   72. B

Quiz??

73 _____ some more! (술 좀 더 따라줘.)

A. Pour out　　　　B. Feed　　　　C. Drain

74 Thanks for your _____. (귀띔해줘서 고마워요.)

A. help　　　　B. tip　　　　C. ears

75 I have never _____ anything like this before. (이런 건 전에 본 적이 없다.)

A. been　　　　B. done　　　　C. seen

76 I've never _____. (음식 정말 잘 먹었습니다.)

A. eaten well　　　　B. eaten better　　　　C. eaten best

77 I have _____. (숙취가 있어.)

A. hang around　　　　B. hangover　　　　C. hangup

78 I think you look pretty good _____. (지금 있는 그대로가 참 보기 좋아.)

A. now　　　　B. as you are　　　　C. as now

79 We have something _____. (우린 뭔가 통하는 게 있어.)

A. new　　　　B. in common　　　　C. through

80 You're very _____ this. (너 이건 정말 잘해.)

A. good at　　　　B. well in　　　　C. well at

---

73. A　　74. B　　75. C　　76. B　　77. B　　78. B　　79. B　　80. A

Quiz ■ 335

C. 우리말 표현에 맞도록 빈칸을 완성하세요.

81. He has money to _____. (그는 돈은 얼마든지 있어.)

A. use   B. burn   C. spend

82. He is full of _____. (그는 자신감에 가득 차있다.)

A. self-confidence   B. self-defense   C. self-reliance

83. He's good at _____. (그는 값을 잘 깎는다.)

A. haggling   B. sale   C. dealing

84. I'm _____ the wagon. (난 술을 다시 마시기 시작했어.)

A. on   B. off   C. from

85. _____ is as good as her. (그녀만한 사람은 없어.)

A. Nobody   B. Anybody   C. Everybody

86. It was so _____, I almost cried. (너무 감격해서 눈물이 날 뻔 했다.)

A. touching   B. sensitive   C. sad

87. It looks good _____ you. (당신에게 잘 어울립니다.)

A. in   B. of   C. on

88. I was _____ you. (내가 너에게 심하게 했어.)

A. giving difficulties to   B. hard on   C. made hard to

---

81. B   82. A   83. A   84. B   85. A   86. A   87. C   88. B

Quiz??

89. I'm so sorry I couldn't help you _____. (끝까지 도와주지 못해서 정말 미안해.)

   A. all the way   B. all the day   C. around

90. I'm sorry I'm not _____ help. (별 도움이 안 되서 미안해.)

   A. little   B. many   C. much

91. I'm _____ not. (아무래도 안 될 것 같아요.)

   A. scared   B. afraid   C. nervous

92. I _____ the test. (시험을 망쳤어.)

   A. blew   B. fell off   C. destroyed

93. I _____ have done that. (그러지 말았어야 했어.)

   A. wouldn't   B. couldn't   C. shouldn't

94. Your jokes are too _____! (장난이 좀 심하군!)

   A. serious   B. bad   C. harsh

95. I've seen _____. (지겹도록 봤다.)

   A. enough   B. everything   C. nothing

96. I can't _____. (진정할 수가 없어.)

   A. be down   B. go down   C. calm down

---

89. A   90. C   91. B   92. A   93. C   94. C   95. A   96. C

C. 우리말 표현에 맞도록 빈칸을 완성하세요.

97 I'm _____ the wagon. (술 끊었어.)

A. on　　　　　　　　B. off　　　　　　　　C. from

98 Just wait! I'll _____ you back! (두고 봐! 갚아 줄 거야.)

A. see　　　　　　　　B. pay　　　　　　　　C. return

99 I can't _____ it any longer. (더 이상은 못 참겠다.)

A. see　　　　　　　　B. have　　　　　　　　C. stand

100 I can't _____ it, but somehow something smells _____.
(딱 꼬집어 말할 수는 없지만 왠지 뭔가 수상하다.)

A. pinpoint; fishy　　　B. pin; bad　　　　　　C. pinpoint; strange

101 I can't carry a _____. (난 음치예요.)

A. bird　　　　　　　　B. tune　　　　　　　　C. sound

102 You will _____. (두고 봐.)

A. look　　　　　　　　B. watch　　　　　　　　C. see

103 He _____ me crazy. (그 사람이 날 돌게 만들어.)

A. drives　　　　　　　B. goes　　　　　　　　C. gives

104 He's a party _____. (그는 분위기를 깨는 사람이다.)

A. animal　　　　　　　B. person　　　　　　　C. pooper

---

97. A　　98. B　　99. C　　100. A　　101. B　　102. C　　103. A　　104. C

Quiz

105. He's a pain in the _____. (그는 골치덩어리다.)

A. arm B. neck C. stomach

106. He's a real _____. (걔는 경박스러워.)

A. flake B. freak C. stupid

107. _____ kind of person is this? (뭐 이런 사람이 다 있어?)

A. Who B. What C. Whose

108. She _____ your money. (그녀는 돈을 보고 너를 사랑하는 거야.)

A. likes B. takes C. is after

109. She's too _____. (그녀는 너무 콧대가 높아.)

A. nose B. high C. snobby

110. Thanks for the history _____. (뒷북 치고 있네.)

A. lesson B. tipping C. tapping

111. How do you _____ today? (오늘 컨디션 어때?)

A. make B. do C. feel

112. I got _____ last night. (어젯밤 술 마시고 필름이 끊겼다.)

A. blinked out B. whited out C. blacked out

---

105. B 106. A 107. B 108. C 109. C 110. A 111. C 112. C

C. 우리말 표현에 맞도록 빈칸을 완성하세요.

113. It _____. (아파!)

A. sicks   B. pains   C. hurts

114. It's _____. (소름 끼쳐!)

A. crash   B. horrible   C. creepy

115. It is _____. (무서워!)

A. unbelievable   B. scary   C. selfish

116. Take a _____. (한 모금만 마셔봐.)

A. sip   B. bite   C. gulp

117. That is _____. (어처구니가 없어.)

A. crazy   B. ridiculous   C. dumbfounded

118. I'm _____. (마음이 편안해요.)

A. peace   B. on peace   C. at peace

119. I try not to drive because of my _____.
(밤눈이 어두워서 밤에는 운전을 안 하려 합니다.)

A. bad eyes of night   B. dark eyes   C. poor night vision

120. Let's have a drink _____. (내가 술 한 잔 살게.)

A. by me   B. on me   C. with me

---

113. C   114. C   115. B   116. A   117. B   118. C   119. C   120. B

Quiz?

D. 주어진 우리말 표현에 맞도록 빈칸을 채우세요.

01 _____ me know when you _____ __ your mind.
(마음 정하면 내게 알려줘.)

02 _____ __ __ to me.
(나한테 맡겨.)

03 Can you go any faster? _____ __ __, please.
(좀 더 빨리 갈 수는 없나요? 빨리 좀 가주세요.)

04 Take a _____.
(한 입만 먹어봐.)

05 I don't have any _____.
(난 식욕이 없어.)

06 _____ it _____!
(진정해!)

07 _____ your _____.
(사투리 좀 쓰지 마라.)

08 _____ _____ at home.
(너의 집처럼 편하게 해라.)

---

01. Let; make up
02. Leave it up
03. Step on it
04. bite
05. appetite
06. Take; easy
07. Drop; accent
08. Make yourself

D. 주어진 우리말 표현에 맞도록 빈칸을 채우세요.

09 Come on, _____ are friends _____?
(친구 좋다는 게 뭐야!)

10 _____ ___ ___ if there's a good person.
(좋은 사람 있으면 소개해 줘.)

11 Please don't _____ _____ _____.
(화내지 마세요.)

12 _____ _____.
(걱정 마세요.)

13 _____ _____ _____, shut the door!
(제발, 문 좀 닫아!)

14 Don't _____.
(겁먹지 마요.)

15 Don't _____ me _____.
(오해하지 마.)

16 Don't _____ it _____.
(개인적으로 받아들이지 마.)

---

09. what; for
10. Hook me up
11. lose your temper
12. Don't worry
13. For God's sake
14. panic
15. get; wrong
16. take; personally

Quiz?

17 Don't _____ __.
(포기하지 마.)

18 Don't be _____.
(꾸물거리지 마요.)

19 Don't _____ yourself.
(자책하지 마.)

20 _____ __ that!
(그러지 마!)

21 Don't try to _____ __ __!
(나한테 아부하지 마!)

22 Don't _____ _____ you're rich.
(있는 척 좀 하지 마래!)

23 Don't you _____ __?
(그렇게 생각하지 않니?)

24 Don't _____ __ _____ you _____.
(기죽지 마.)

---

17. give up
18. long
19. blame
20. Don't do
21. butter me up
22. act like
23. think so
24. let it get; down

D. 주어진 우리말 표현에 맞도록 빈칸을 채우세요.

25 _____ ____ you.
(부끄러운 줄 알아요.)

26 I'll _____ _____ _____.
(자, 내 말 들어봐.)

27 I'll _____ ___ ___ to you.
(보상할게.)

28 I'll _____ _____ ___ it.
(그건 내가 알아서 할게.)

29 Can you _____ ___ ___ _____?
(좀 거들어 줄래?)

30 I'll be ___ _____.
(연락할게.)

31 It's ___ ___ you.
(너한테 달렸어.)

32 It will be easy once you _____ _____ _____ ___ it.
(요령만 익히면 쉬울 거야.)

---

25. Shame on
26. tell you what
27. make it up
28. take care of
29. give me a hand
30. in touch
31. up to
32. get the hang of

Quiz??

33 It's not _____ _____.
(너의 잘못 아니야.)

34 There's _____ __ __ _____ _____.
(미안해 할 건 없어.)

35 That car would _____ _____ __ _____.
(그 차는 굉장히 비쌀 텐데.)

36 You _____ _____ __ _____, do you?
(그렇게 안 할 거지, 그렇지?)

37 You _____ _____?
(있잖아.)

38 You should _____ __ __ _____.
(너만 알고 있어.)

39 You can _____ __ me.
(나한테 의지해.)

40 You don't really _____ __ __ you don't want to.
(싫으면 꼭 하진 않아도 돼.)

---

33. your fault
34. nothing to be sorry about
35. cost you a fortune
36. don't wanna do that
37. know what
38. keep it to yourself
39. count on
40. have to if

D. 주어진 우리말 표현에 맞도록 빈칸을 채우세요.

41 You have to do this ___ _____ _____.
(이건 너 스스로 해야만 해.)

42 You will _____ _____ ___ you try to know too much.
(너무 많이 알려 하면 다친다.)

43 Do you wanna _____ seats?
(자리 바꿀래요?)

44 Did you already _____?
(벌써 잊었니?)

45 Are you _____ today?
(오늘 시간 돼?)

46 Are you here _____?
(여기에 혼자 오셨어요?)

47 How _____ ___ ___ last night?
(어젯밤에 어떻게 됐어?)

48 _____ did you guys _____ _____?
(당신들 어떻게 처음 만났나요?)

---

41. on your own
42. get hurt if
43. trade
44. forget
45. free
46. alone
47. did it go
48. How; first meet

Quiz?

49 _____ _____ me?
(나는 어쩌고?)

50 What _____ does that _____?
(무슨 차이가 있죠?)

51 What do you want to _____ _____ lunch?
(점심으로 뭐 먹을래요?)

52 Isn't he a _____?
(저 사람 변태 아니야?)

53 What do you _____ __ this outfit?
(내 의상에 대해서 어떻게 생각하세요?)

54 When are you gonna _____ __ _____?
(그 일을 언제까지 끝낼 건가요?)

55 _____ do you do _____ __ _____?
(당신은 무슨 일을 하세요?)

56 Who's __ _____ here?
(여기 책임자가 누구입니까?)

---

49. What about
50. difference; make
51. have for
52. pervert
53. think of
54. get it done
55. What; for a living
56. in charge

D. 주어진 우리말 표현에 맞도록 빈칸을 채우세요.

57 What's ___ _____ _____?
(무슨 생각하니?)

58 _____ do you think he was _____?
(왜 그가 승진했다고 생각해요?)

59 _____ _____ reasons?
(무슨 특별한 이유라도?)

60 _____ _____ or ___ ___?
(여기에서 드실래요, 아니면 포장해 가실래요?)

61 With _____ _____?
(누구 맘대로?)

62 Can I take a _____ _____?
(다음 기회로 미뤄도 될까요?)

63 A: When is it gonna be done? (언제 끝나요?)
B: You are _____ _____. (다 됐어요.)

64 _____ _____?
(누구게?)

---

57. on your mind
58. Why; promoted
59. Any particular
60. For here; to go
61. whose permission
62. rain check
63. all set
64. Guess who

Quiz??

65 Why? You _____ _____?
(왜? 너 찔리니?)

66 A: Are you hungry? (배고프니?)
B: _____ _____. (별로.)

67 A: Are you mad at me? (너 나한테 화났니?)
B: _____ ___ _____. (전혀.)

68 A: Why don't you join us? (같이 안 갈래?)
B: ___ _____! I don't wanna see them again.
(절대 싫어! 나 걔네들 다시는 보고 싶지 않아.)

69 A: Are you ready to go now? (갈 준비 다 됐어?)
B: _____ _____. (아직.)

70 A: Do you drink every day? (너 매일 술 마시니?)
B: _____ _____. (항상 그렇지는 않아.)

71 A: Do I have to finish all this today? (나 오늘 이거 다 마쳐야 해?)
B: _____ _____. (꼭 그래야 하는 것은 아니야.)

72 A: Can you come by 3? (3시까지 올 수 있어?)
B: _____. (아마도.)

---

65. feel guilty
66. Not really
67. Not at all
68. No way
69. Not yet
70. Not always
71. Not necessarily
72. Maybe

D. 주어진 우리말 표현에 맞도록 빈칸을 채우세요.

73 I'm _____ there.
(나 거기에 거의 다 왔어.)

74 A: How do you feel today? (오늘 몸은 좀 어때?)
B: _____. (그냥 그래.)

75 A: How's it going? (어떻게 되어가고 있니?)
B: ___ _____ ___ _____. (아직까진 괜찮아.)

76 A: I got it back. (나 다시 돌려받았어.)
B: Oh, _____ _____. (아, 다행이다.)

77 A: How often do you go there? (그곳에 얼마나 자주 가니?)
B: _____. (가끔.)

78 A: Can we talk now? (지금 통화할 수 있어?)
B: _____ _____. I will call you after taking a shower, OK?
(지금은 안 돼. 샤워한 후에 내가 전화할게, 알았지?)

79 ___ _____. I knew that he would do that again.
(그러면 그렇지. 난 그가 또 그럴 줄 알았어.)

80 _____ ___ _____ life!
(인생 참 고단하다!)

---

73. almost
74. So-so
75. So far so good
76. thank God
77. Sometimes
78. Not now
79. No wonder
80. What a tough

Quiz?

81 A: Where're you at? (어디야?)
B: I'm ___ ___ _____. (지금 가는 중이야.)

82 Can I call you back later? I'm ___ _____ _____.
(내가 나중에 전화해도 될까? 다른 전화 중이야.)

83 I don't know _____ he will _____ or not.
(난 그가 올지 안 올지 모르겠어.)

84 I think I'll _____.
(안 먹겠어요.)

85 I'll probably _____ _____.
(과식을 할 것 같네요.)

86 I'm _____ in my work.
(난 일이 밀려 있다.)

87 I'm _____ your age.
(나는 너와 동갑이야.)

88 I'm so _____ ____ _____.
(심심해 죽겠어요.)

---

81. on my way
82. on another line
83. whether; come
84. pass
85. pig out
86. behind
87. just
88. bored to death

D. 주어진 우리말 표현에 맞도록 빈칸을 채우세요.

89 You have _____ _____.
(넌 싸가지가 없어.)

90 I'm _____ ___ a job now.
(현재 저는 놀고 있어요.)

91 I don't have time ___ _____.
(시간적 여유가 없어.)

92 I _____ _____ my father.
(난 아빠를 닮았어.)

93 A: Tom, dinner is ready! What are you doing? (Tom, 저녁 다 됐어. 뭐 해?)
B: Alright, _____ _____ now. (알았어, 지금 가.)

94 A: Does she have a job now? (현재 그녀는 일하니?)
B: _____ _____ ___ _____ _____. (내가 알기로는 안 해.)

95 I'd like to _____ ___ _____ for a table _____ ___ tonight.
(오늘 저녁에 네 명을 위한 자리를 예약하고 싶어요.)

96 You'd better _____ ___ _____ _____.
(너 머리 좀 자르는 게 좋겠다.)

---

89. no respect   90. out of   91. to spare
92. take after   93. I'm coming   94. Not that I know of
95. make a reservation; for 4 96. get a haircut

Quiz??

97 I'm a _____ there.
(나는 거기 단골이야.)

98 I don't _____ it.
(이해가 안 된다.)

99 I don't quite understand. I'm not _____ _____ medical terms.
(난 이해가 잘 안 되네요. 난 의학 용어에는 익숙하지 않아요.)

100 I'm _____ schedule.
(난 예정보다 늦었어요.)

101 I _____ and _____ all night.
(밤새 뒤척였어.)

102 I'm wearing _____ _____ in the winter.
(난 겨울에는 내복을 입어요.)

103 My _____ is very _____.
(내 입장이 난처해.)

104 My room is ___ _____.
(내 방은 되게 지저분해.)

---

97. regular
98. get
99. familiar with
100. behind
101. tossed; turned
102. long johns
103. position; uncomfortable
104. so messy

Quiz ■353

D. 주어진 우리말 표현에 맞도록 빈칸을 채우세요.

105 You're wearing your tee shirt _____ _____.
(너 티셔츠 뒤집어 입었어.)

106 You're _____ to the skin.
(너 흠뻑 젖었구나.)

107 You _____ hit me.
(당신이 나를 차로 칠 뻔 했어요.)

108 He _____ a cafe ___ _____ _____.
(그는 부업으로 카페를 운영해요.)

109 He _____ _____ to his father.
(그는 아버지께 말대꾸를 했다.)

110 He will never _____ anywhere.
(그는 어디 가도 굶어 죽진 않을 거야.)

111 _____ can _____ you.
(아무도 넌 못 말린다.)

112 I _____ _____.
(난 상관 안 해.)

---

105. inside out
106. soaked
107. almost
108. runs; on the side
109. talked back
110. starve
111. Nobody; stop
112. don't care

Quiz?

113 I _____ my _____.
(나 마음을 바꿨어.)

114 I was just gonna _____ _____.
(방금 그 말 하려던 참이었어.)

115 I'll _____ ___.
(전화나 초인종 소리에) 내가 받을게. / 내가 나갈게.

116 I will go _____ ___ you go too.
(네가 갈 경우에만 나도 갈 거야.)

117 This isn't a _____.
(이거 장난 아니야.)

118 That's good _____.
(그거로 충분해요.)

119 Right! = (E로 시작) _____!
(맞아!)

120 Yeah, that's what I'm _____ about!
(그래, 내 말이 그 말이야!)

---

113. changed; mind
114. say that
115. get it
116. only if
117. joke
118. enough
119. Exactly
120. talking

D. 주어진 우리말 표현에 맞도록 빈칸을 채우세요.

121 You're so _____!
(넌 정말 사랑스러워!)

122 He's my old _____.
(내 오랜 친구야.)

123 The party was really _____!
(그 파티 끝내줬어.)

124 The dinner was awesome and I _____.
(저녁이 너무 맛있어서 과식했어요.)

125 This is a nice _____!
(이 식당 괜찮은데!)

126 Sorry for the _____.
(번거롭게 해서 미안합니다.)

127 Talk is _____.
(말은 쉽지.)

128 I'm _____ and _____ of you.
(난 네가 지긋지긋해.)

---

121. adorable
122. buddy
123. rad
124. overate
125. joint
126. trouble
127. cheap
128. sick; tired

Quiz??

129 I'm going to _____.
(나 미쳐버리겠어.)

130 I'm out of my _____.
(제정신이 아니에요.)

131 I don't know what you're _____ _____.
(도대체 무슨 소리를 하고 있는지 모르겠구나.)

132 I got here _____ an _____ before you.
(나는 너보다 30분 전에 이곳에 도착했어.)

133 Are you _____ __ your _____?
(너 정신 나갔니?)

134 She doesn't _____ _____ what she's talking about.
(그녀는 심지어 자신이 뭐라고 말하고 있는지도 모른다.)

135 She has a _____ _____.
(그녀는 이중인격자야.)

136 This is ___ _____.
(이것은 도움이 안 돼.)

---

129. freak	130. mind	131. talking about
132. half; hour	133. out of; mind	134. even know
135. double personality	136. no help	

D. 주어진 우리말 표현에 맞도록 빈칸을 채우세요.

137 Those clothes are _____ __ _____.
(저 옷은 촌스럽다.)

138 I have a _____ of the flu.
(난 감기 기운이 좀 있다.)

139 My head is _____ __.
(나 머리가 아파 죽겠어.)

140 My whole body _____.
(몸살에 걸려 온몸이 쑤신다.)

141 I have ___ _____ _____ and _____ _____.
(콧물이 나고 오한이 난다.)

142 I have been _____ all day.
(난 하루 종일 재채기를 하고 있어.)

143 That really _____ me _____.
(그게 정말 열 받게 해.)

144 It's got _____ to do _____ me.
(그건 나와 아무 상관이 없어.)

---

137. out of style	138. touch	139. killing me
140. aches	141. a runny nose; feel chilly	142. sneezing
143. pisses; off	144. nothing; with	

Quiz?

145 It was wrong from the _____.
(그건 처음부터 잘못됐다.)

146 It's not _____.
(그건 공정치 않다.)

147 Talking to you is like talking ___ ___ _____.
(당신에게 말하는 것은 벽에다 말하는 것 같아요.)

148 I have to _____ my passport _____ ___ _____.
(조만간 내 여권을 갱신해야 합니다.)

149 I have ___ _____ _____ Tom at 3.
(3시에 Tom과 약속이 있습니다.)

150 It's _____ ___ _____ _____.
(네가 상관할 일 아니야.)

151 I think it will _____ _____ to _____ _____ here.
(이곳에 자리 잡는 데 시간이 걸릴 거라 생각해.)

152 I have ___ _____ in my mouth.
(너무너무 걱정돼.)

---

145. beginning
146. fair
147. to a wall
148. renew; sooner or later
149. an appointment with
150. none of your business
151. take time; settle down
152. my heart

D. 주어진 우리말 표현에 맞도록 빈칸을 채우세요.

153 I have _____ in my stomach.
(나 너무 떨려.)

154 I'm _____ ___ peaches.
(나는 복숭아 알레르기가 있다.)

155 I _____ _____ something.
(난 뭔가에 걸려 넘어졌어.)

156 He is a _____ _____.
(그는 코를 심하게 골아.)

157 He _____ his _____.
(그는 발목을 삐었다.)

158 She's sick ___ _____.
(그녀는 아파서 누워 있다.)

159 It might _____ ___ _____.
(흉터 남겠다.)

160 My grandmother's _____ _____ is too high.
(우리 할머니는 혈압이 높다.)

---

153. butterflies
154. allergic to
155. tripped over
156. heavy snorer
157. sprained; ankle
158. in bed
159. leave a scar
160. blood pressure

Quiz?

161 _____ are you calling _____?
(왜 전화했어요?)

162 Let's _____ the booze!
(술 마시자!)

163 Can I have some more _____?
(술 좀 더 주실래요?)

164 On the _____, please.
(얼음 타서 주세요.)

165 _____!
(건배!)

166 I've got 80 _____ ___ 100.
(100점 만점에 80점을 받았다.)

167 _____ _____.
(10불짜리 일곱 장)

168 _____ _____.
(50불짜리 두 장)

---

161. What; for	162. hit	163. booze
164. rocks	165. Cheers	166. out of
167. Seven tens	168. Two fifties	

D. 주어진 우리말 표현에 맞도록 빈칸을 채우세요.

169 Can you _____ it into _____ _____?
(1불짜리 스무 장으로 바꿔 주실래요?)

170 There's ___ _____ like home.
(집보다 좋은 곳은 없다.)

171 You have a _____ _____.
(확률은 반반이다.)

172 a piece of _____
(식은 죽 먹기)

173 If it doesn't _____ you, it will make you _____.
(그 일이 널 죽이지 않는다면 너를 더 강하게 만들 것이다.)

174 _____ before you _____.
(돌다리도 두들겨 보고 건너라.)

175 Every _____ has _____ _____.
(쥐구멍에도 볕들 날이 있다.)

176 Out of _____, out of _____.
(눈에서 멀어지면 마음에서도 멀어진다.)

---

169. break; twenty ones
170. no place
171. 50-50[fifty-fifty] chance
172. cake
173. kill; stronger
174. Look; leap
175. dog; its[his] day
176. sight; mind

Quiz?

177 No _____, no _____.
(고생 끝에 낙이 온다.)

178 Easy _____, easy ___.
(쉽게 얻는 것은 쉽게 잃는다.)

179 Blood is _____ than _____.
(피는 물보다 진하다.)

180 Money _____.
(돈이 최고다.)

---

177. pain; gain   178. come; go   179. thicker; water
180. talks